# 100 TOP FUSSBALLER

## DIE BESTEN SPIELER DES 21. JAHRHUNDERTS

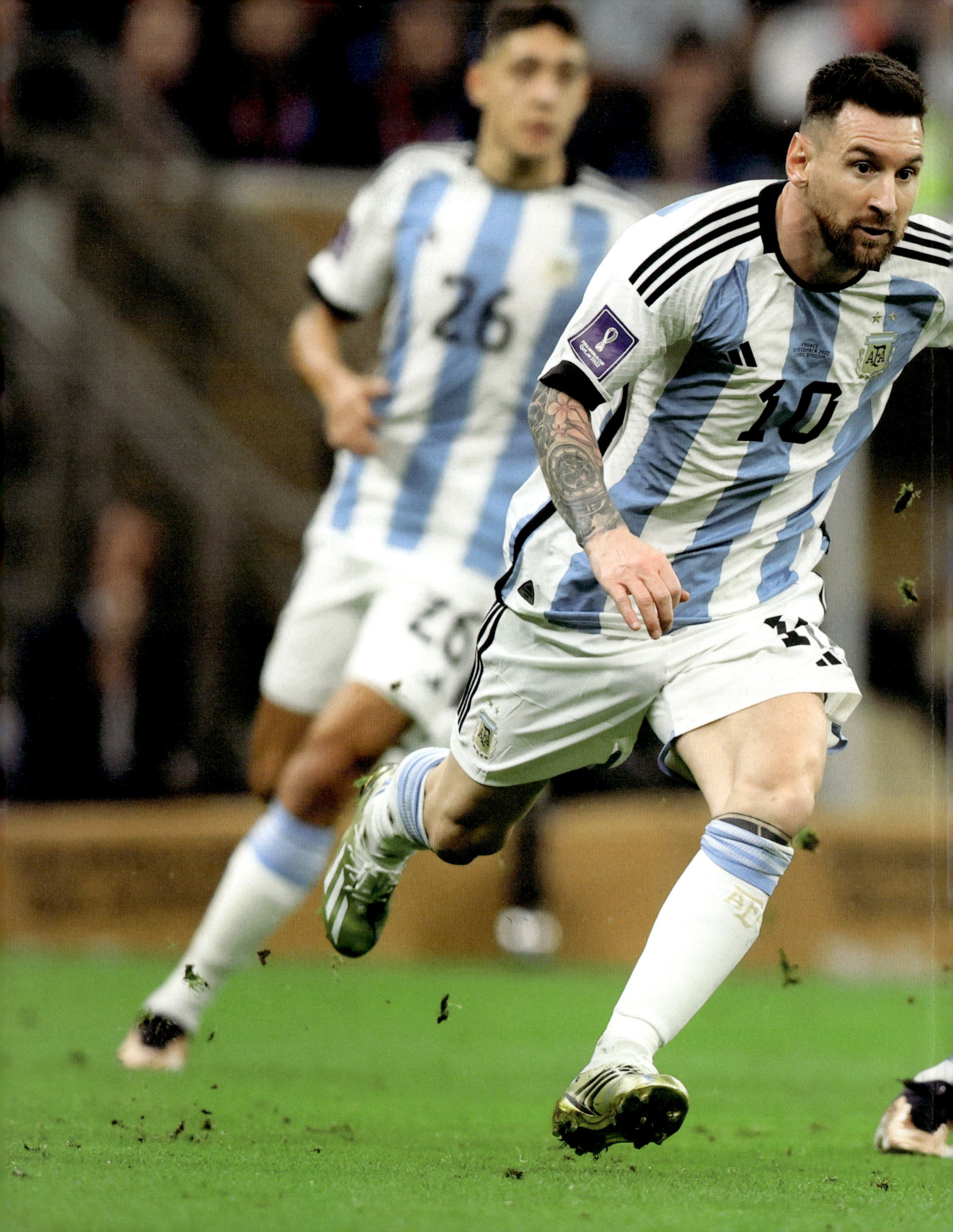
26
10

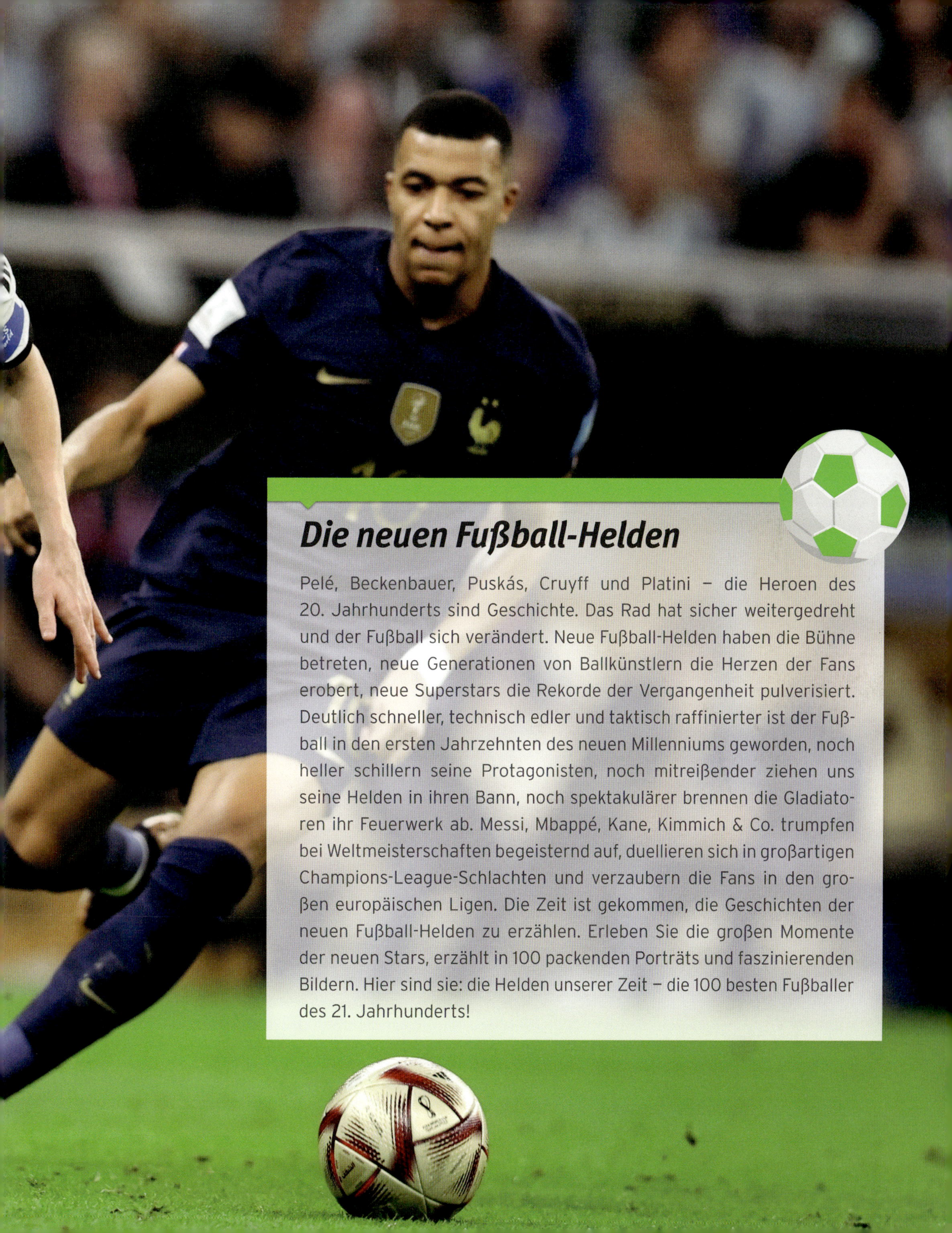

## Die neuen Fußball-Helden

Pelé, Beckenbauer, Puskás, Cruyff und Platini – die Heroen des 20. Jahrhunderts sind Geschichte. Das Rad hat sicher weitergedreht und der Fußball sich verändert. Neue Fußball-Helden haben die Bühne betreten, neue Generationen von Ballkünstlern die Herzen der Fans erobert, neue Superstars die Rekorde der Vergangenheit pulverisiert. Deutlich schneller, technisch edler und taktisch raffinierter ist der Fußball in den ersten Jahrzehnten des neuen Millenniums geworden, noch heller schillern seine Protagonisten, noch mitreißender ziehen uns seine Helden in ihren Bann, noch spektakulärer brennen die Gladiatoren ihr Feuerwerk ab. Messi, Mbappé, Kane, Kimmich & Co. trumpfen bei Weltmeisterschaften begeisternd auf, duellieren sich in großartigen Champions-League-Schlachten und verzaubern die Fans in den großen europäischen Ligen. Die Zeit ist gekommen, die Geschichten der neuen Fußball-Helden zu erzählen. Erleben Sie die großen Momente der neuen Stars, erzählt in 100 packenden Porträts und faszinierenden Bildern. Hier sind sie: die Helden unserer Zeit – die 100 besten Fußballer des 21. Jahrhunderts!

# Sergio Agüero

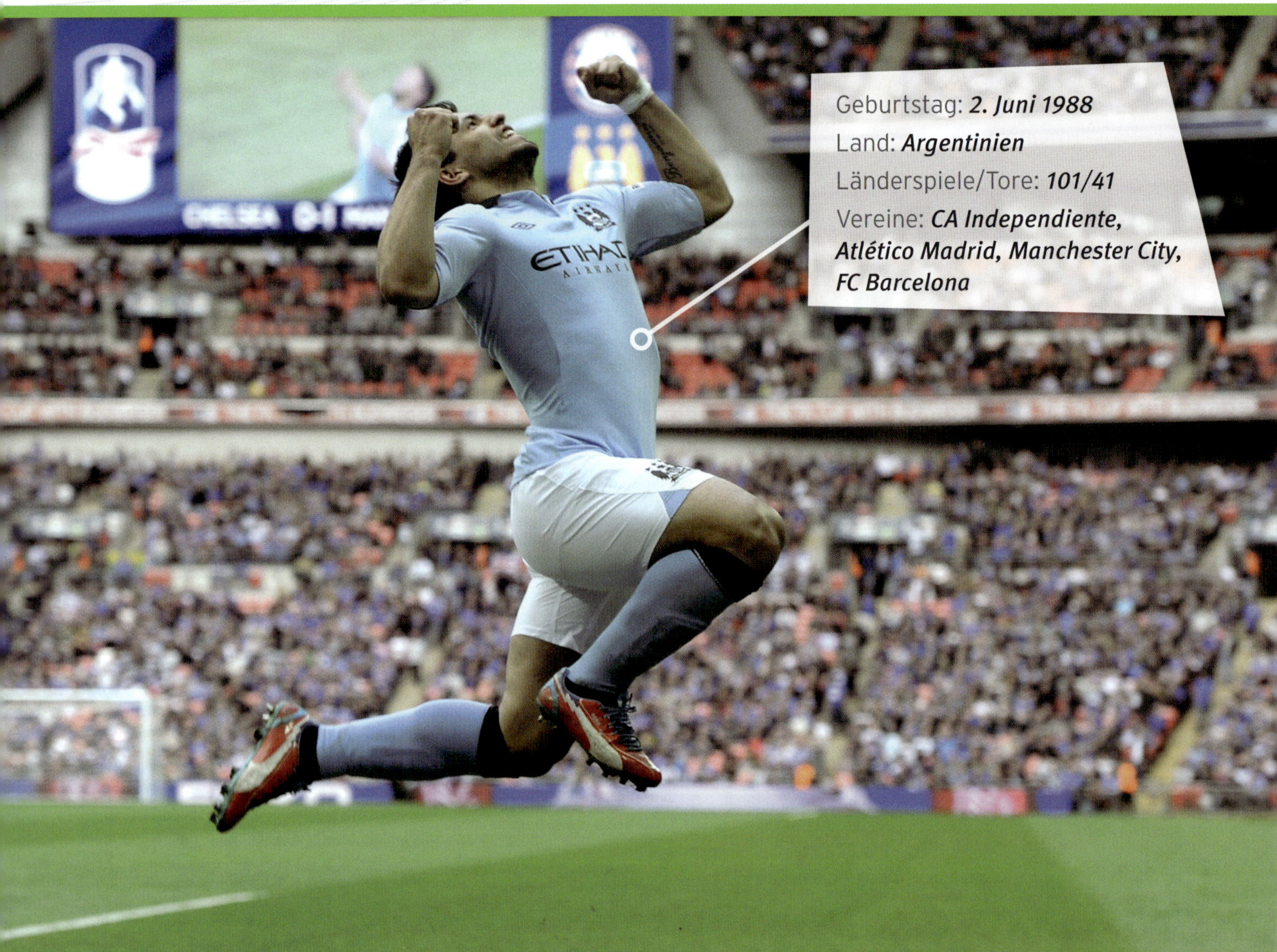


## *Der Ex-Schwiegersohn Gottes*

2007 wurde er von der italienischen Sportgazette *Tuttosport* zum „Goldenen Jungen" gewählt. Nicht ohne Grund: Mit 15 Jahren debütierte er bei CA Independiente, mit 18 Jahren in der *Albiceleste*. Mit 20 Jahren wurde er der „Schwiegersohn Gottes", will sagen von Diego Maradona, der zugleich sein Nationalcoach war – doch beide Beziehungen hielten nicht lange. Der spielstarke Stürmer gewann mit Atlético Madrid, das seinerzeit 23 Mio. Euro für das damals 17-jährige Ausnahmetalent gezahlt hatte, die Europa League. Bei Manchester City wurde er 2015 englischer Torschützenkönig, im Finale der WM 2014 schrammte er denkbar knapp am Titel vorbei.

# David Alaba

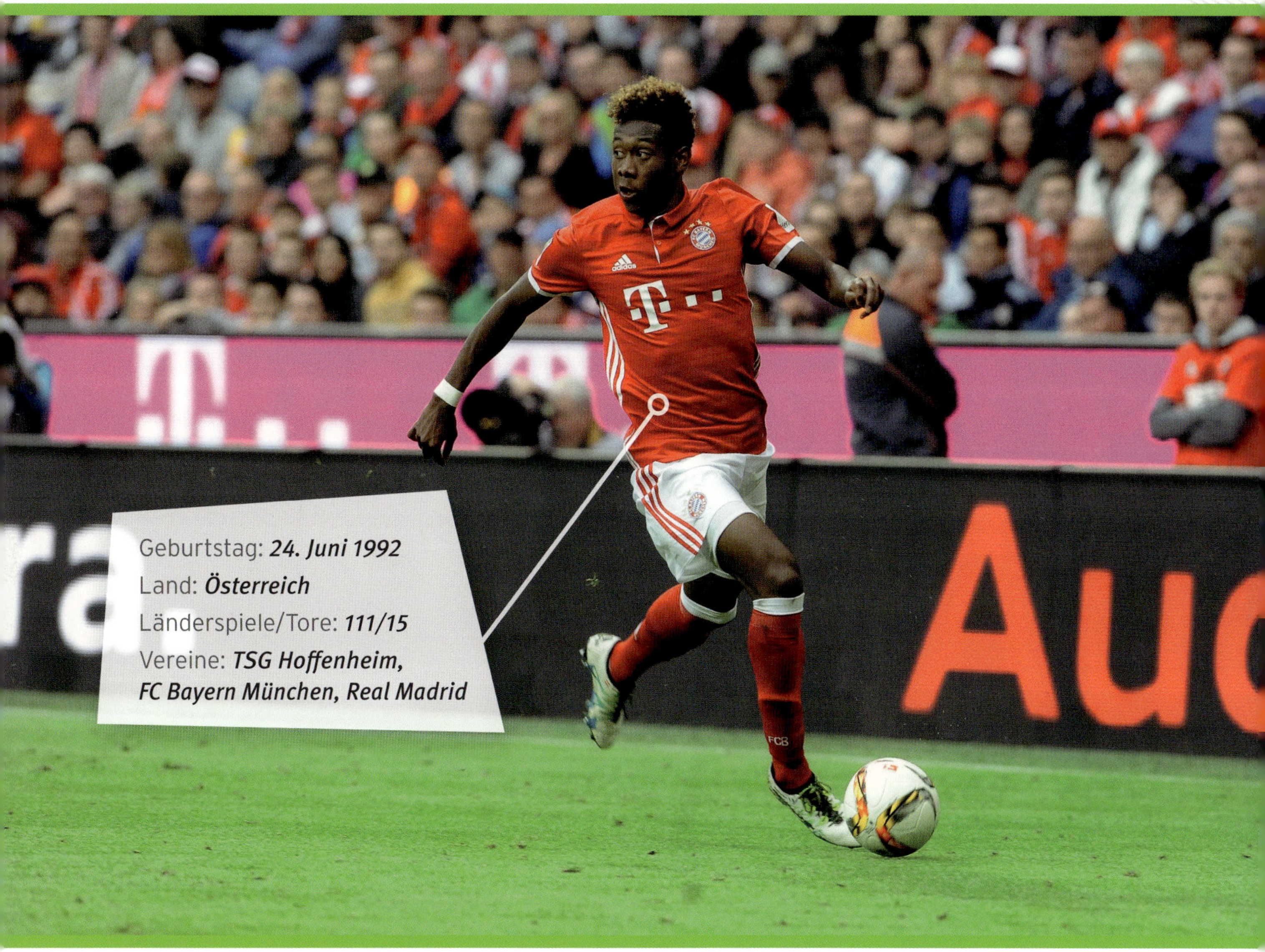

Geburtstag: ***24. Juni 1992***
Land: ***Österreich***
Länderspiele/Tore: ***111/15***
Vereine: ***TSG Hoffenheim, FC Bayern München, Real Madrid***

## *Wiener Schmäh mit Schuss*

Als der Landeshauptmann von Tirol ihn bei einer Veranstaltung auf Englisch ansprach, antwortete der Österreicher mit philippinisch-nigerianischen Wurzeln in feinstem Wiener Schmäh höflich, aber bestimmt, er sei der deutschen Sprache durchaus mächtig. Aus der Jugend von Austria Wien wagte er den Sprung zum FC Bayern – und setzte sich im Münchner Starensemble zügig durch. In zwölf Spielzeiten gewann der Linksverteidiger nicht nur gigantische zehn Meisterschaften, sondern 2013 und 2020 auch zweimal das Triple. Nachdem er in Lederhosen alles gewonnen hatte, wechselte Alaba 2021 zu den Königlichen nach Madrid, um auch in Spanien Fußballgeschichte zu schreiben.

# Xabi Alonso

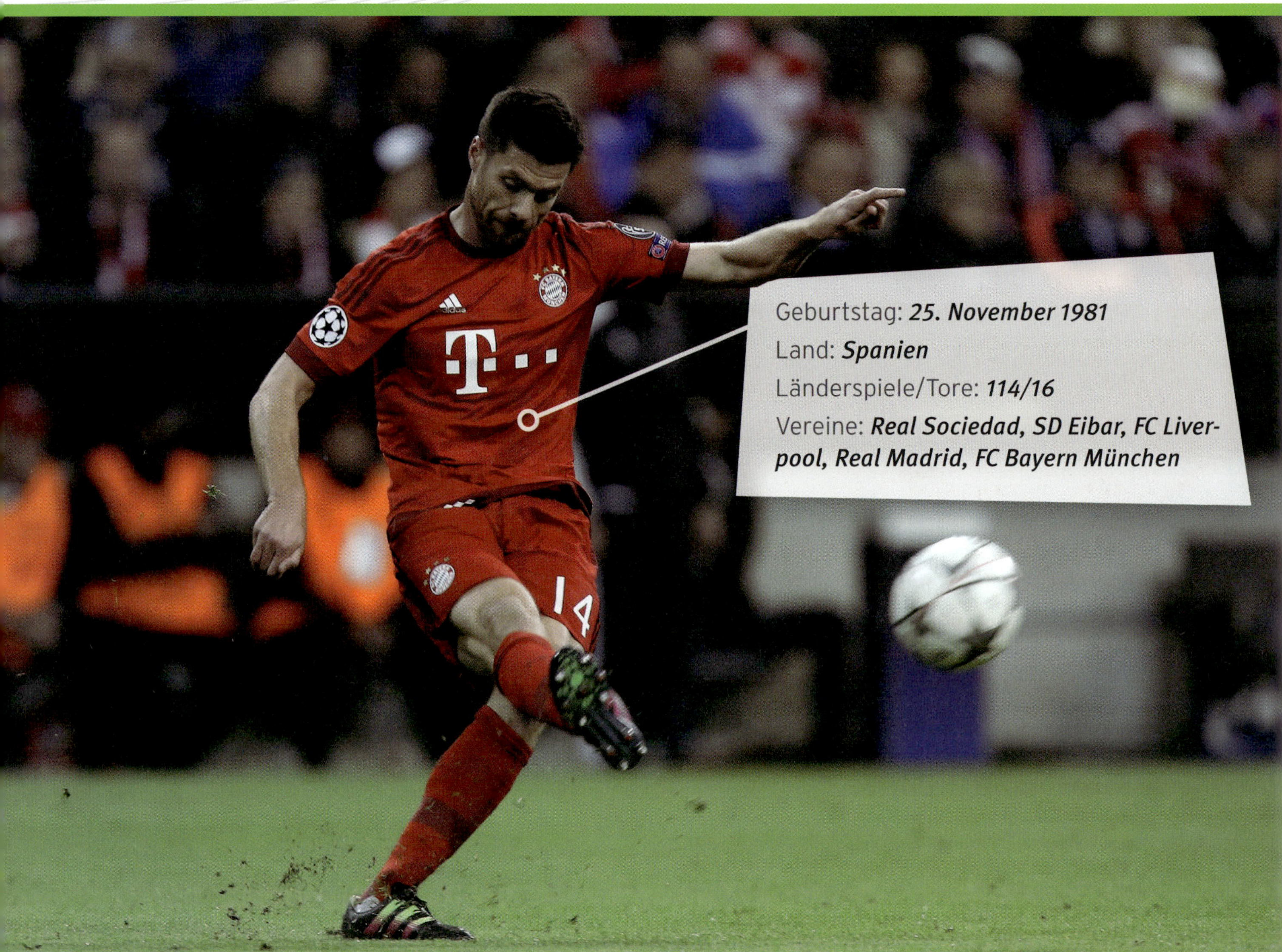

Geburtstag: ***25. November 1981***
Land: ***Spanien***
Länderspiele/Tore: ***114/16***
Vereine: ***Real Sociedad, SD Eibar, FC Liverpool, Real Madrid, FC Bayern München***

## *Der Quarterback*

Quarterback, Lunge, Professor – Xabi Alonso hat viele Ehrenbezeichnungen. Den Ball verteilen, das Spiel eröffnen, in der Zentrale schalten und walten, waren die Königsdisziplinen des Bindeglieds zwischen Abwehr und Angriff. Nicht einmal einen Monat war er bei Bayern München, als er mit sagenhaften 206 Ballkontakten in einer Partie einen neuen Bundesligarekord aufstellte. Alonso zog die Strippen, als Liverpool im legendären Champions-League-Endspiel 2005 binnen sechs Minuten das 0:3 gegen den AC Mailand egalisierte, als Real Madrid 2014 „La Decima", den zehnten Titel in der Königsklasse, gewann und als die spanische *Selección* den Titelhattrick einfuhr.

# Pierre-Emerick Aubameyang

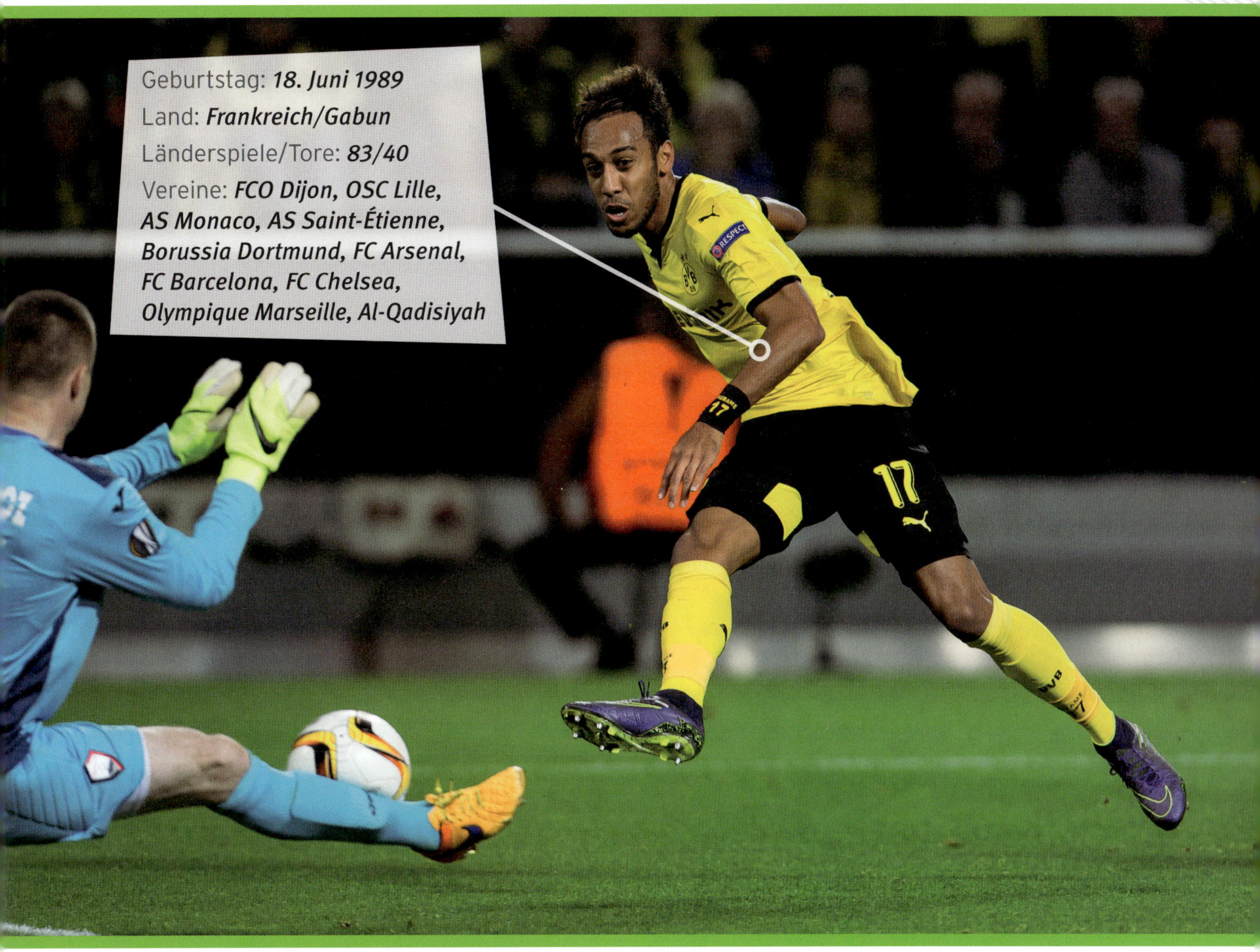

Geburtstag: ***18. Juni 1989***
Land: ***Frankreich/Gabun***
Länderspiele/Tore: ***83/40***
Vereine: ***FCO Dijon, OSC Lille, AS Monaco, AS Saint-Étienne, Borussia Dortmund, FC Arsenal, FC Barcelona, FC Chelsea, Olympique Marseille, Al-Qadisiyah***

## *Der gabunische Blitz*

Ein Mann, ein Antritt: Der gabunische Blitz flitzte die ersten 30 Meter unter vier Sekunden – selbst Usain Bolt war nur unwesentlich schneller. Schon zu Beginn seiner Karriere lief Aubameyang allen davon, ohne jedoch fußballerisch die ganz großen Sprünge zu machen. Das änderte sich spätestens im Trikot von Borussia Dortmund gründlich. Als bei den Westfalen die Position des Mittelstürmers neu zu besetzen war, wurde der Flügelflitzer ins Zentrum beordert. Mit durchschlagendem Erfolg, denn „Auba" zeigte, dass er nicht nur schnell ist, sondern auch eine echte Tormaschine – prompt wurde der in Frankreich Geborene 2015 zu Afrikas Fußballer des Jahres gewählt.

# Gareth Bale

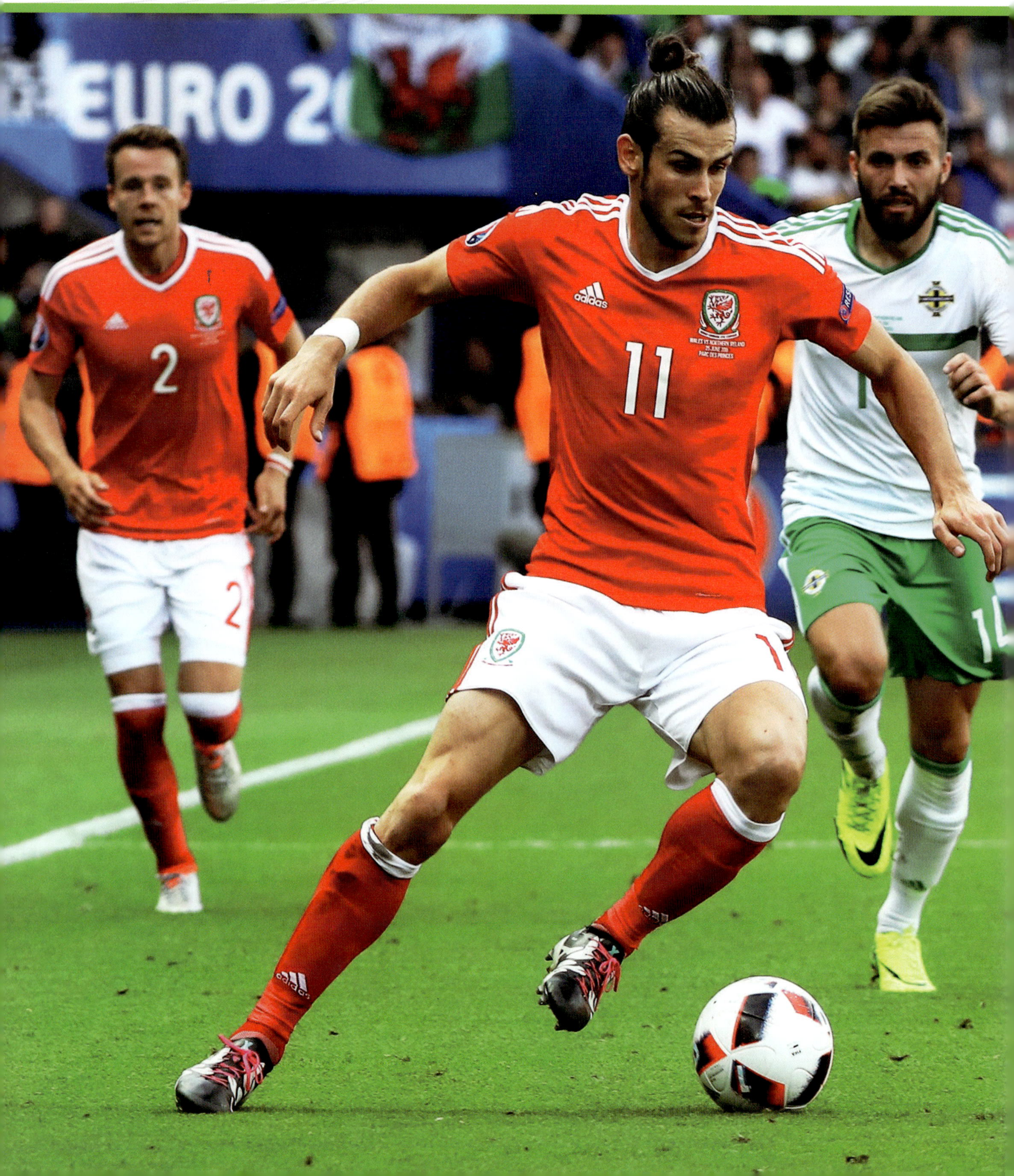

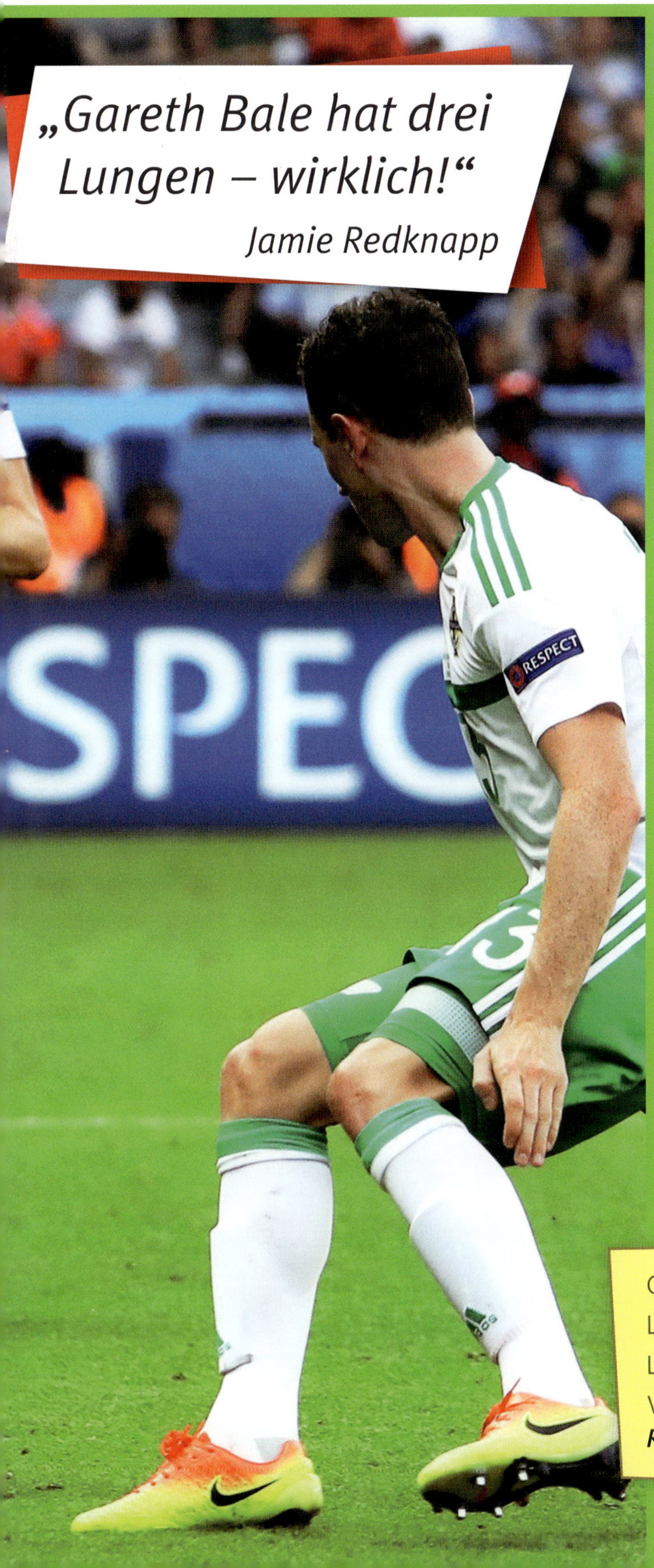


*„Gareth Bale hat drei Lungen – wirklich!“*

*Jamie Redknapp*

# Der feuerspeiende Drache

„Gareth Bale ist für den Rest der Saison gesperrt – wegen Missachtung des Tempolimits“, riefen sich die Fans feixend und schenkelklopfend schon bald zu, nachdem der atemberaubende Flügelstürmer auf dem Radar des Rasensports aufgetaucht war. Von Anfang an sah man ihn nur auf der Überholspur: Im zarten Alter von 16 Jahren und 315 Tagen zog er erstmals das Trikot mit dem walisischen Drachen über. Zwar wäre er auch für die *Three Lions* spielberechtigt gewesen, doch die zeigten kein gesteigertes Interesse am kommenden Superstar. Ein Fehler mit fatalen Folgen: Erstmals seit 1958 qualifizierten sich die Drachen für ein großes Turnier, zum ersten Mal überhaupt für eine Europameisterschaft, und bei der kam es 2016 in Frankreich prompt zur „Battle of Britain“. Und während die Engländer bereits im Achtelfinale gegen Island ihre „Brexit“-Schmach erlebten, stießen die Waliser sensationell ins Halbfinale vor. Der überragende Bale war buchstäblich überall, hätte am liebsten den weiten Pass auf sich selbst gespielt, um ihn dann volley in den Maschen explodieren zu lassen. Er spie in sechs Spielen Feuer, was das Zeug hielt, und setzte nicht nur die walisischen Herzen in Flammen.

Geburtstag: ***16. Juli 1989***
Land: ***Wales***
Länderspiele/Tore: ***111/41***
Vereine: ***FC Southampton, Tottenham Hotspur, Real Madrid, Los Angeles FC***

# Michael Ballack

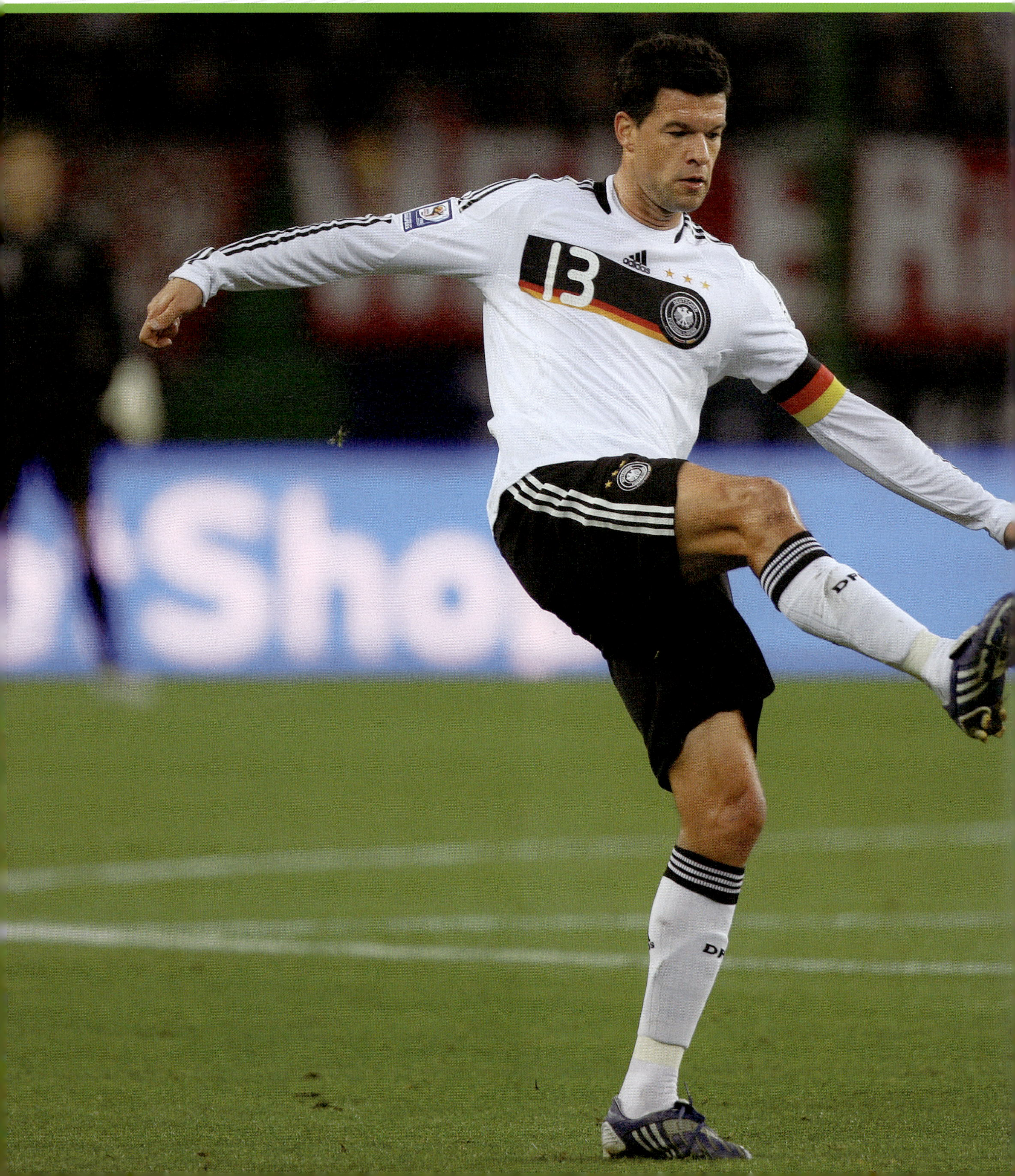

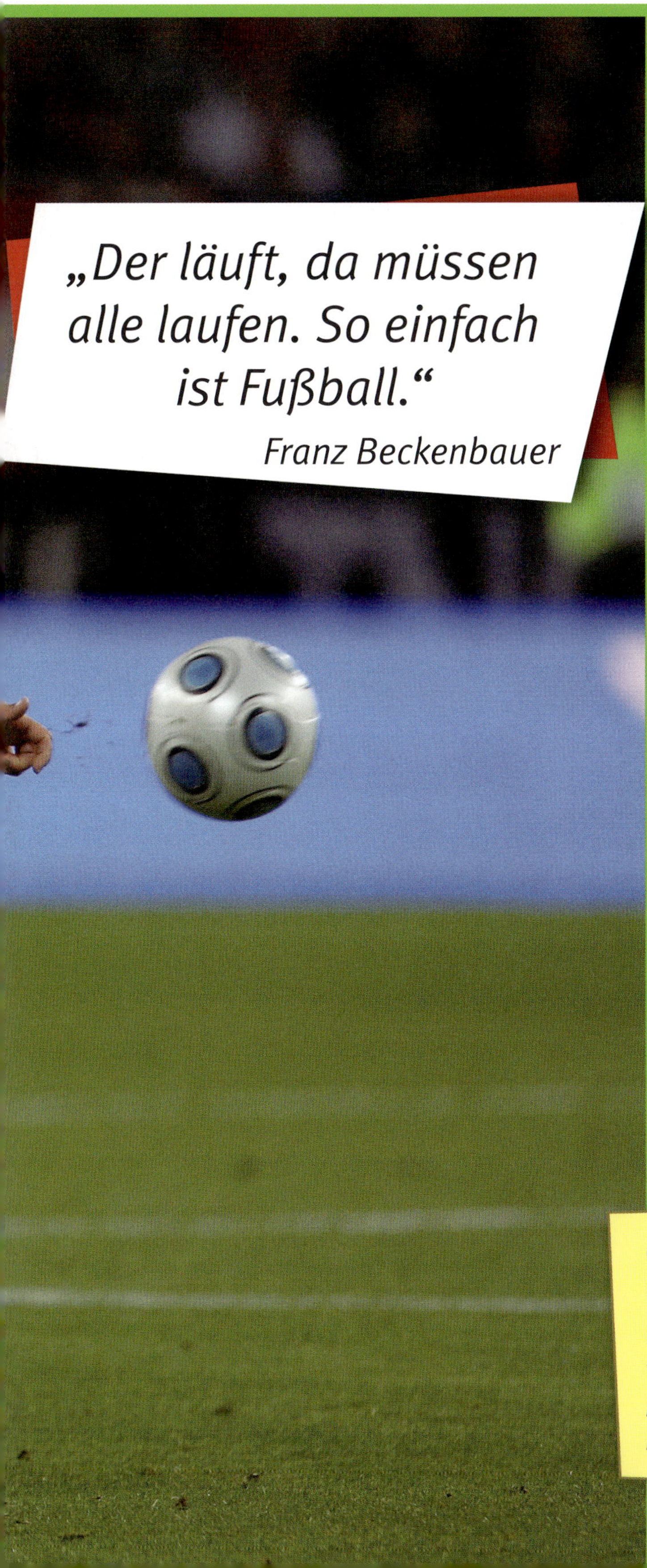

*„Der läuft, da müssen alle laufen. So einfach ist Fußball."*

*Franz Beckenbauer*

## Der Unvollendete

2002, 2003 und 2005 wurde Michael Ballack zu Deutschlands Fußballer des Jahres gewählt – nur Franz Beckenbauer wurde diese Ehre öfter zuteil. Trotzdem blieb die Karriere des torgefährlichsten deutschen Mittelfeldinternationalen unvollendet. Viermal in Folge – 2002 bis 2008 – wurde er ins All-Star-Team von Welt- und Europameisterschaften gewählt und musste sich doch mit zwei zweiten und einem dritten Platz begnügen. Besonders tragisch sein Auftritt bei der ersten Weltmeisterschaft in Asien: Nachdem er mit seinem Treffer gegen Gastgeber Südkorea das Tor zum Endspiel aufgestoßen hatte, opferte er sich für den Mannschaftserfolg und musste gelbgesperrt zuschauen, als Brasilien den Titel stibitzte. Und das nur wenige Wochen, nachdem er mit Bayer Leverkusen im Pokal, in Meisterschaft und Champions League dreimal „nur" Zweiter geworden war. Trotzdem gehört der Teamleader zu den ganz Großen der deutschen Fußballgeschichte: Zwischen 2004 und 2010 führte „El Capitano" die Elf in Schwarz und Weiß 55 Mal mit der Spielführerbinde in die Schlacht – und entschied etliche davon mit seiner Kampfkraft, Spielübersicht und Kopfballstärke.

Geburtstag: ***26. September 1976***
Land: ***DDR/Deutschland***
Länderspiele/Tore: ***98/42***
Vereine: ***Chemnitzer FC, 1. FC Kaiserslautern, Bayer 04 Leverkusen, FC Bayern München, FC Chelsea***

# David Beckham

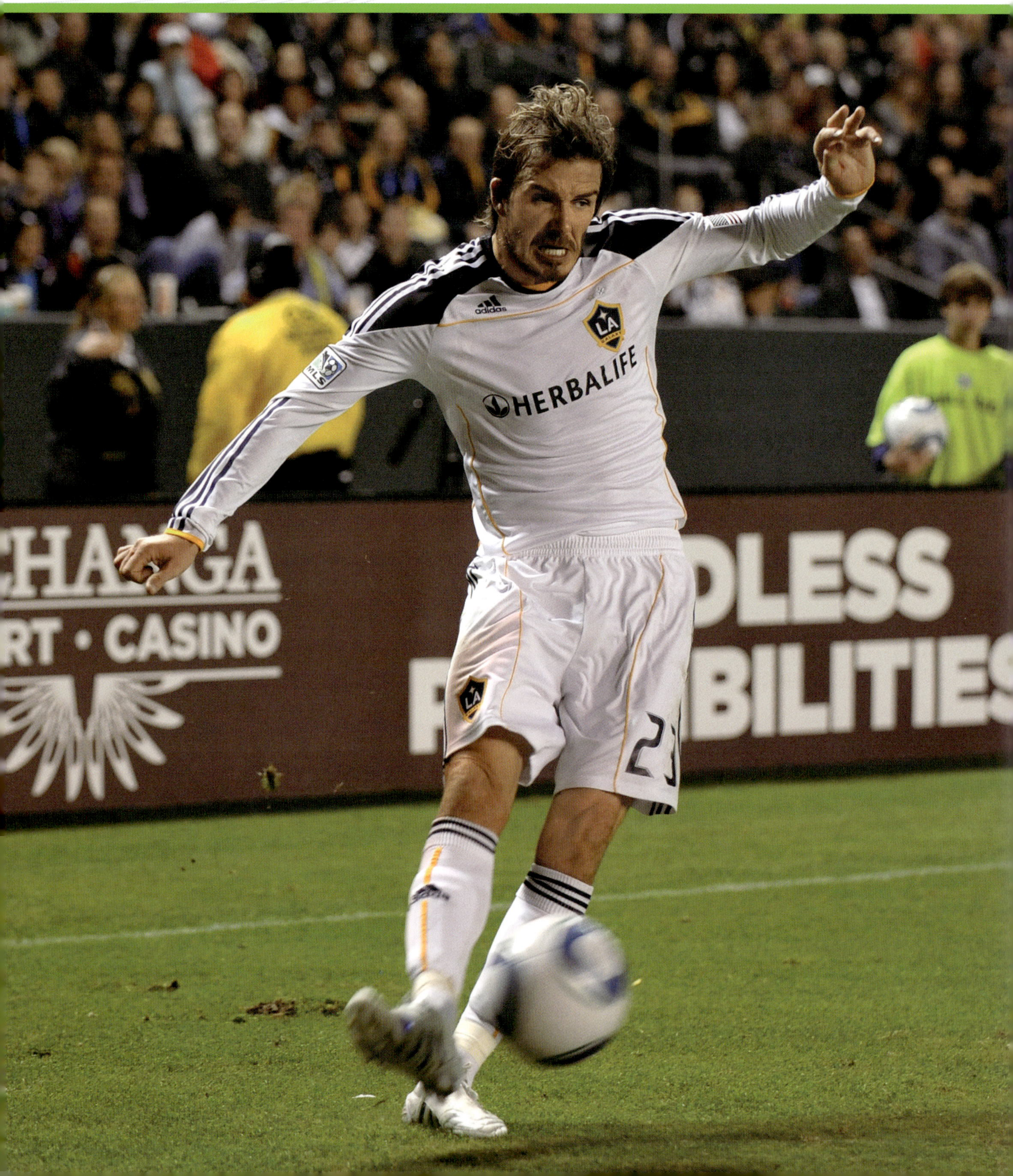

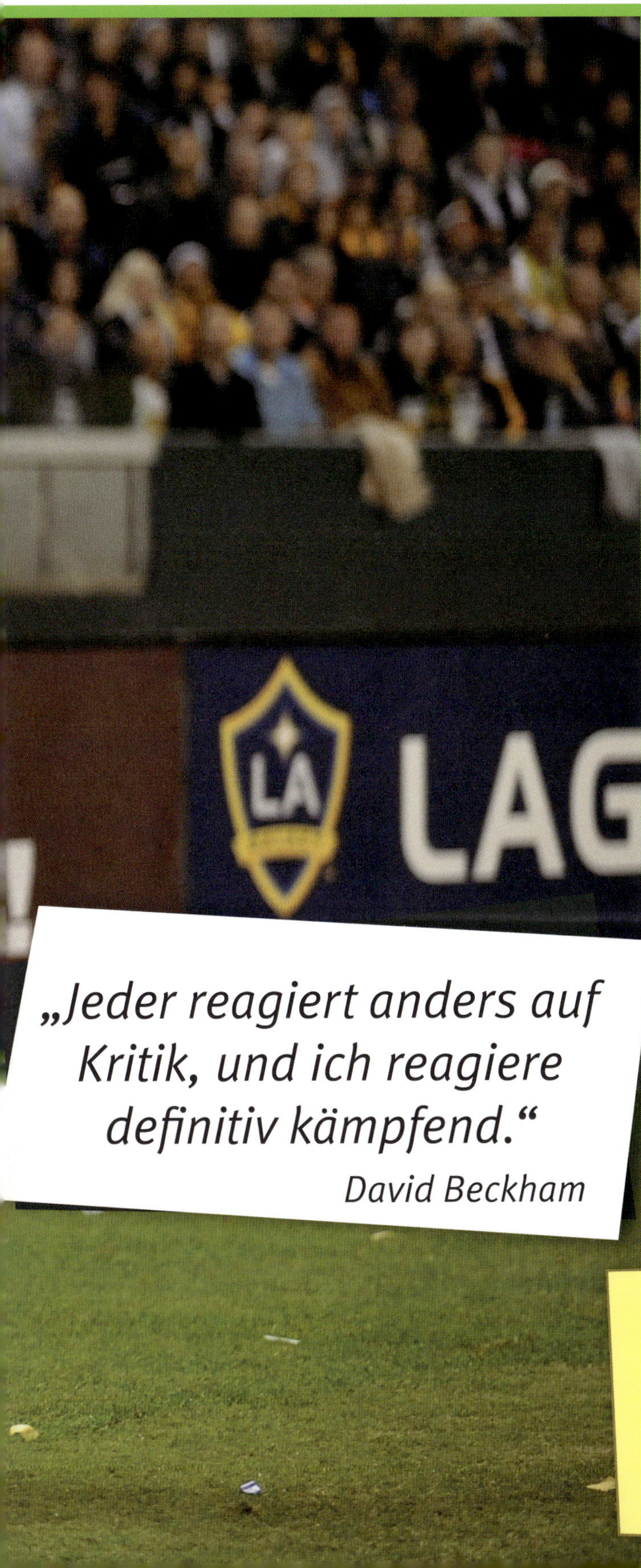


> „Jeder reagiert anders auf Kritik, und ich reagiere definitiv kämpfend.“
>
> David Beckham

## Der Flankengott

Ob Beckham eher auf dem grünen Rasen oder dem roten Teppich zu Hause war, konnte man nicht immer zweifelsfrei entscheiden. Mit Spice Girl Victoria alias Posh Spice führte er eine Beziehung im Blitzlichtgewitter, posierte als Unterwäschemodel und tappte von einem Skandälchen ins nächste. Der Spross der englischen Arbeiterklasse, der gegen die Verführungen der Glamourwelt alles andere als immun war, machte aber auch am Ball eine gute Figur: Als Freistoßschütze gehörte er zweifelsohne zur Weltspitze, als Flankengeber war er noch besser. 1998/99 triumphierte er im FA Cup, traf im entscheidenden Meisterschaftsspiel und gab beide Vorlagen zum legendären Last-Minute-Sieg gegen Bayern München in der Königsklasse – das erste Triple für ManU und das vierte der europäischen Fußballgeschichte.

Trotzdem war „Becks“ bei den Fans nicht unumstritten. Nachdem er bei der WM 1998 gegen Argentinien wegen einer Lappalie Rot gesehen hatte, wurde er nach dem Ausscheiden zum Sündenbock der Nation. Vier Jahre später wendete sich jedoch das Blatt, als er mit einem herrlichen Freistoß in buchstäblich allerletzter Sekunde die Qualifikation zur WM 2002 klarmachte und zum Volkshelden wurde.

Geburtstag: ***2. Mai 1975***
Land: ***England***
Länderspiele/Tore: ***115/17***
Vereine: ***Manchester United, Real Madrid, Los Angeles Galaxy, AC Mailand, Paris Saint-Germain***

# Karim Benzema

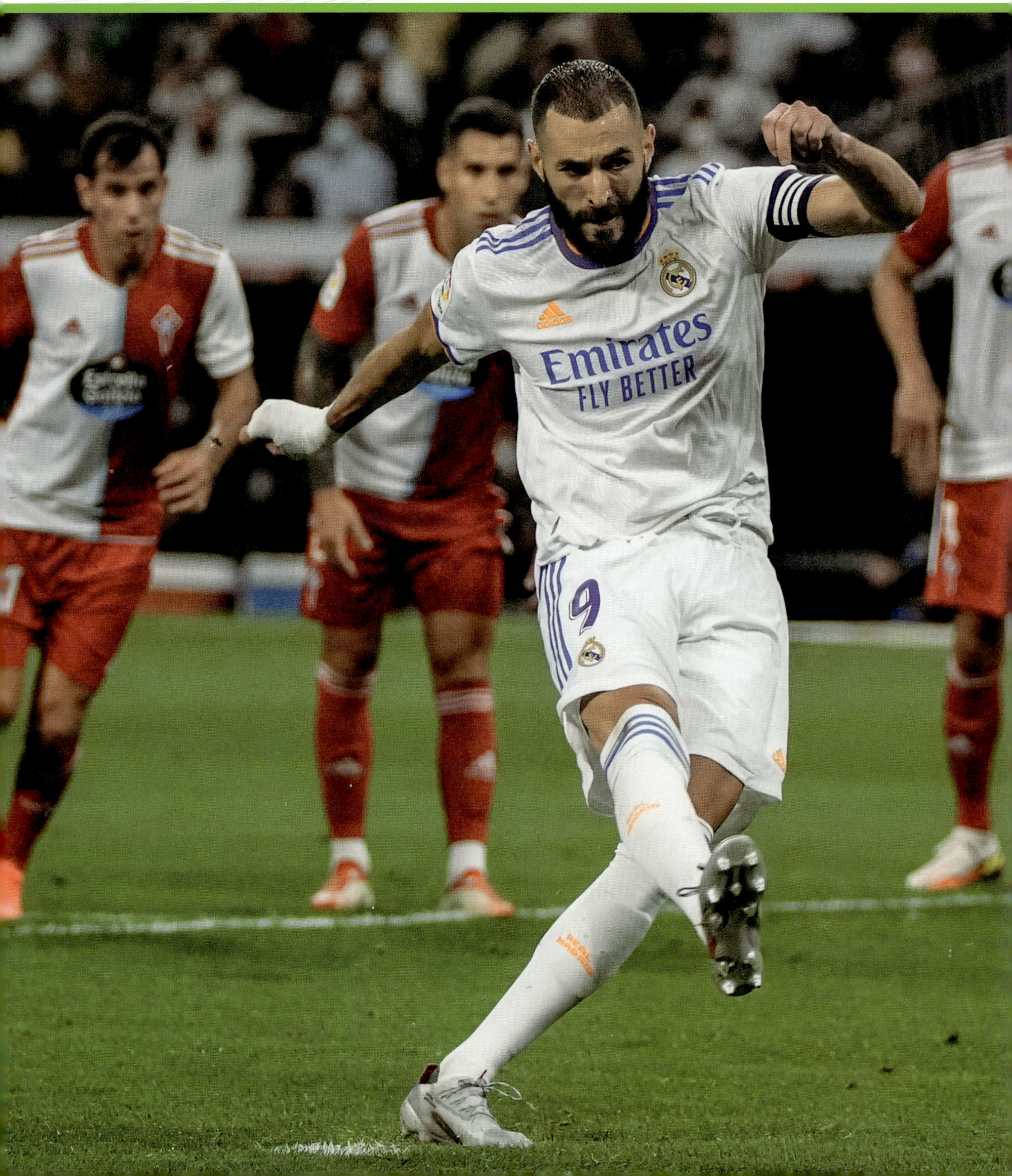

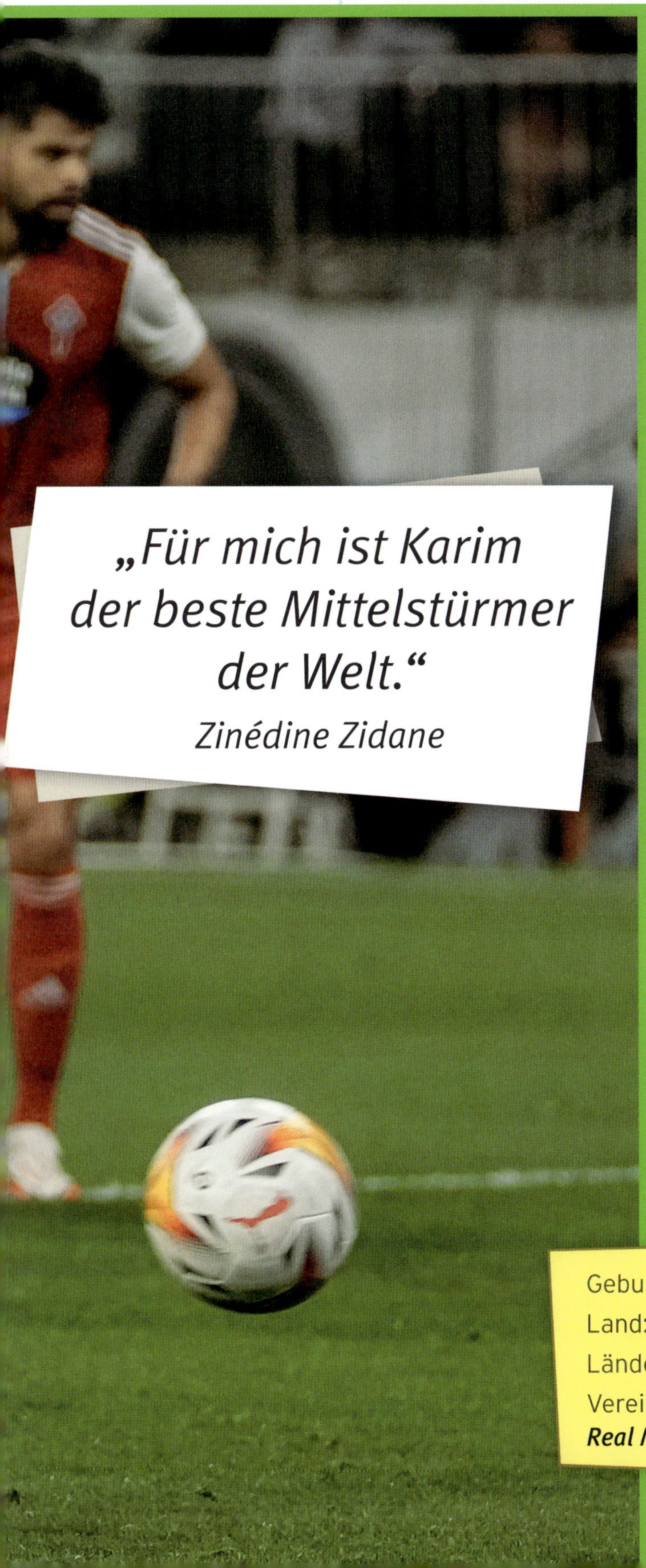

„Für mich ist Karim der beste Mittelstürmer der Welt.“
*Zinédine Zidane*

## Die gereifte Neuneinhalb

„Wenn man keinen Jagdhund hat, muss man eben mit einer Katze jagen gehen“, urteilte einst José Mourinho über den jungen Karim Benzema, der sich unverstanden fühlte und prompt seinen Trainer zum Krisengespräch bat. Doch Mourinho hatte den richtigen Reiz gesetzt: Benzema wurde zur brüllenden Raubkatze, die alle Jagdhunde vergessen machte.

Zwischen 2009 und 2023 erzielte der Stürmer aus Lyon 238 Tore für Real Madrid – nur Cristiano Ronaldo hat noch mehr Tore für *Los Blancos* geschossen. Mehr als ein Jahrzehnt bei den Königlichen – trotz all der Skandale, von illegalen Autorennen über Sex mit einer minderjährigen Prostituierten bis zur versuchten Erpressung eines Nationalmannschaftskollegen. Aus der *Équipe Tricolore* wurde der spielstarke Mittelstürmer, der sich selbst als „Neuneinhalb“ bezeichnet, deswegen „für immer“ ausgeschlossen, 2021 – nach fünfeinhalb Jahren – doch ziemlich überraschend begnadigt. Als Frankreich 2018 Weltmeister wurde, war er nicht dabei, glänzte aber bei der Europameisterschaft 2021, sowohl menschlich als auch fußballerisch gereift, mit vier Toren.

Geburtstag: ***19. Dezember 1987***
Land: ***Frankreich***
Länderspiele/Tore: ***97/37***
Vereine: ***Olympique Lyon, Real Madrid, Al-Ittihad FC***

# Gianluigi Buffon

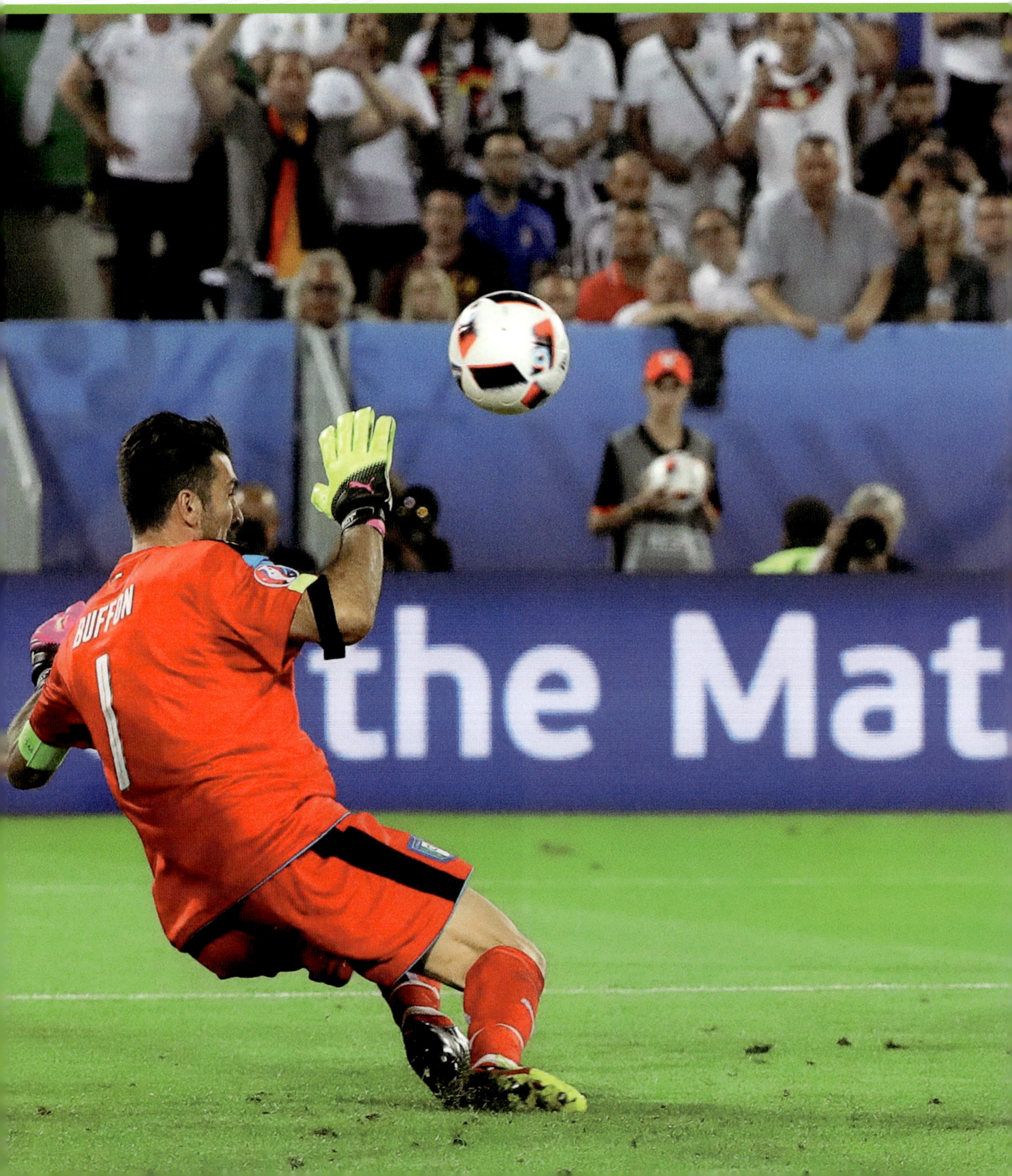

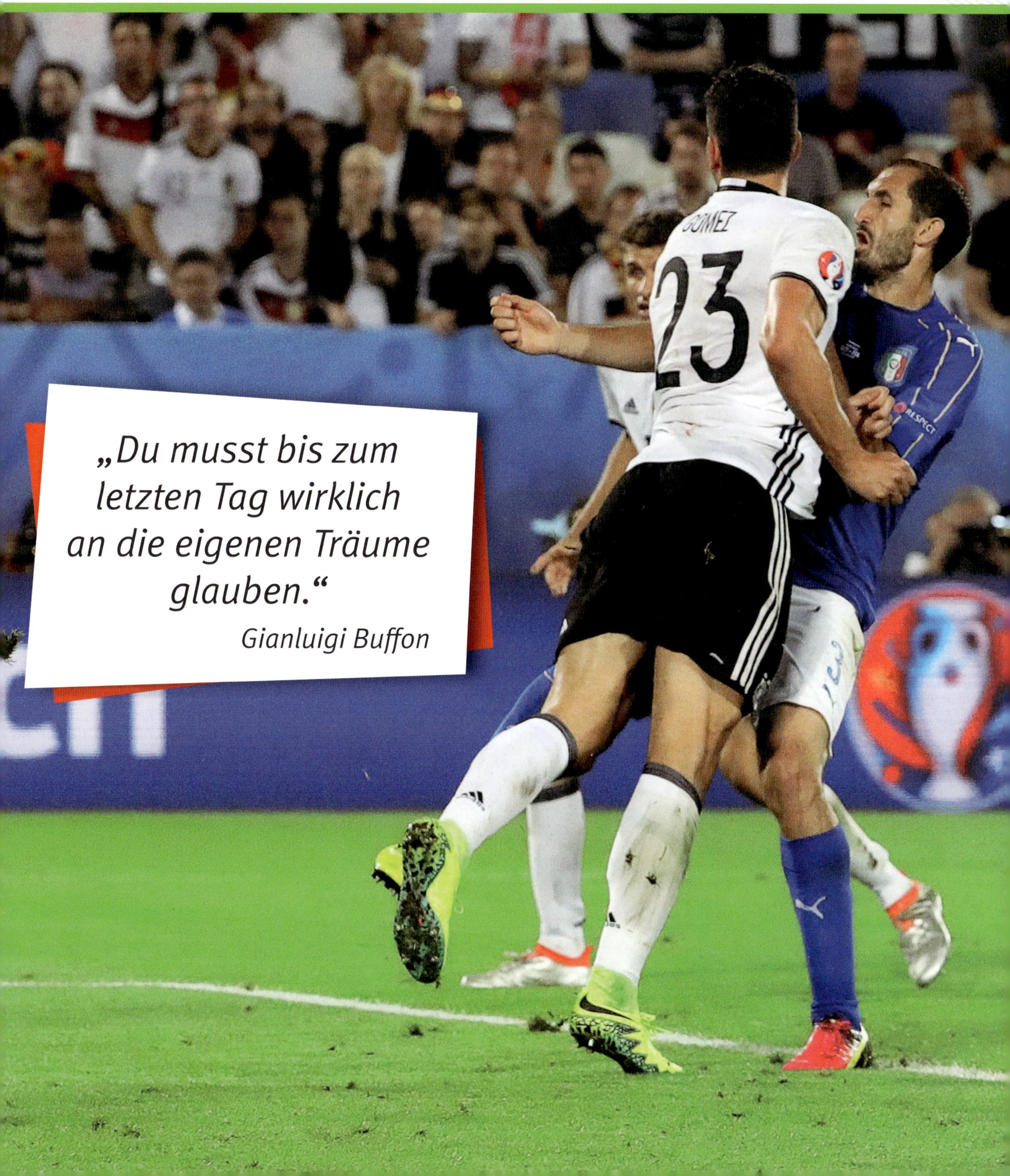


*„Du musst bis zum letzten Tag wirklich an die eigenen Träume glauben.“*

*Gianluigi Buffon*

# Gianluigi Buffon

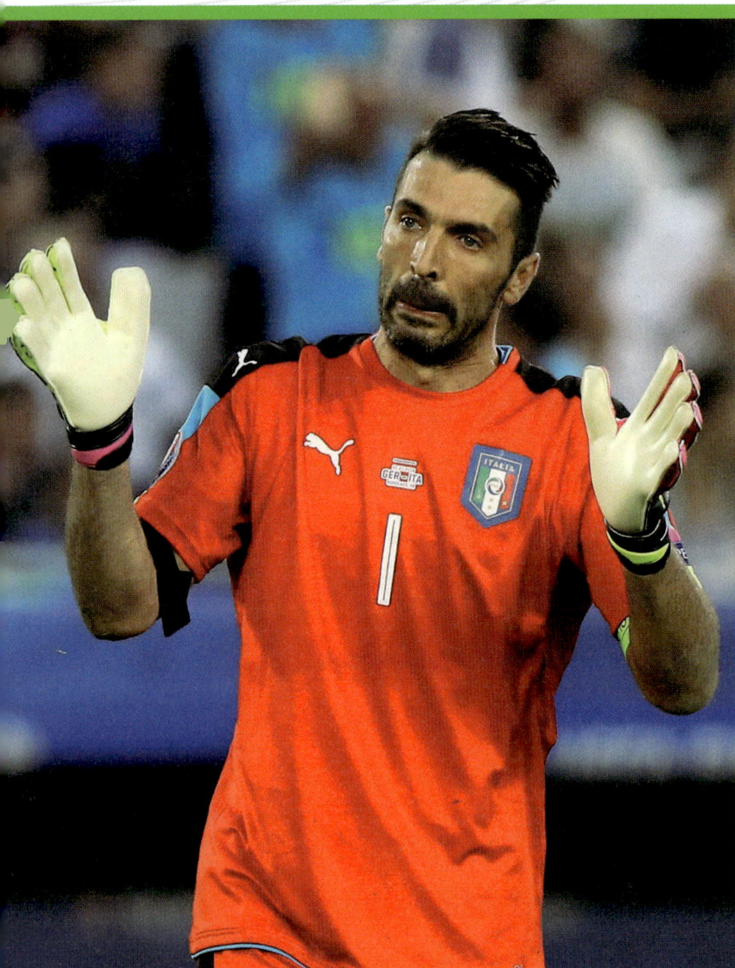


## Aus echtem Carrara-Marmor geschnitzt

„Lasst uns die Reihen schließen, wir sind bereit zum Tod, Italien hat gerufen!", schmetterte Gianluigi Buffon mit unglaublicher Inbrunst, sobald das „Lied der Italiener" erklang. Am schönsten tönte es im Sommer 2006, als aus Gigi endgültig „San Gigi" wurde. Es war einfach kein Vorbeikommen an dem Zerberus zwischen den italienischen Pfosten, da konnten sich die Gegner auf den Kopf stellen. Rechtsverteidiger Cristian Zaccardo hatte schließlich Erbarmen, das Leder rutschte ihm über den Spann und tropfte völlig unhaltbar in die Maschen – ein herrliches Eigentor. Nach sechs Spielen stand die *Squadra Azzurra* im Finale, ohne dass ein gegnerischer Spieler den toskanischen Hünen, der in Carrara geboren wurde, von wo der berühmte Marmor stammt, hätte überwinden können. Auch im Finale war er bloß vom ominösen Punkt, nicht aber aus dem Spiel heraus zu bezwingen – und reckte schließlich die Trophäe des Weltmeisters in den Sternenhimmel über Berlin.

Gigi Buffon war ein Torwart ohne Schwächen, aber mit vielen Stärken: mit unglaublichen Reflexen gesegnet und daher schier unüberwindbar auf der Linie, mit seinem herausragenden Stellungsspiel ein Meister der Strafraumbeherrschung und vor allem ein charismatischer Anführer, der seine Vorderleute ebenso fest im Griff hatte wie das Leder. Zu einem der besten Torhüter der Fußballgeschichte und zum Welttorhüter der Jahre 2003, 2004, 2006, 2007 und 2017 wurde er jedoch wegen seiner Willensstärke, mit der er Berge zu versetzen verstand, wegen seiner Konzentrationsstärke, mit der er „Patzer" aus seinem Wortschatz verbannt hat, und wegen seiner Nervenstärke, mit der er so viele gegnerische Stürmer völlig entnervt hat.

Geburtstag: ***28. Januar 1978***
Land: ***Italien***
Länderspiele/Tore: ***176/0***
Vereine: ***AC Parma, Juventus Turin, Paris Saint-Germain, Parma Calcio***

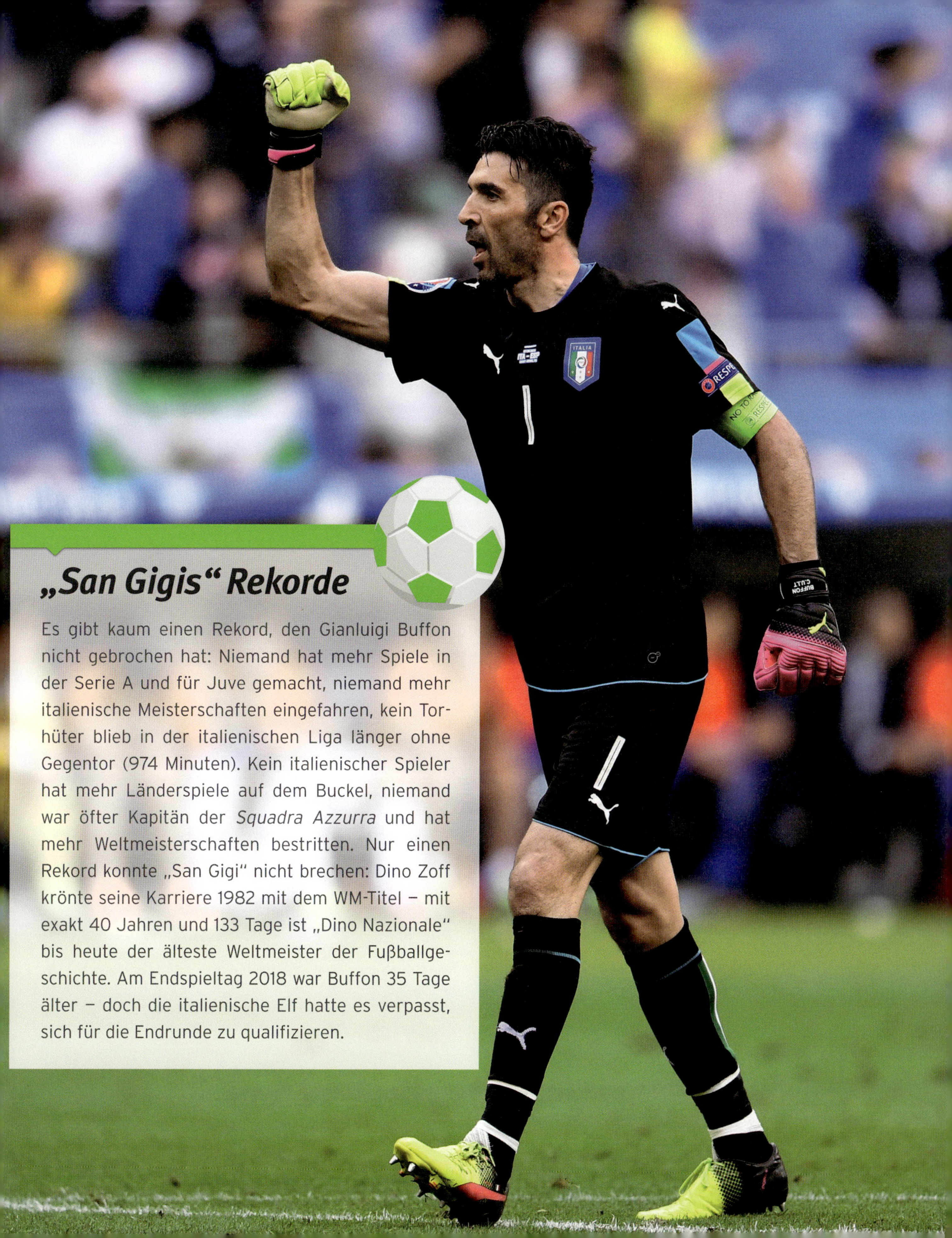

## „San Gigis“ Rekorde

Es gibt kaum einen Rekord, den Gianluigi Buffon nicht gebrochen hat: Niemand hat mehr Spiele in der Serie A und für Juve gemacht, niemand mehr italienische Meisterschaften eingefahren, kein Torhüter blieb in der italienischen Liga länger ohne Gegentor (974 Minuten). Kein italienischer Spieler hat mehr Länderspiele auf dem Buckel, niemand war öfter Kapitän der *Squadra Azzurra* und hat mehr Weltmeisterschaften bestritten. Nur einen Rekord konnte „San Gigi“ nicht brechen: Dino Zoff krönte seine Karriere 1982 mit dem WM-Titel – mit exakt 40 Jahren und 133 Tage ist „Dino Nazionale“ bis heute der älteste Weltmeister der Fußballgeschichte. Am Endspieltag 2018 war Buffon 35 Tage älter – doch die italienische Elf hatte es verpasst, sich für die Endrunde zu qualifizieren.

# Sergio Busquets

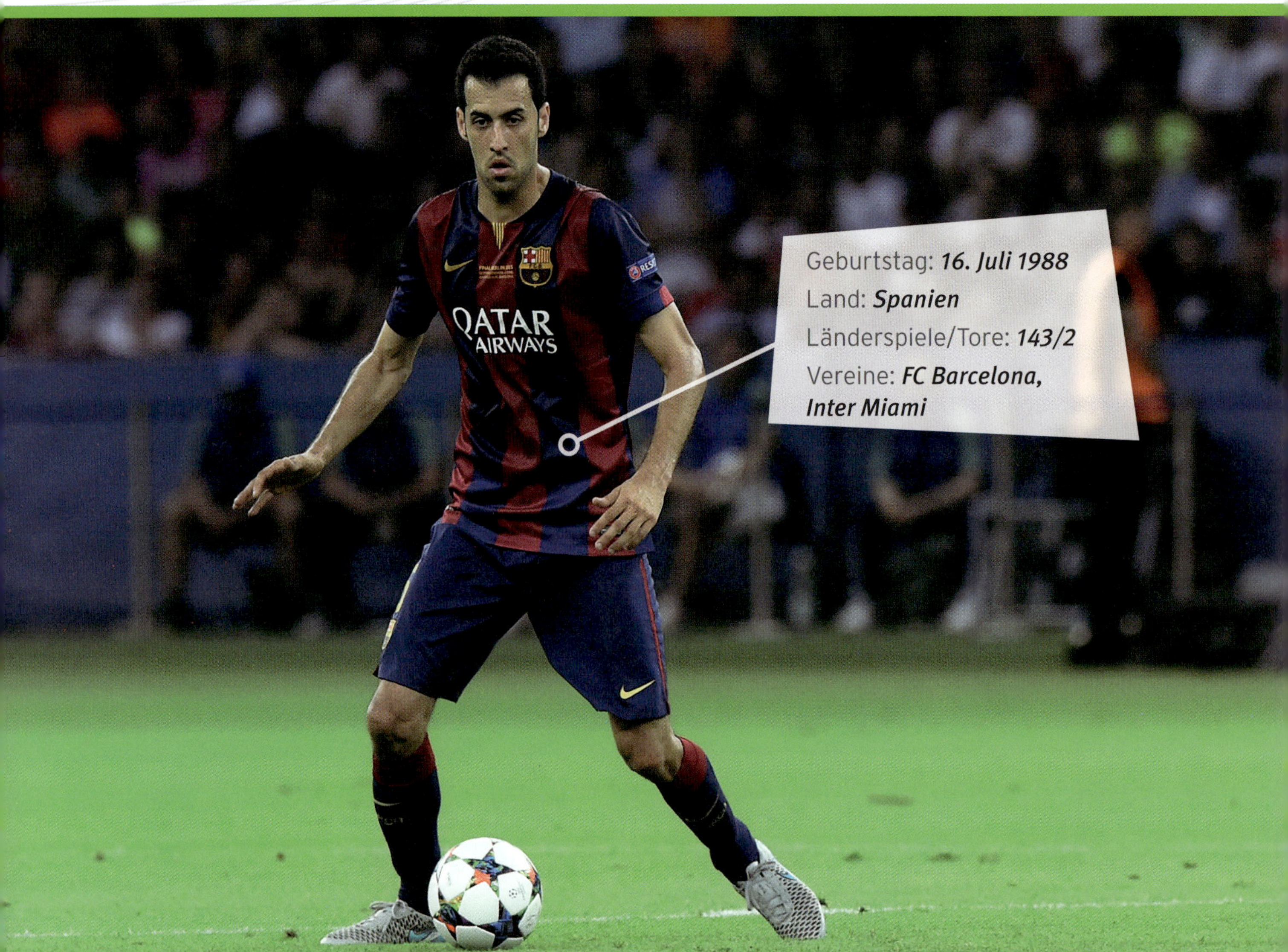


## *Der Wellenbrecher*

Gleich in seiner Debütsaison 2008/2009 bei Barça gewann der Schlaks sein erstes Triple. In der Folge wurde er zum stillen Star, unverzichtbaren Strategen und perfekten Taktgeber der Katalanen wie der *Selección*. Er überließ den Offensivstars gern die große Bühne und stellte in ihrem Schatten mit seiner Raumbeherrschung, Ballkontrolle und präzisen Pässen die Weichen. Bei der WM 2010 und der EM 2012 verpasste der spielstarke Wellenbrecher vor der Abwehr keine einzige Partie. Ganze drei Tore fielen in den 13 Spielen der beiden Turniere gegen die spanische Übermannschaft, nicht zuletzt ein Verdienst Busquets', der das Spiel zu lesen verstand wie kein Zweiter.

# Ricardo Carvalho

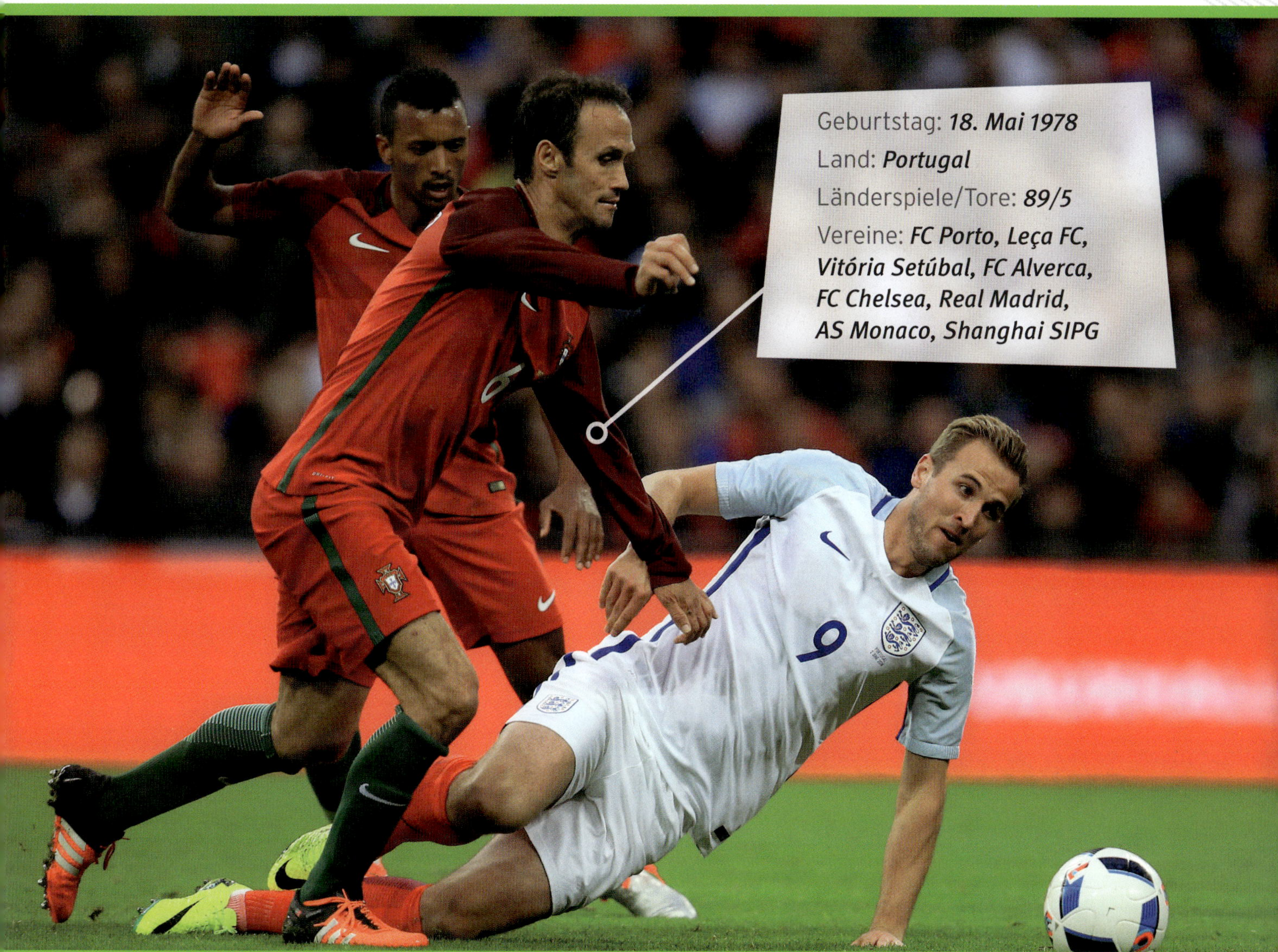


## *Der treue Deserteur*

José Mourinho übernahm 2002 das Traineramt beim FC Porto, vertraute auf den jungen Carvalho, und zusammen gewannen sie alle nationalen Titel, 2003 den UEFA-Cup und 2004 die Champions League. Der Schützling folgte seinem Meister prompt zum FC Chelsea und 2010 zu Real Madrid. In der *Seleção* verpasste der umsichtige Innenverteidiger, der Härte durch kluge Voraussicht zu umgehen weiß, 2004 vor heimischen Rängen den EM-Titel, gehörte 2006 zum All-Star-Team der WM und wurde vor der EM 2012 von Paulo Bento ausgebootet und als „Deserteur" bezeichnet. Als Bento gehen musste, kam der treue Recke wieder und wurde 2016 auf seine alten Tage Europameister.

# Fabio Cannavaro

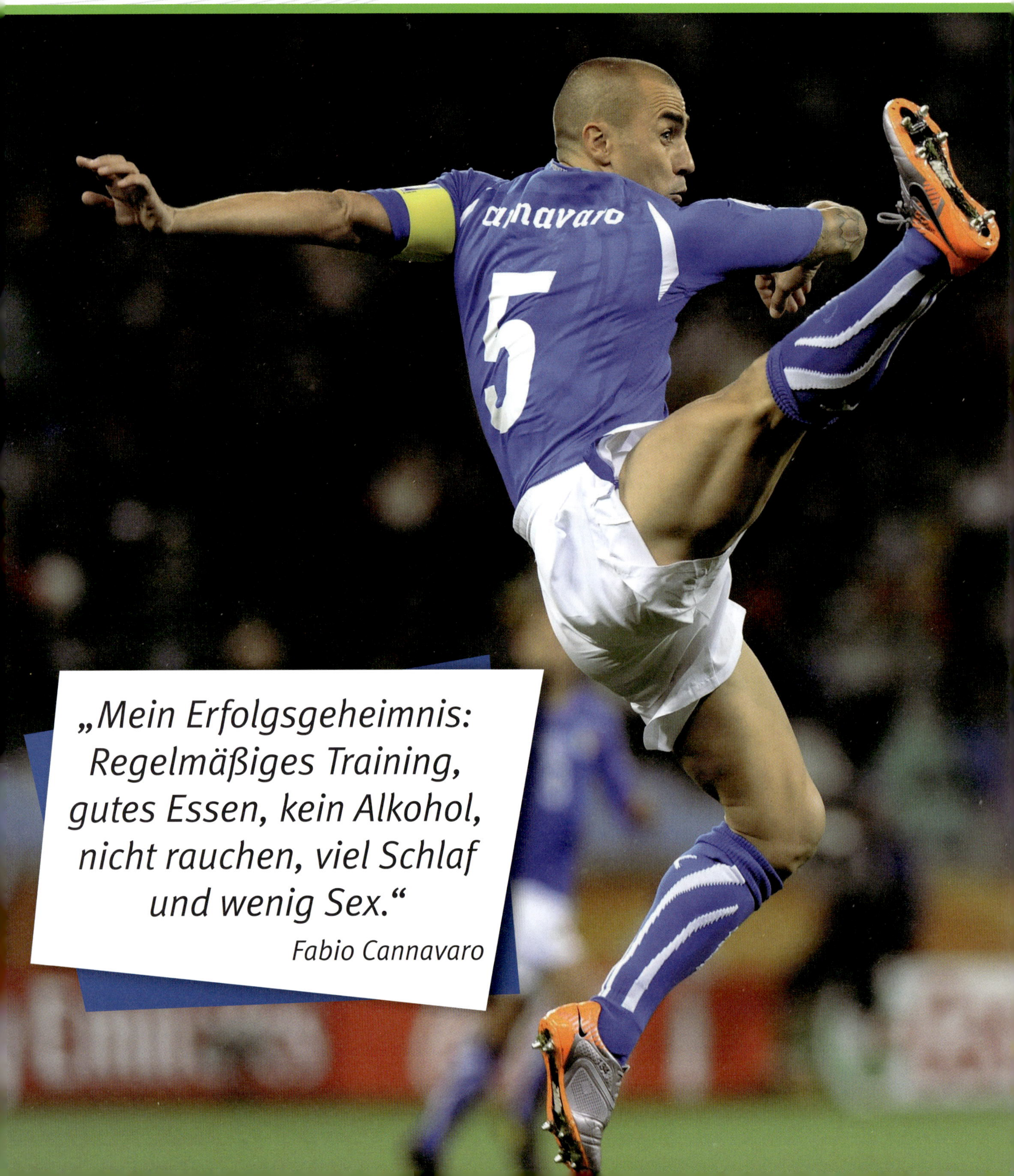

*„Mein Erfolgsgeheimnis: Regelmäßiges Training, gutes Essen, kein Alkohol, nicht rauchen, viel Schlaf und wenig Sex.“*

*Fabio Cannavaro*

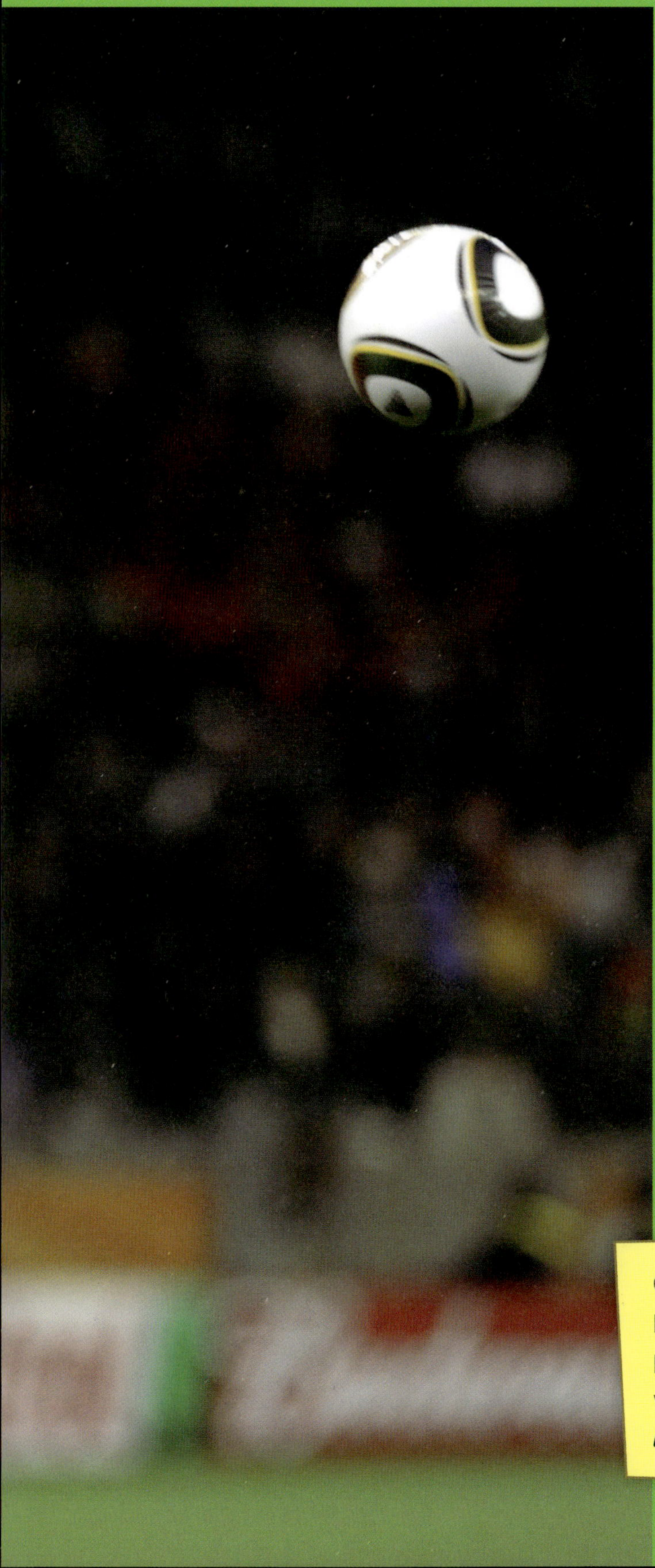

## *Die Berliner Mauer*

Tore, Tore, Tore sind alles, was im Fußball zählt. Deswegen sind es zumeist brillante Vollblutstürmer, die als beste Spieler des Fußballzirkus geehrt werden. 2006 jedoch wurde mit Fabio Cannavaro ein Innenverteidiger zugleich Italiens Fußballer des Jahres (vor Andrea Pirlo und Luca Toni), Europas Fußballer des Jahres (vor Gianluigi Buffon und Thierry Henry) und Weltfußballer (vor Zinédine Zidane und Ronaldinho).

Was war geschehen? Wie kam das nur 1,76 Meter große Kraftpaket zu solchen Ehren? Der gebürtige Neapolitaner in Diensten der Alten Dame aus Turin hatte die *Squadra Azzurra* 2006 in Deutschland siebenmal als Kapitän aufs Feld geführt und mit seinem sensationellen Stellungsspiel, seiner gewaltigen Sprungkraft und seinem überragenden Spielverständnis zum Titel geführt. Nicht ein einziges Tor konnten die Gegner aus dem Spiel gegen die italienische Abwehr erzielen – nur gegen ein Eigentor sowie einen Foulelfmeter war auch die weltbeste Abwehr machtlos. Im Finale, seinem 100. Länderspiel, bissen sich die Franzosen serienweise die Zähne am bulligen Wadenbeißer aus, und bald wurde er am Stiefel ehrfürchtig „Muro di Berlino" – Berliner Mauer – genannt.

Geburtstag: ***13. September 1973***

Land: ***Italien***

Länderspiele/Tore: ***136/2***

Vereine: ***SSC Neapel, AC Parma, Inter Mailand, Juventus Turin, Real Madrid, Al Ahli***

# Iker Casillas

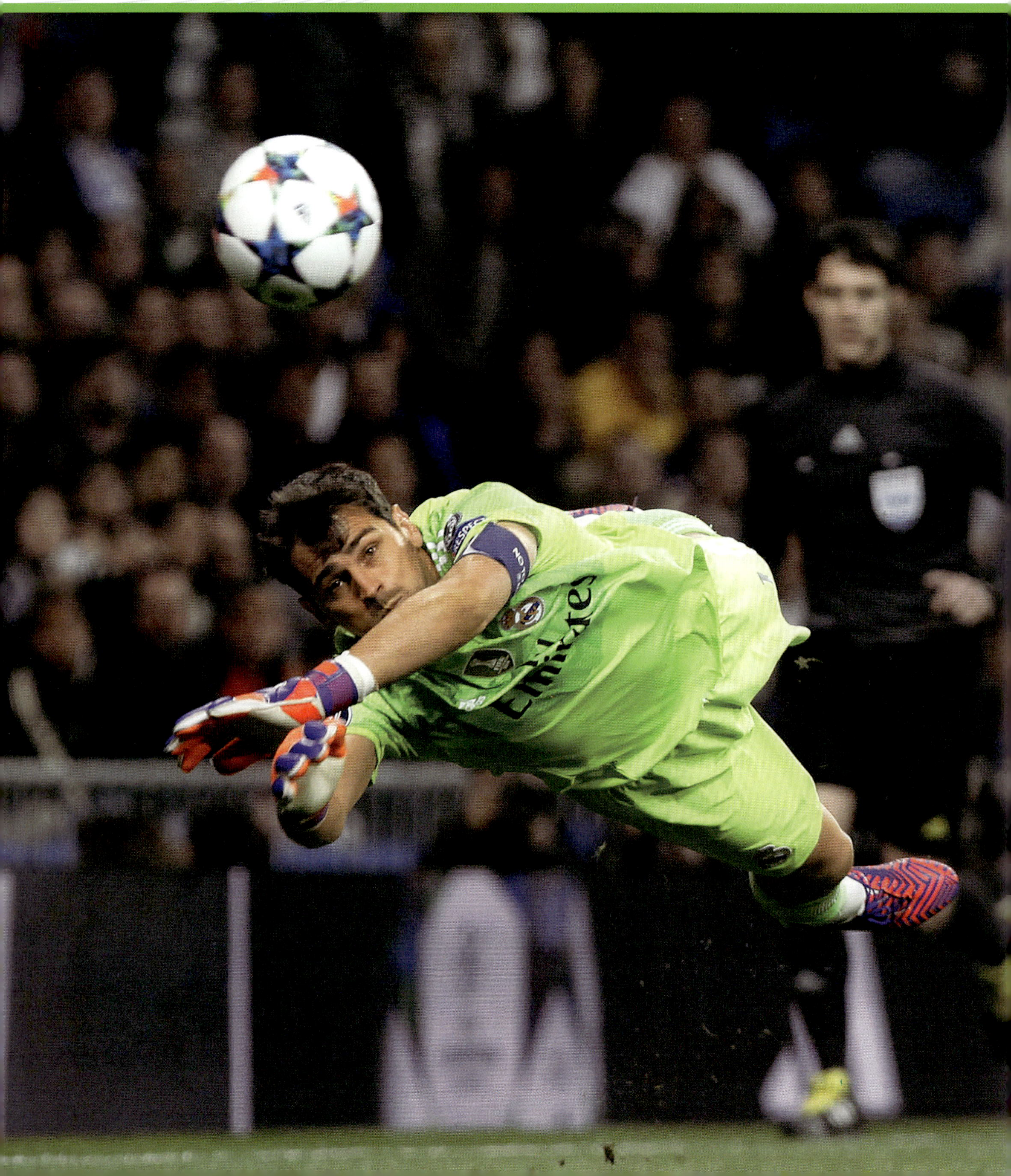

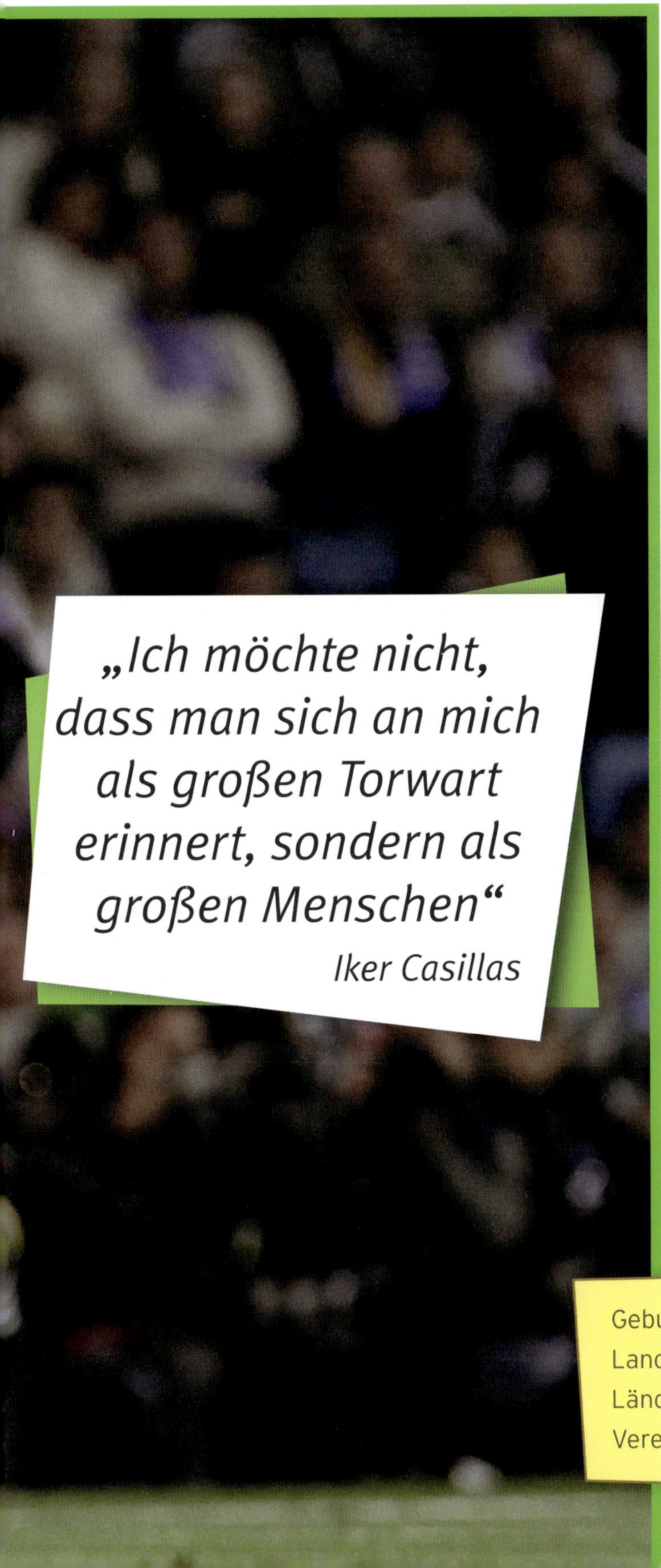

> *„Ich möchte nicht, dass man sich an mich als großen Torwart erinnert, sondern als großen Menschen“*
>
> *Iker Casillas*

## San Iker

Ein Prophet gilt nirgends weniger als in seinem Vaterland und in seinem Hause. Zu Beginn seiner Karriere galt er als anfällig bei Flanken und verlor zwischenzeitlich seinen Platz zwischen den königlichen Pfosten, Ende 2012 – auf dem Höhepunkt seines Ruhms – degradierte ihn José Mourinho zum Bankdrücker, 2015 verabschiedete ihn Real wie einen Ergänzungsspieler, bei der EM 2016 wurde er durch den nicht ganz sattelfesten David de Gea ersetzt. Wohlgemerkt, die Rede ist von Iker Casillas, der von den Fans als „San Iker“ heiliggesprochen wurde, nach dem in seinem Geburtsort Móstoles eine Straße benannt wurde, der mit Real fünf Meisterschaften und dreimal die Champions League gewann, der die *Selección* als Kapitän zwischen 2008 und 2012 zum Titel-Hattrick führte und der fünfmal in Folge zum Welttorhüter gewählt wurde.

An neun Welt- und Europameisterschaften nahm der erfolgreichste Torhüter der Fußballgeschichte seit 2000 teil. Bei der WM 2010 am Kap der Guten Hoffnung zeigte er eindrucksvoll, warum über seinem Haupt der fußballerische Heiligenschein glänzt: Kein einziges Mal griff er in den K.o.-Runden hinter sich und war der Garant des ersten WM-Triumphs der *Roten Furie.*

Geburtstag: ***20. Mai 1981***
Land: ***Spanien***
Länderspiele/Tore: ***167/0***
Vereine: ***Real Madrid, FC Porto***

# Edinson Cavani

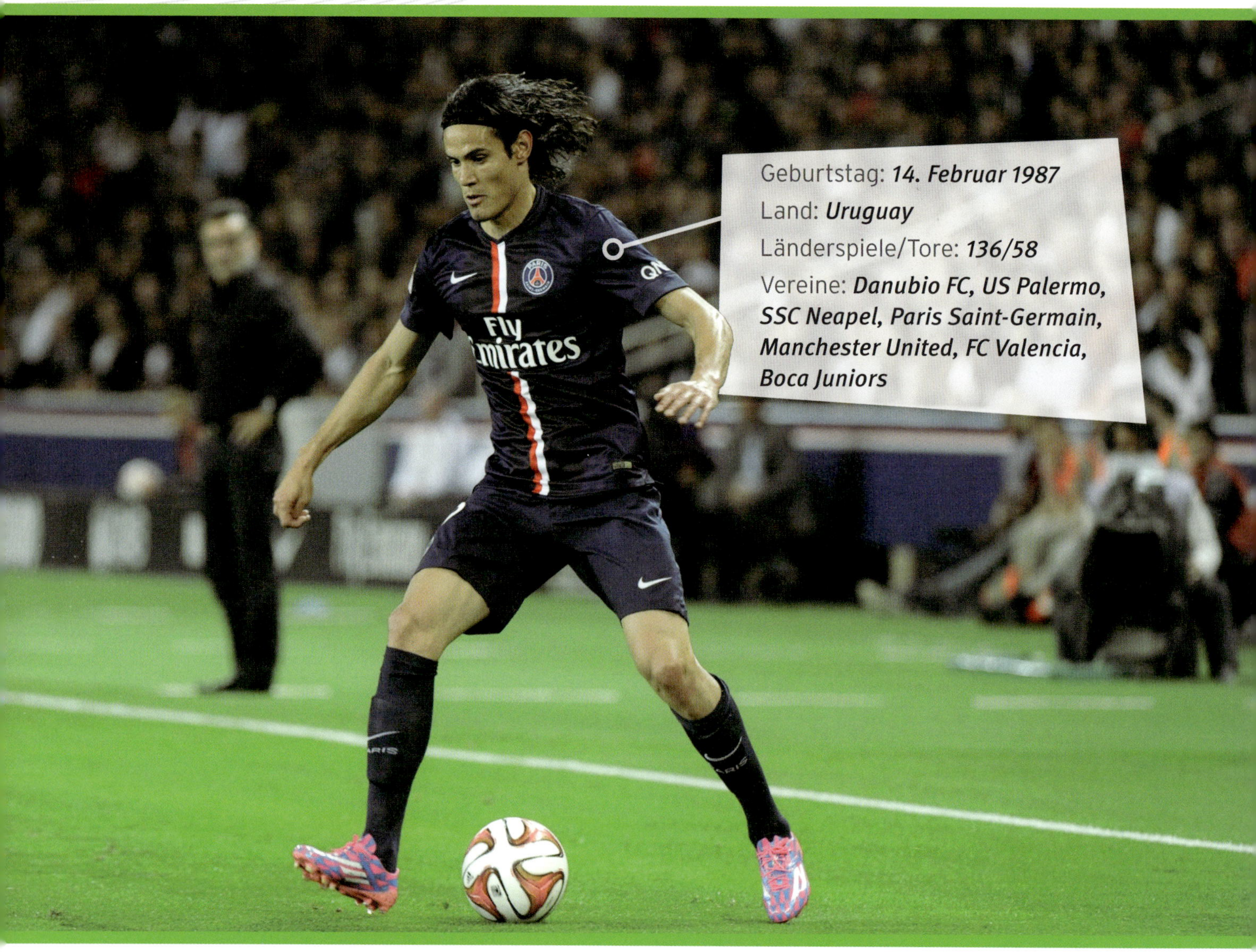


## *Der neue Matador*

„El Matador" wird Edinson Cavani gerufen – wie Mario Kempes, der Star der WM 1978, mit dem ihn Diego Simeone verglich. Wie jener ist der Uruguayer mit italienischen Wurzeln ein Vielseitigkeitswunder: Treffsicher, aber beileibe kein reiner Strafraumstürmer, ist er durch sein Tempo ein vorzüglicher Konterspieler, versteht sich durch seine Technik auf das feine Kombinationsspiel und ist sich nicht zu schade, in der Defensive die Drecksarbeit zu übernehmen. In Neapel avancierte er zum Torschützen vom Dienst, in Paris sammelte er Titel um Titel, im himmelblauen Nationaltrikot stieß er 2010 ins WM-Halbfinale vor und gewann ein Jahr darauf die Copa América.

# Kevin De Bruyne

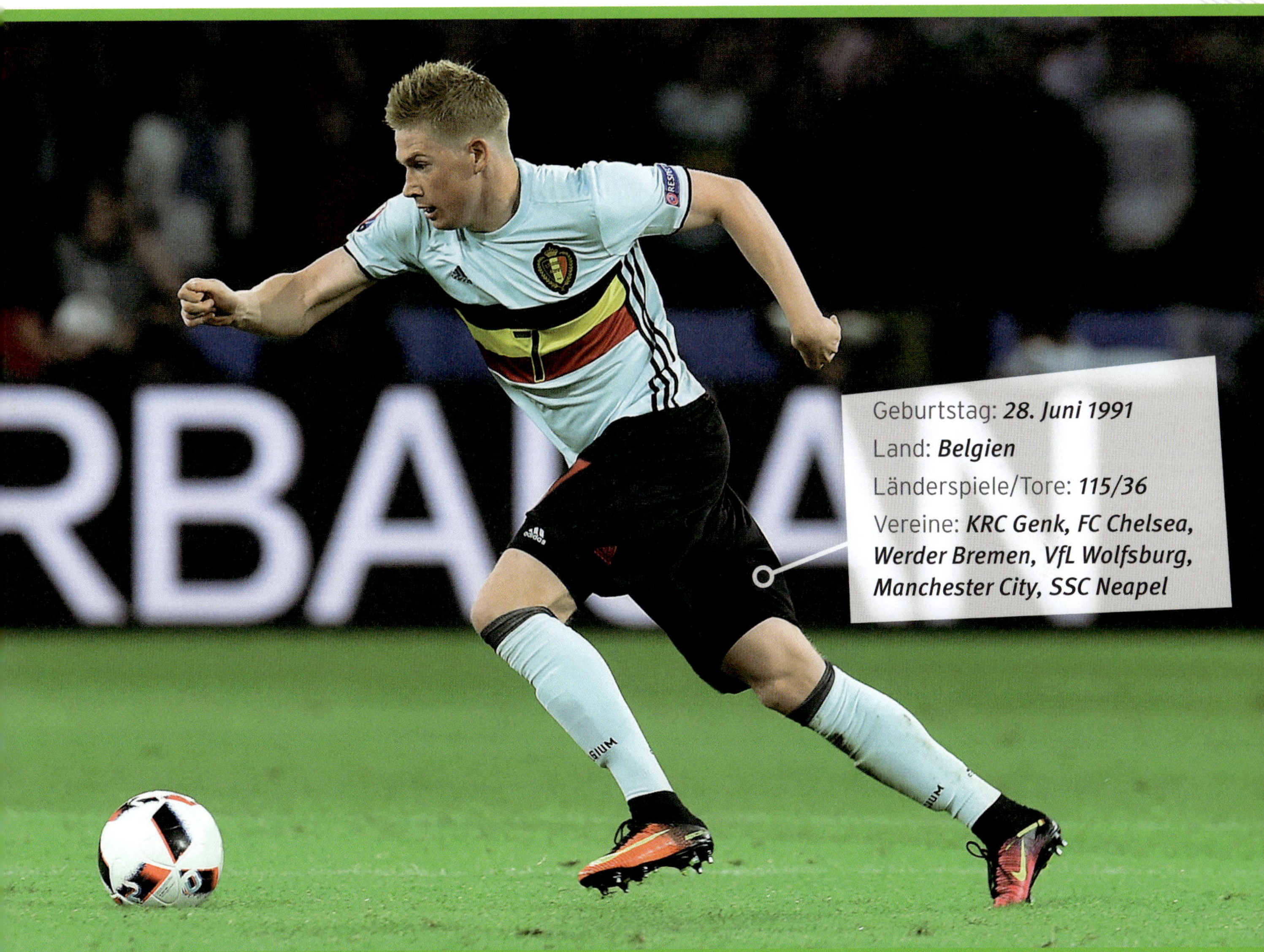

Geburtstag: ***28. Juni 1991***
Land: ***Belgien***
Länderspiele/Tore: ***115/36***
Vereine: ***KRC Genk, FC Chelsea, Werder Bremen, VfL Wolfsburg, Manchester City, SSC Neapel***

## *Das brillante Babyface*

José Mourinho hatte allen Grund, sich zu ärgern. Nur wenige Minuten Einsatzzeit hatte er Kevin De Bruyne im blauen Trikot des FC Chelsea gewährt, woraufhin die belgische Nachwuchshoffnung das Weite suchte und nach Wolfsburg floh. Binnen kürzester Zeit avancierte der Spielmacher mit dem Babyface bei den Niedersachsen vom Talent zum Weltstar und ging nur anderthalb Jahre später zurück auf die Insel, wo er mit Manchester City sechsmal die englische Meisterschaft gewann. Bei Welt- und Europameisterschaften dirigierte der Spielmacher die *Roten Teufel* seit der WM 2014 mitunter brillant, doch die Goldene Generation konnte ihre fußballerischen Künste nicht in Edelmetall ummünzen.

# Deco

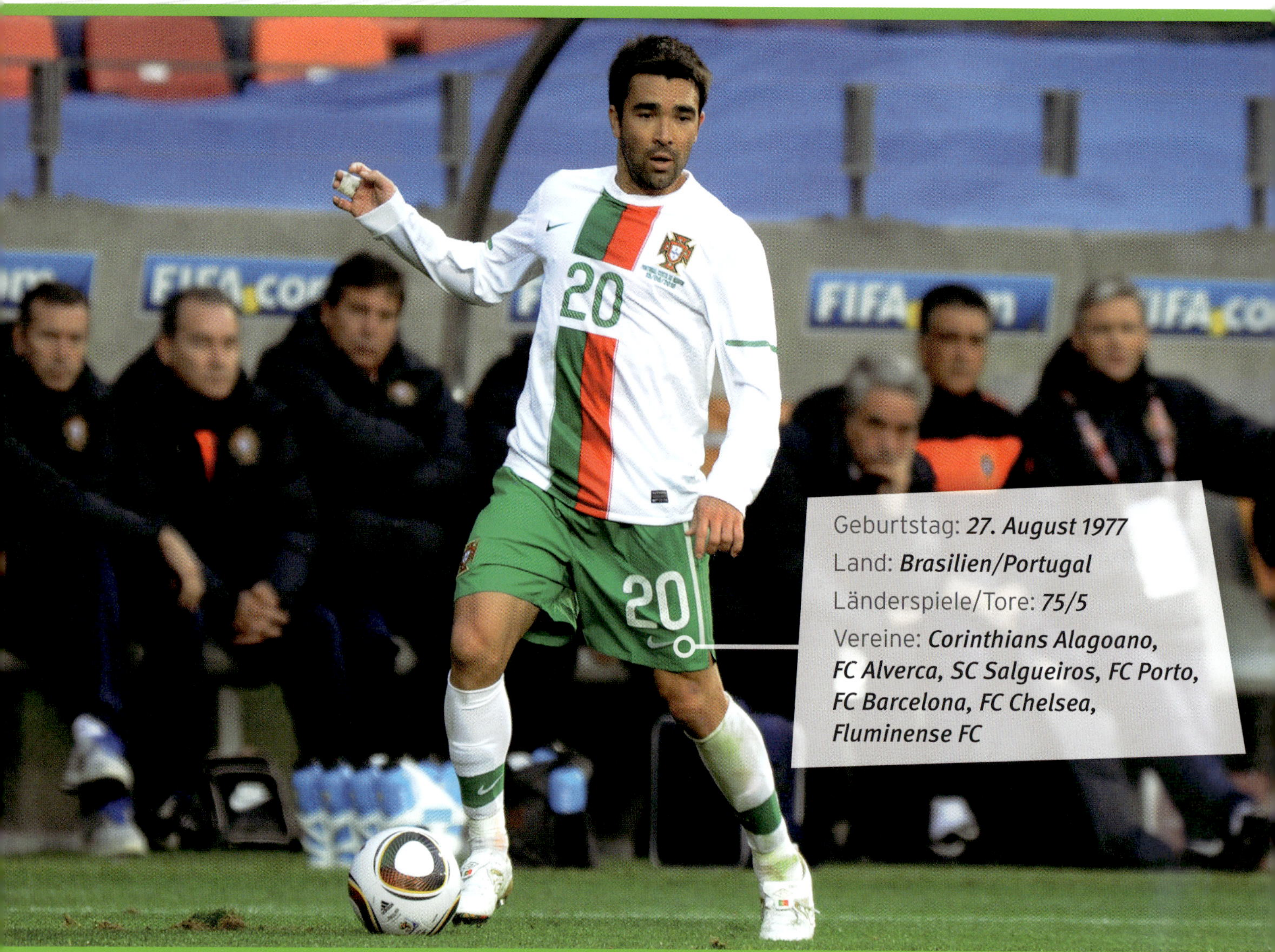

Geburtstag: ***27. August 1977***
Land: ***Brasilien/Portugal***
Länderspiele/Tore: ***75/5***
Vereine: ***Corinthians Alagoano, FC Alverca, SC Salgueiros, FC Porto, FC Barcelona, FC Chelsea, Fluminense FC***

## *Der nuschelnde Feingeist*

Weil er als Kind undeutlich sprach, nannte ihn sein Onkel „Dé Cuzinho", den Nuschler. Anderson Luiz de Souza nuschelte seinen Kosenamen zur Kurzform Deco zusammen und behielt ihn auch, als er dafür weltberühmt wurde, kristallklar, wohlbetont und messerscharf mit dem Ball zu sprechen. Überall im Mittelfeld zu Hause, waren taktische Intelligenz, Spielübersicht und technische Raffinesse das Spezialgebiet des Spielmachers, seine Freistöße in aller Fußballwelt gefürchtet. Unter José Mourinho gewann er mit dem FC Porto 2004 sensationell die Champions League und wiederholte den Triumph zwei Jahre später mit dem FC Barcelona – diesmal nicht ganz unerwartet.

# Alessandro Del Piero

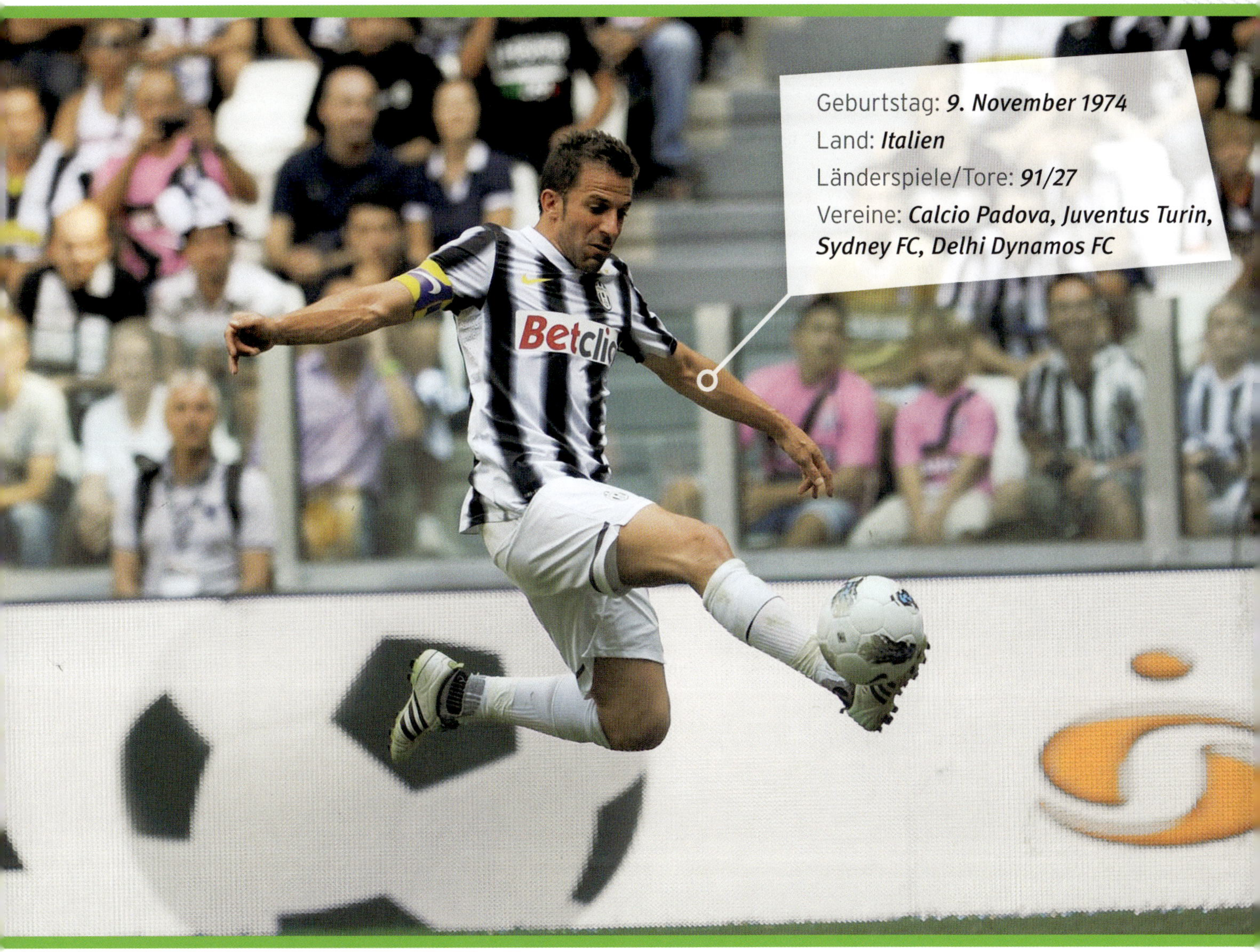

Geburtstag: ***9. November 1974***
Land: ***Italien***
Länderspiele/Tore: ***91/27***
Vereine: ***Calcio Padova, Juventus Turin, Sydney FC, Delhi Dynamos FC***

## *Der Kavalier der Alten Dame*

„Ein Kavalier verlässt seine Dame nicht", sprach Del Piero, als Juventus Turin im Zuge des italienischen Fußballskandals 2006 in die Serie B abstieg. 705 Mal lief er zwischen 1993 und 2012 im Trikot von Juve auf, 290 Mal versenkte er das Runde im Eckigen – treuer und treffsicherer war seit 1897, dem Geburtsdatum der „Alten Dame", kein anderer Spieler. Ob im Sturmzentrum, auf dem Flügel oder hinter den Spitzen – Del Piero war in der Abteilung Attacke überall zu Hause, sprichwörtlich wurde jedoch die „Del Piero Zone". Die Spezialität des Weltmeisters von 2006 war es nämlich, über links zu kommen, vor dem Strafraum nach innen zu ziehen und das Leder ins lange Eck zu schlenzen.

# Ousmane Dembélé

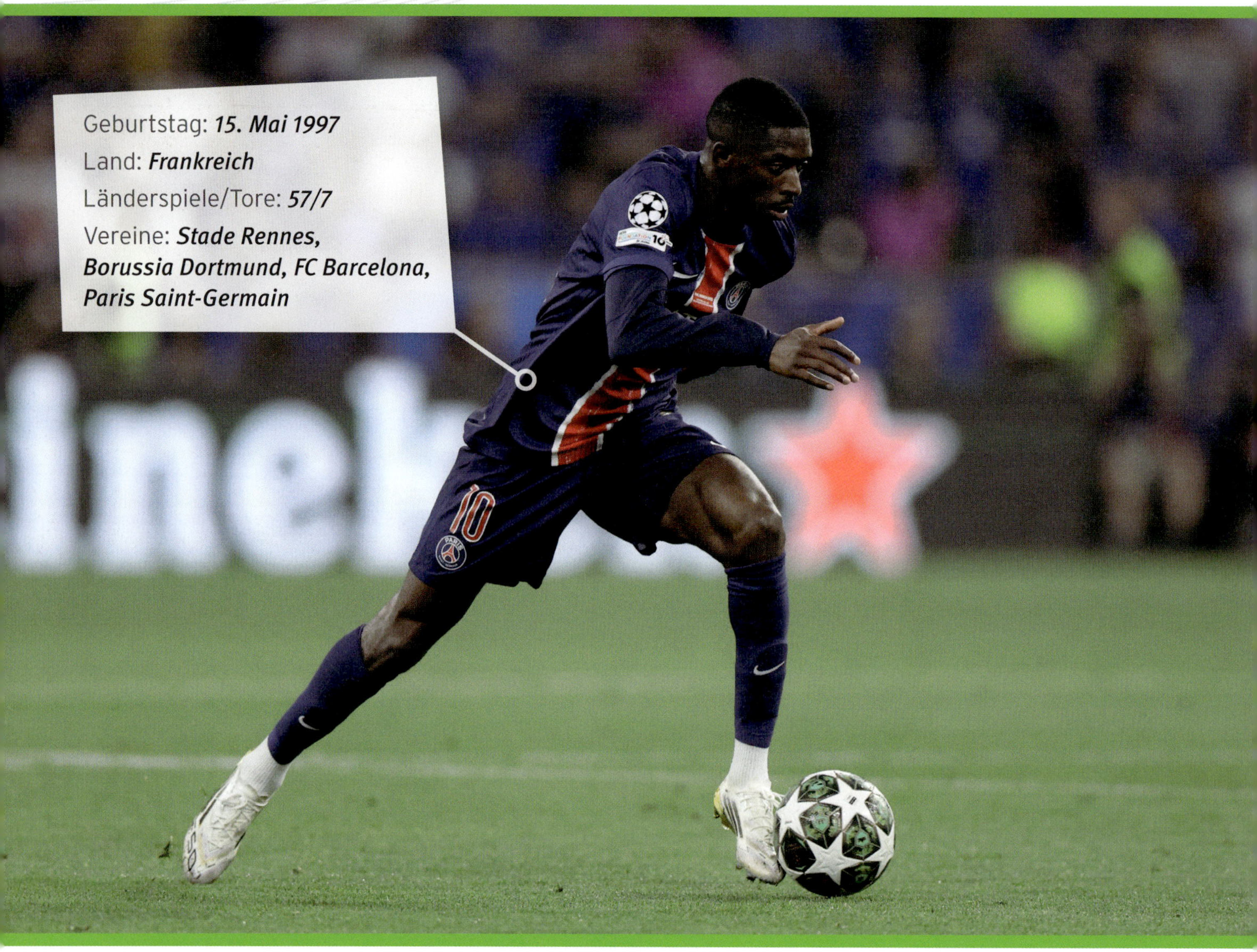


## *Der pfeilschnelle Moskito*

In Barcelona nannte man den französischen Weltmeister von 2018 „Moskito", da er schier über den Platz fliegt und blitzschnell zusticht. Im bretonischen Rennes, wo seine Karriere begonnen hatte, erhielt er den Spitznamen „Le Couteau", denn mit seinem TGV-Tempo und seinen spektakulären Dribblings schneidet er wie das Messer durch die Butter.

Richtig glücklich wurde er allerdings erst bei Paris Saint-Germain, wo er 2024/25 zum Spieler des Jahres der Ligue 1 und besten Kicker der Champions League avancierte und im Endspiel gegen Inter Mailand zwei Vorlagen zum ersten Triumph der Hauptstädter in der Königsklasse beisteuerte.

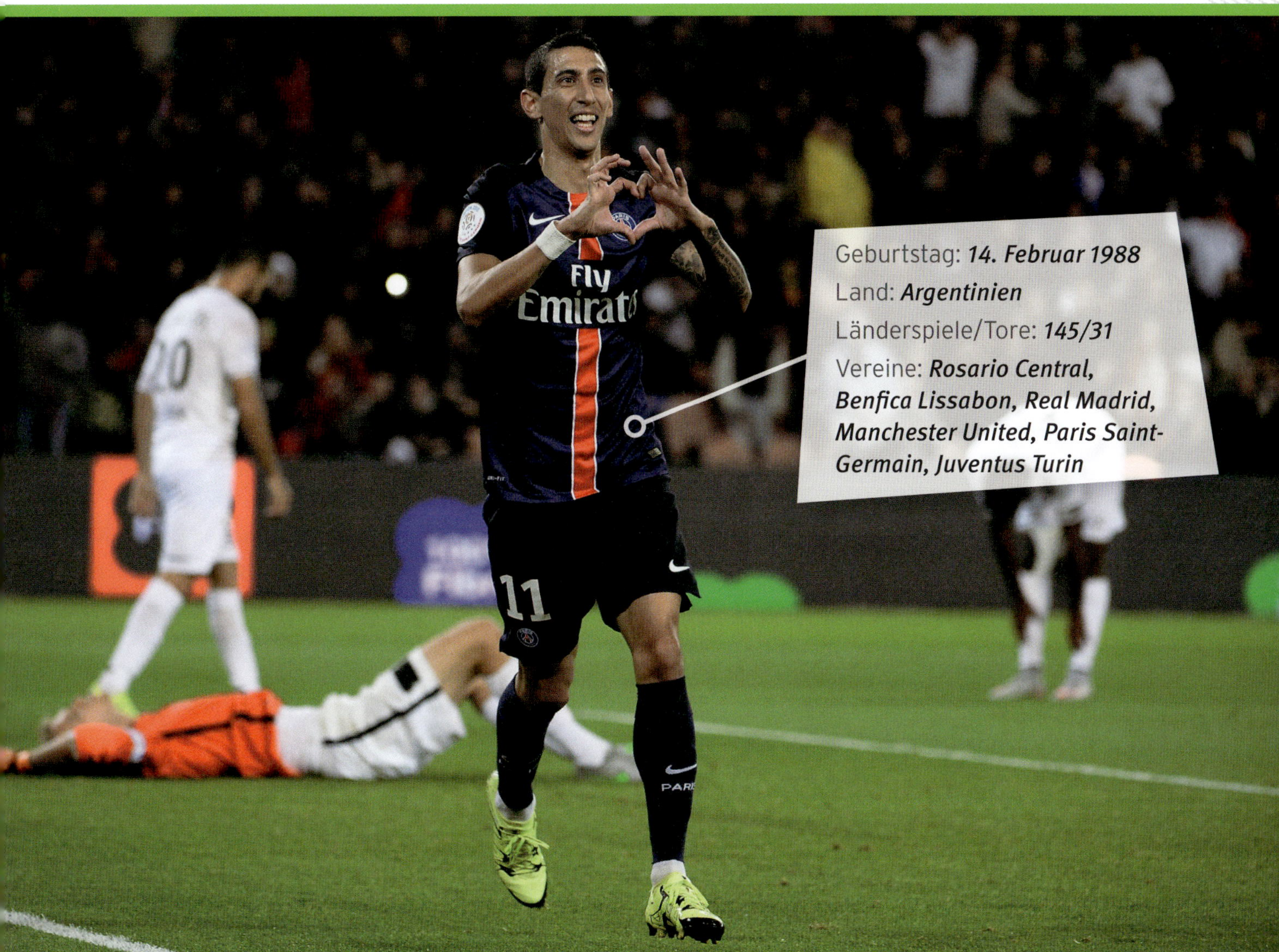


Geburtstag: ***14. Februar 1988***
Land: ***Argentinien***
Länderspiele/Tore: ***145/31***
Vereine: ***Rosario Central, Benfica Lissabon, Real Madrid, Manchester United, Paris Saint-Germain, Juventus Turin***

## *Die verknotete Nudel*

„El Fideo", die Nudel, wird der Flügelflitzer etwas spöttisch genannt – weil er von so spindeldürrem Körperbau ist. Mit seinen Tempodribblings verknotet er seinen Gegnern regelmäßig die Beine. Der Linksfuß ist eigentlich auf dem rechten Flügel zu Hause, macht mit seinen technischen Finessen und trickreichen Sololäufen aber offensiv überall eine gute Figur.

2014 war sein Jahr: Im Endspiel der Königsklasse, als Real Madrid „La Décima" gewann, war der pfeilschnelle Stürmer der „Player of the Match". Bei der anschließenden Weltmeisterschaft trumpfte er groß auf – und musste im Finale verletzt zuschauen. Bei der WM 2022 entknotete er die Nudel, traf im Finale gegen Frankreich und wurde Weltmeister.

# Didier Drogba

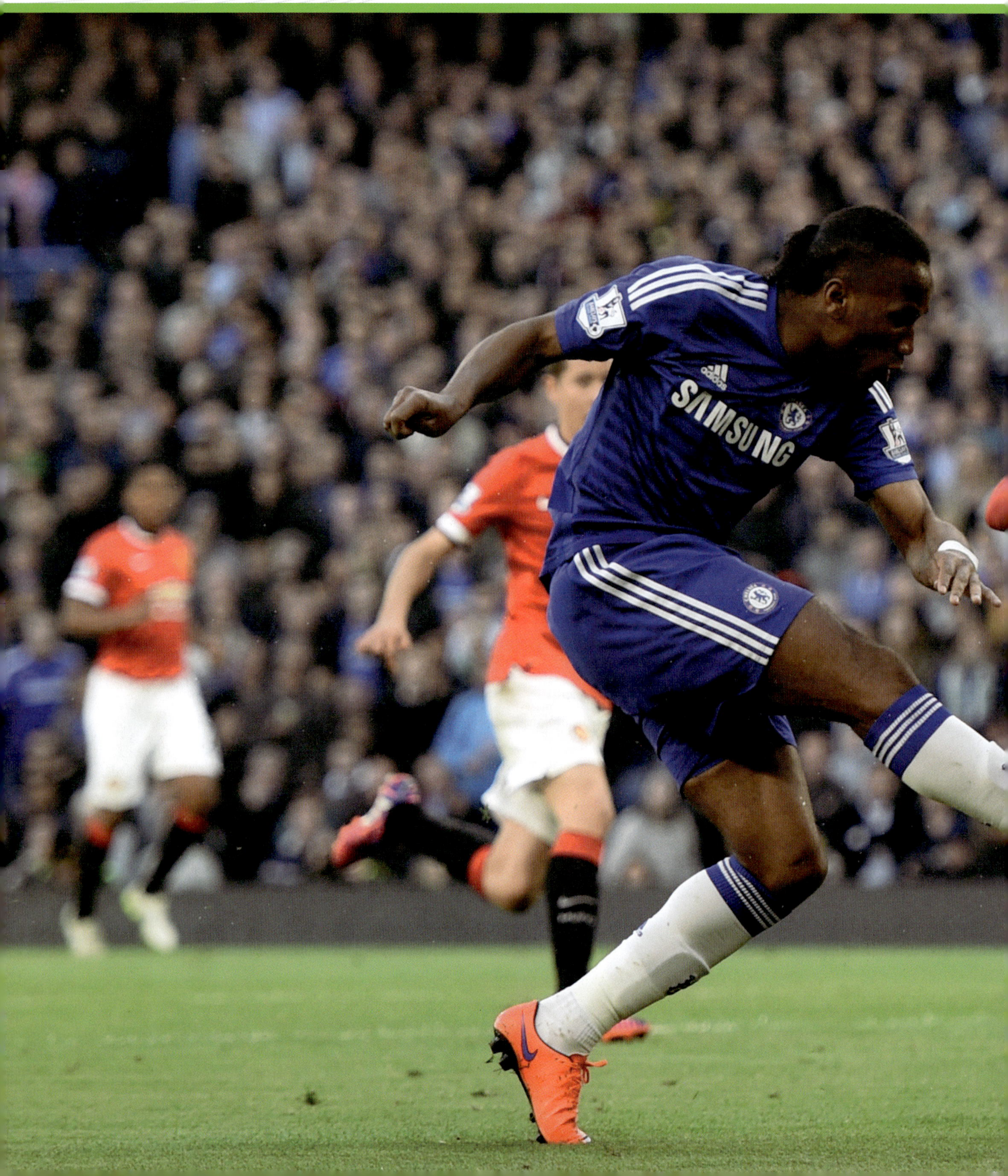

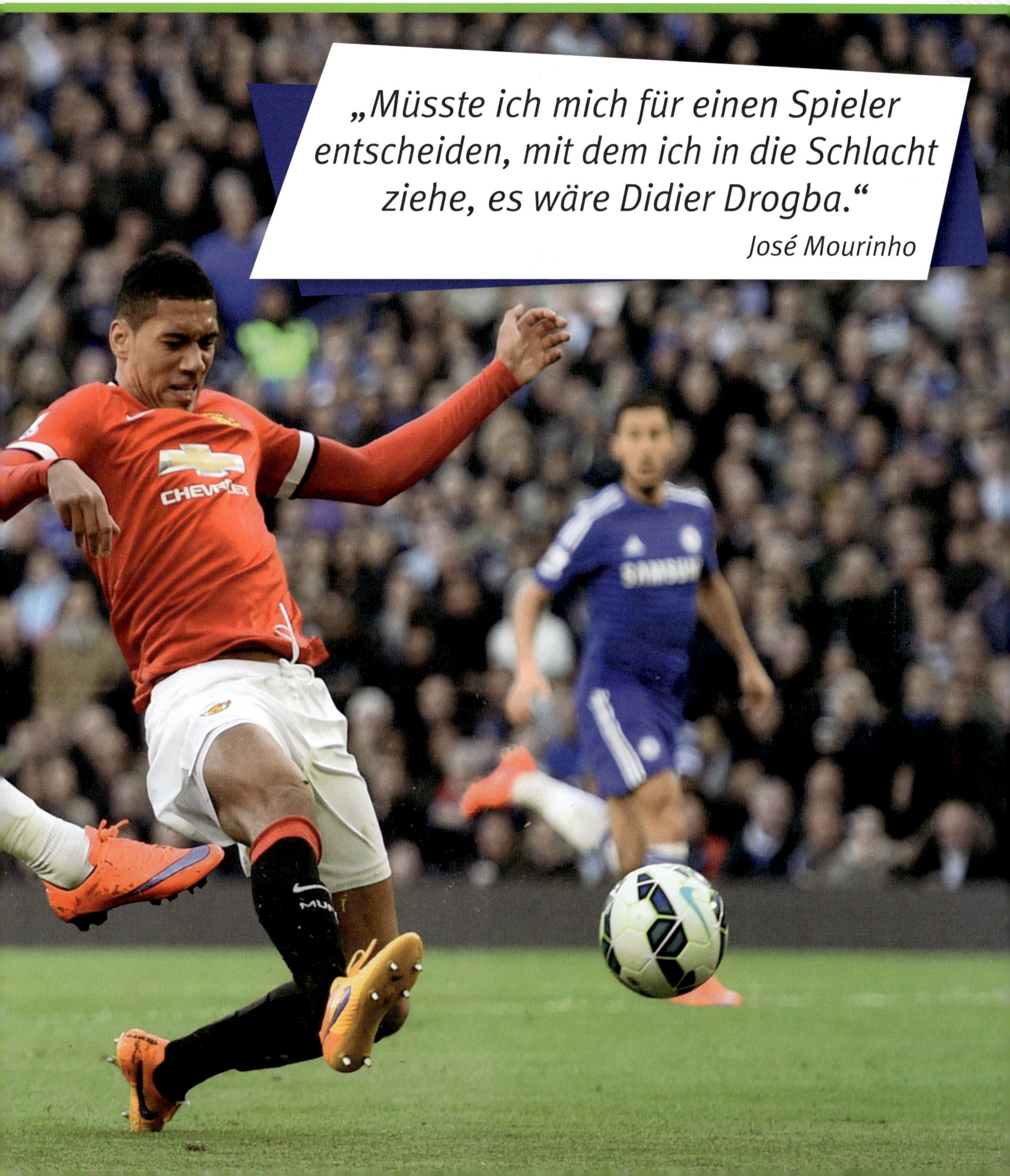

*„Müsste ich mich für einen Spieler entscheiden, mit dem ich in die Schlacht ziehe, es wäre Didier Drogba."*

*José Mourinho*

# Didier Drogba

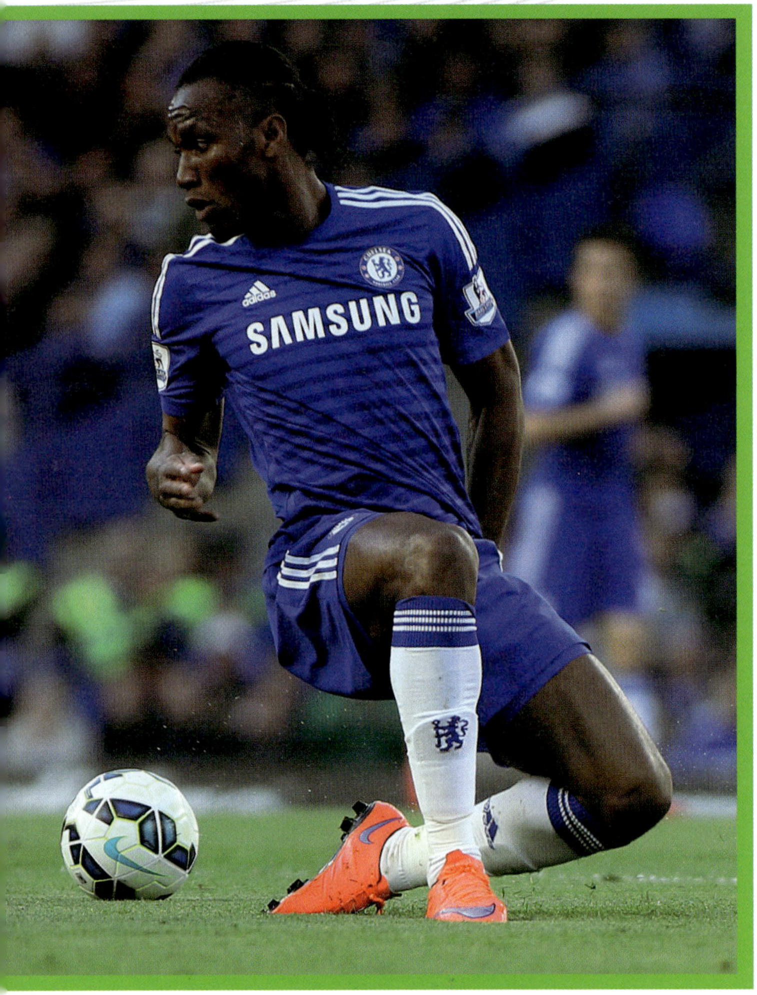


## *Das blaue Pferd*

„Elefanten" werden die Nationalspieler der Elfenbeinküste seit jeher genannt, und ihr Anführer im neuen Jahrtausend war fraglos Didier Drogba, Afrikas Fußballer der Jahre 2006 und 2009. Der ebenso kampfstarke wie treffsichere Sturmtank wandelte jedoch auf zoologischen Abwegen, denn sein Ehrentitel lautete „Das Pferd". Der Oberelefant von edlem Gestüt verdankte ihn seiner unermüdlichen Ausdauer, mit der er Gegner über den ganzen Platz zu verfolgen pflegte. Buchstäblich erster Verteidiger an vorderster Front, wusste er freilich auch, wo das gegnerische Tor steht. Für die *Blues* aus Chelsea traf er 157 Mal in 341 Spielen. Sein wichtigster Treffer: der späte Ausgleich im Champions-League-Finale 2012 in München gegen die Bayern. In einem Endspiel, das eine echte Schlacht war, sorgte schließlich Oberbefehlshaber Drogba höchstpersönlich für die Entscheidung: Eiskalt verwandelte er den letzten Elfmeter vom Punkt und gewann erstmals die höchste Vereinstrophäe für die *Blues.*

Im orangen Trikot war Drogba Anführer der Goldenen Generation der Elfenbeinküste um Emmanuel Eboué, Didier Zokora, Salomon Kalou, Aruna Dindane und die Brüder Kolo und Yaya Touré. Nachdem ivorische Auswahlteams siebenmal in der WM-Qualifikation gescheitert waren, reisten Drogba und Co. dreimal in Folge zur Endrunde. Der Anführer der Elefanten erzielte 2006 in Deutschland gegen Argentinien das erste ivorische WM-Tor und traf 2010 gegen Brasilien erneut, doch beide Male überstanden die Männer in Orange ihre „Todesgruppe" nicht. Und auch die ersehnte Afrikameisterschaft konnten die Westafrikaner mit ihrem Superstar nicht gewinnen: 2006 und 2012 verloren sie die Endspiele im Elfmeterroulette.

Geburtstag: ***11. März 1978***
Land: ***Elfenbeinküste***
Länderspiele/Tore: ***104/65***
Vereine: ***Le Mans FC, EA Guingamp, Olympique Marseille, FC Chelsea, Shanghai Shenhua Liansheng, Galatasaray Istanbul, Montreal Impact, Phoenix Rising***

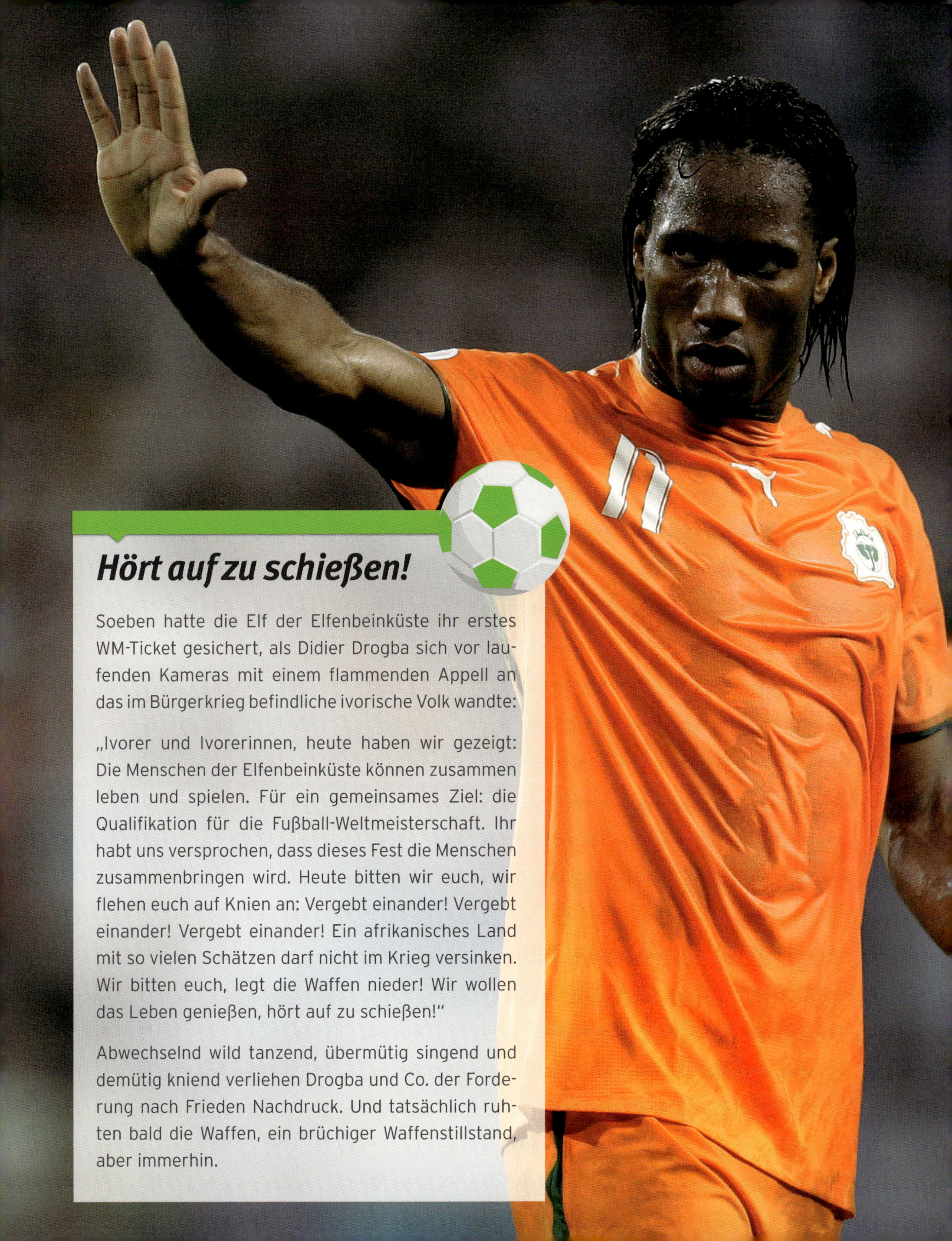

## Hört auf zu schießen!

Soeben hatte die Elf der Elfenbeinküste ihr erstes WM-Ticket gesichert, als Didier Drogba sich vor laufenden Kameras mit einem flammenden Appell an das im Bürgerkrieg befindliche ivorische Volk wandte:

„Ivorer und Ivorerinnen, heute haben wir gezeigt: Die Menschen der Elfenbeinküste können zusammen leben und spielen. Für ein gemeinsames Ziel: die Qualifikation für die Fußball-Weltmeisterschaft. Ihr habt uns versprochen, dass dieses Fest die Menschen zusammenbringen wird. Heute bitten wir euch, wir flehen euch auf Knien an: Vergebt einander! Vergebt einander! Vergebt einander! Ein afrikanisches Land mit so vielen Schätzen darf nicht im Krieg versinken. Wir bitten euch, legt die Waffen nieder! Wir wollen das Leben genießen, hört auf zu schießen!"

Abwechselnd wild tanzend, übermütig singend und demütig kniend verliehen Drogba und Co. der Forderung nach Frieden Nachdruck. Und tatsächlich ruhten bald die Waffen, ein brüchiger Waffenstillstand, aber immerhin.

# Samuel Eto'o

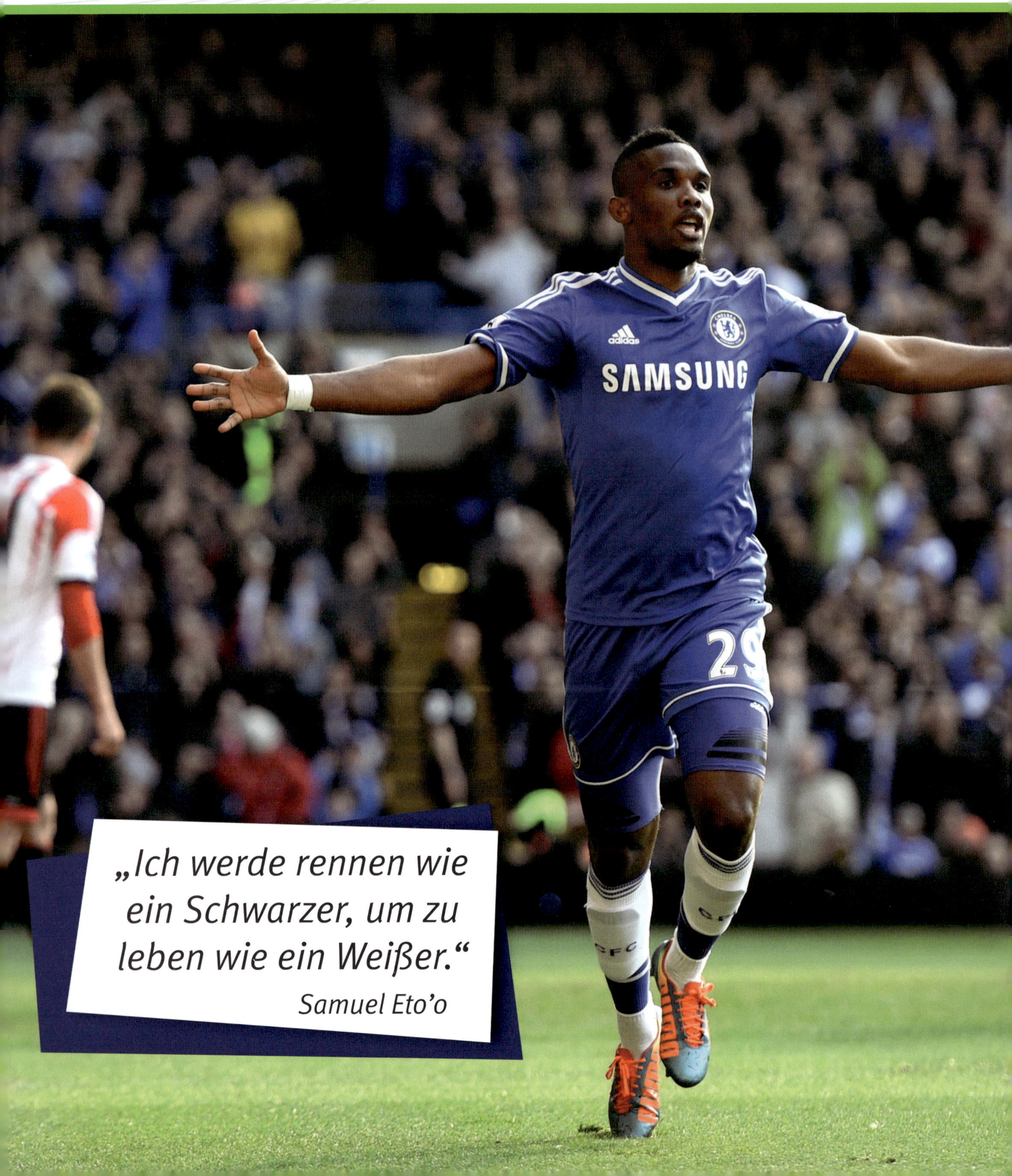


*„Ich werde rennen wie ein Schwarzer, um zu leben wie ein Weißer."*

*Samuel Eto'o*

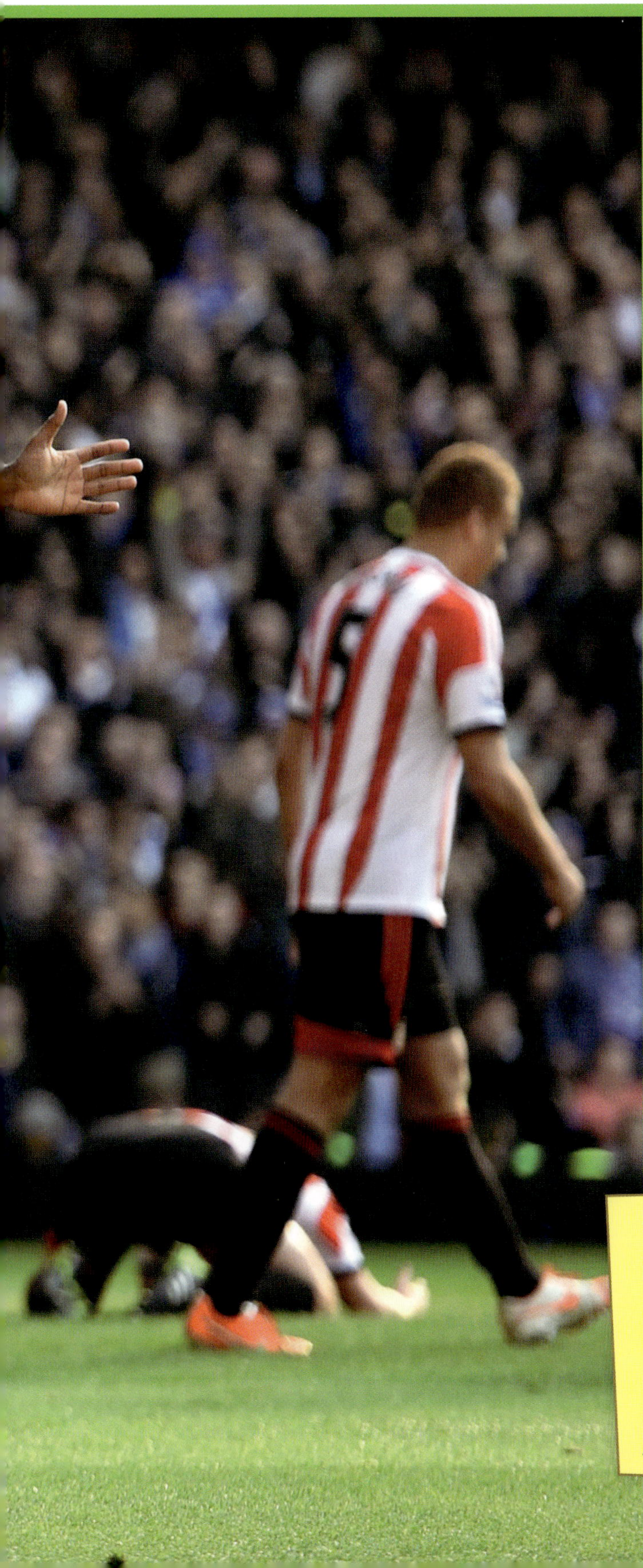

## Der unzähmbare Löwe

Globetrotter, Skandalnudel, Superstar – Samuel Eto'o ist der zweifelsohne erfolgreichste afrikanische Spieler des neuen Jahrtausends. Einen Tag vor seinem 15. Geburtstag streifte er erstmals das Trikot der *unzähmbaren Löwen* über, mit 17 Jahren und 99 Tagen lief er zu seinem ersten WM-Spiel auf, mit 19 Jahren wurde er Olympiasieger. Weitere drei Weltmeisterschaften folgten, seine größten Auftritte hatte Afrikas vierfacher Fußballer des Jahres jedoch bei Kontinentalturnieren. Sechsmal nahm der Torjäger zwischen 2000 und 2010 an Afrikameisterschaften teil, stand dreimal im Finale, gewann zweimal und erzielte dabei fantastische 18 Tore – so viele wie kein anderer Spieler.

Nicht nur bei der Nationalelf, aus der er immer wieder mal zurücktrat, sondern auch bei zahlreichen Vereinen fiel er regelmäßig mit Eskapaden, Skandalen und Torheiten auf. Aber eben auch mit Toren und Titeln am laufenden Band. Insbesondere in den Jahren 2009 und 2010 füllte sich seine Vitrine: Nachdem er mit dem FC Barcelona das Triple gewonnen hatte, wechselte er zu Inter Mailand und wiederholte das Kunststück umgehend – keinem anderen Spieler ist dies jemals gelungen.

Geburtstag: ***10. März 1981***
Land: ***Kamerun***
Länderspiele/Tore: ***118/56***
Vereine: ***CD Leganés, RCD Mallorca, FC Barcelona, Inter Mailand, Anschi Machatschkala, FC Chelsea, FC Everton, Sampdoria Genua, Antalyaspor, Konyaspor, Qatar SC***

# Cesc Fàbregas

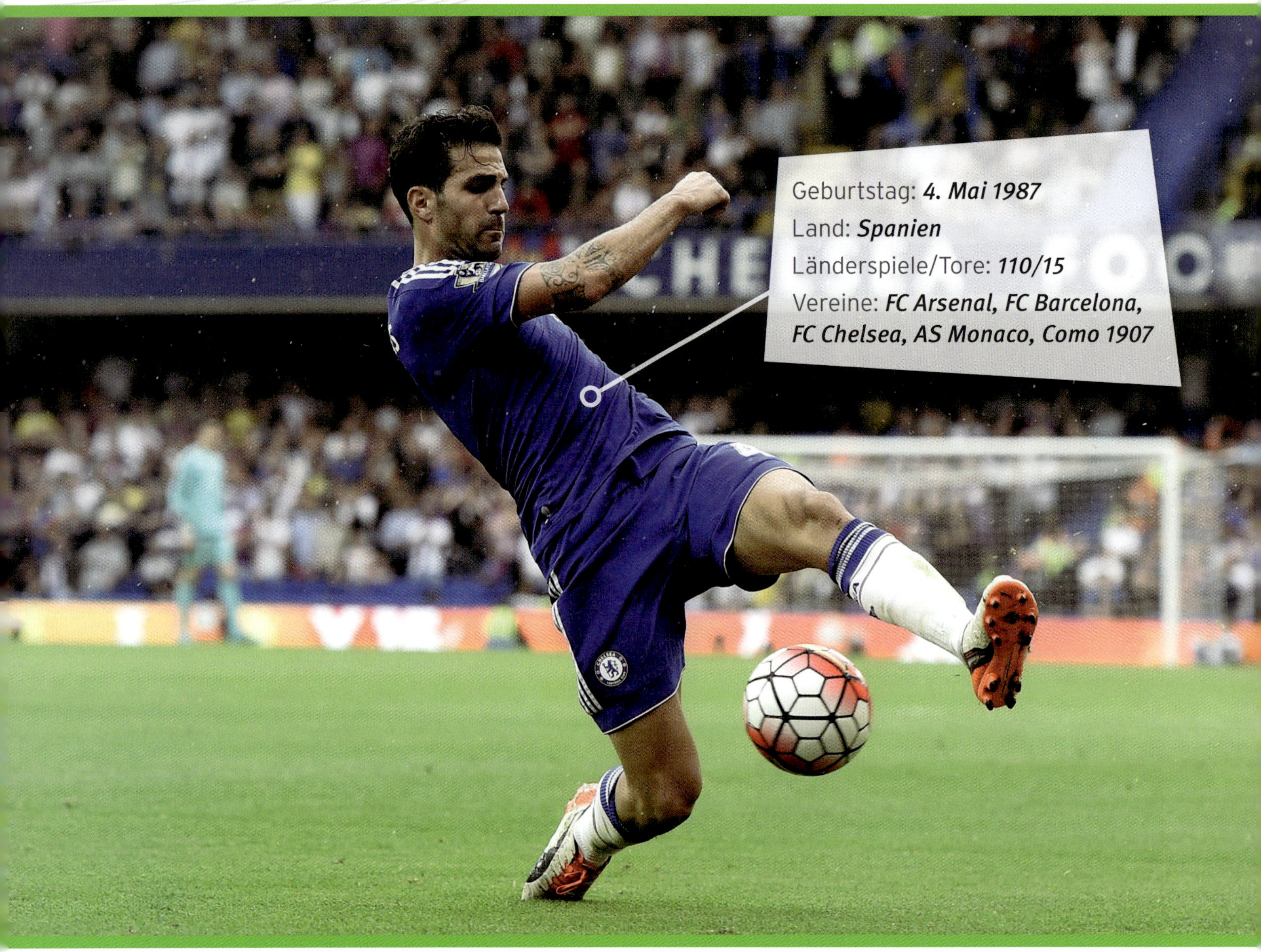


## *Der totalste Fußballer*

Nachdem die niederländische Elf in den 1970er-Jahren den „Totalen Fußball" erfunden hatte, in dem die Spieler zwischen den Positionen rochierten, kam er durch Johan Cruyff, der den FC Barcelona ab 1988 trainierte, nach Katalonien. Cesc Fàbregas, der schon mit zehn Jahren bei Barça spielte, war das perfekte Kind dieser Philosophie. Auf jeder Position vor der Abwehr heimisch, begann er als spielstarke 6, gab aber mitunter auch die ordnende 8, die kreative 10 und die „falsche 9" oder ging auf und davon über die Flügel. Mit seiner einzigartigen Vielseitigkeit gehörte er zu den Schlüsselfiguren des spanischen Erfolgs, als die *Rote Furie* ab 2008 so richtig wild wurde.

# Rio Ferdinand

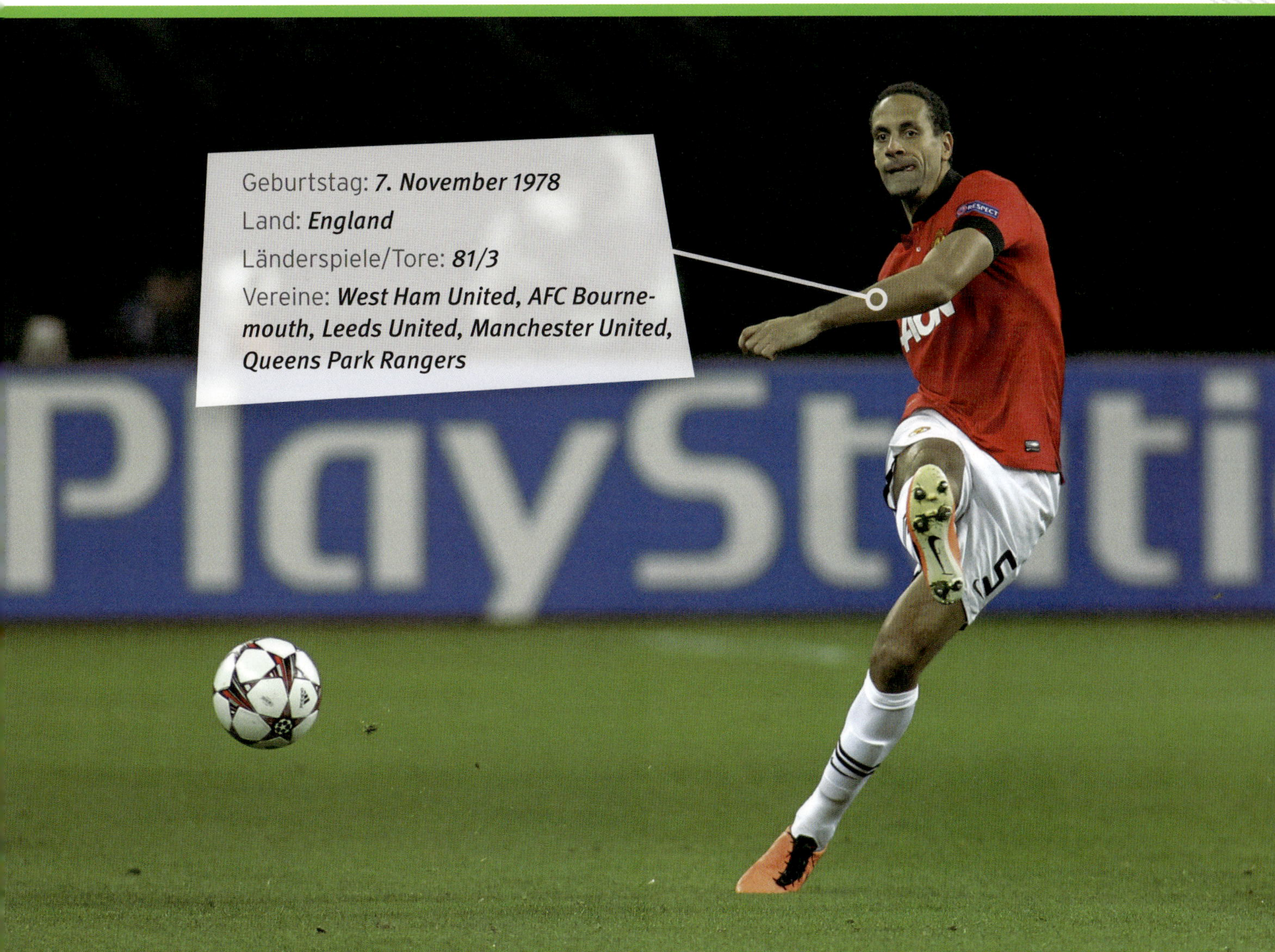

Geburtstag: ***7. November 1978***
Land: ***England***
Länderspiele/Tore: ***81/3***
Vereine: ***West Ham United, AFC Bournemouth, Leeds United, Manchester United, Queens Park Rangers***

## *Der Underdog*

Die Geschichte des knallharten Innenverteidigers ist die eines Chancenlosen, der es trotzdem geschafft hat. Sein Vater emigrierte von der Karibikinsel St. Lucia nach England, die Eltern trennten sich früh, Rio wuchs im Londoner Problemstadtteil Peckham auf, wo Armut, Gewalt und Rassismus grassierten. Doch der Underdog besuchte nicht nur eine renommierte Ballettschule, sondern auch die Fußballakademie von West Ham – und wurde zu einem der herausragenden Abwehrspieler des neuen Jahrtausends. 2008, 2009 und 2011 bildete er in drei Champions-League-Endspielen mit Nemanja Vidić die Innenverteidigung von Manchester United und feierte sechs Meisterschaften in Old Trafford.

# Luís Figo

## *Der Edelmann*

Alles war bereitet: Legende Eusébio saß als Maskottchen auf der Tribüne, Luís Figo, im goldenen Frühherbst seiner Karriere, schwang den Taktstock, und vorn sollte Nachwuchsstar Cristiano Ronaldo für die Musik sorgen. Wenn nicht 2004, wenn nicht vor heimischem Publikum, wann sonst sollte die Goldene Generation den ersten großen Titel für Portugal holen? Doch bekanntlich hatten der Fußballgott, ein Fußballlehrer aus Essen-Altenessen und elf unbezwingbare hellenische Titanen etwas dagegen. Und auch bei der EM 2000, als Figo zum besten Spieler des Turniers gewählt wurde, und der WM 2006 wollte es mit dem Titel einfach nicht klappen – beide Male bedeutete Frankreich im Halbfinale die Endstation.

Erfolgreicher war der portugiesische Edelmann im Verein: Beim FC Barcelona wurde er zum Superstar, wechselte 2000 für die neue Rekordsumme von rund 60 Millionen Euro zum großen Rivalen Real Madrid, wurde im gleichen Jahr Europas Fußballer des Jahres und ein Jahr später Weltfußballer. 2002 feierte er seinen größten Triumph, als er an der Seite von Raúl und Zinédine Zidane in der europäischen Königsklasse triumphierte.

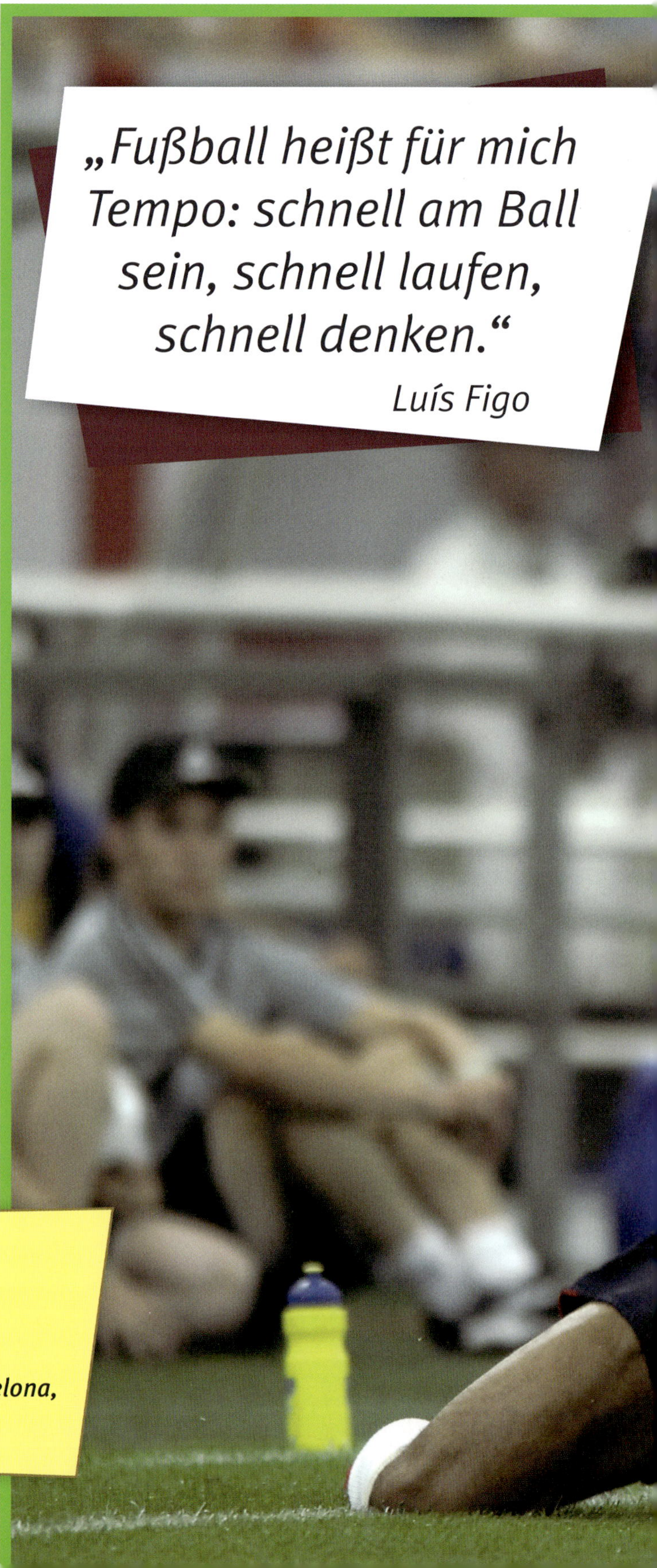

*„Fußball heißt für mich Tempo: schnell am Ball sein, schnell laufen, schnell denken."*

*Luís Figo*

Geburtstag: ***4. November 1972***
Land: ***Portugal***
Länderspiele/Tore: ***127/32***
Vereine: ***Sporting Lissabon, FC Barcelona, Real Madrid, Inter Mailand***

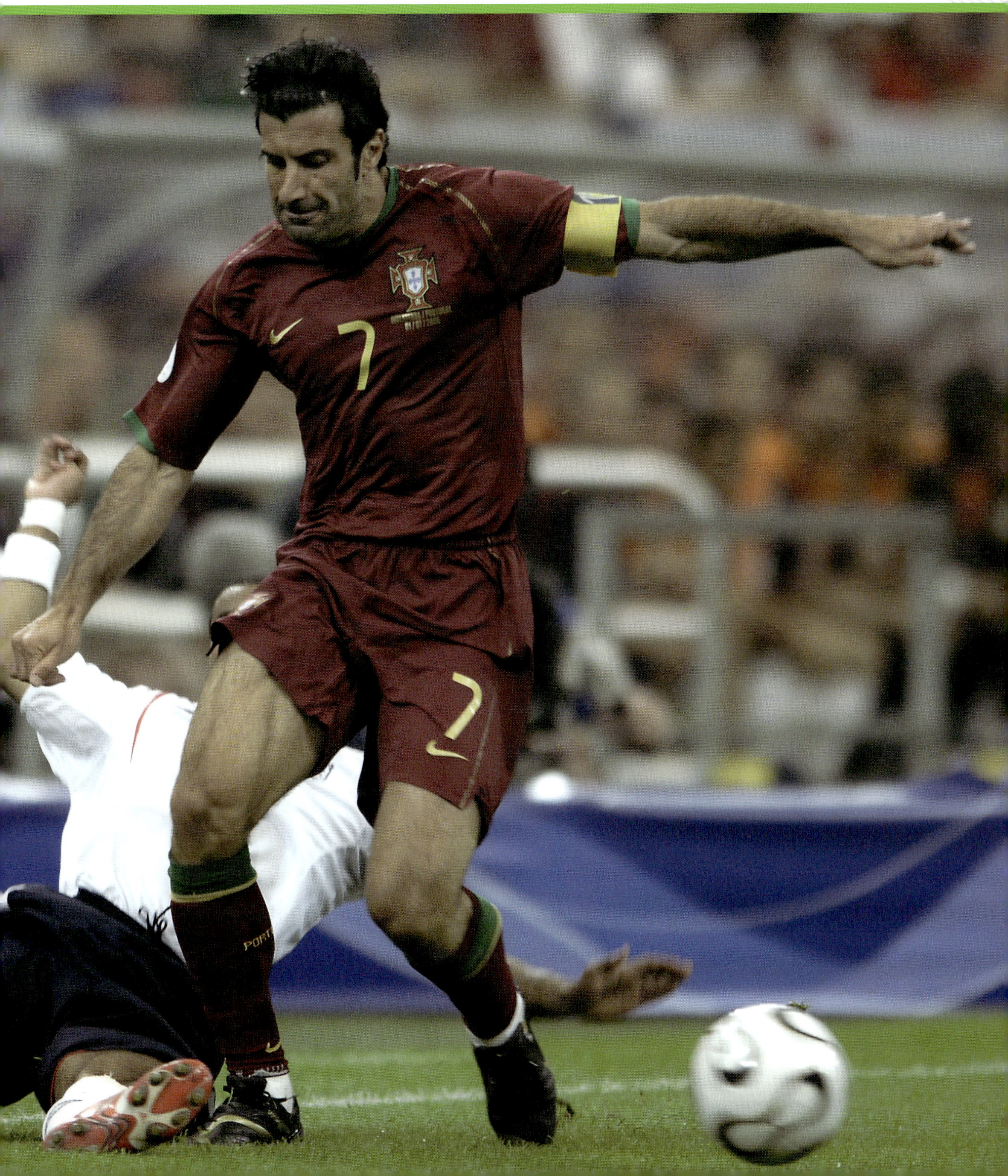

# Diego Forlán

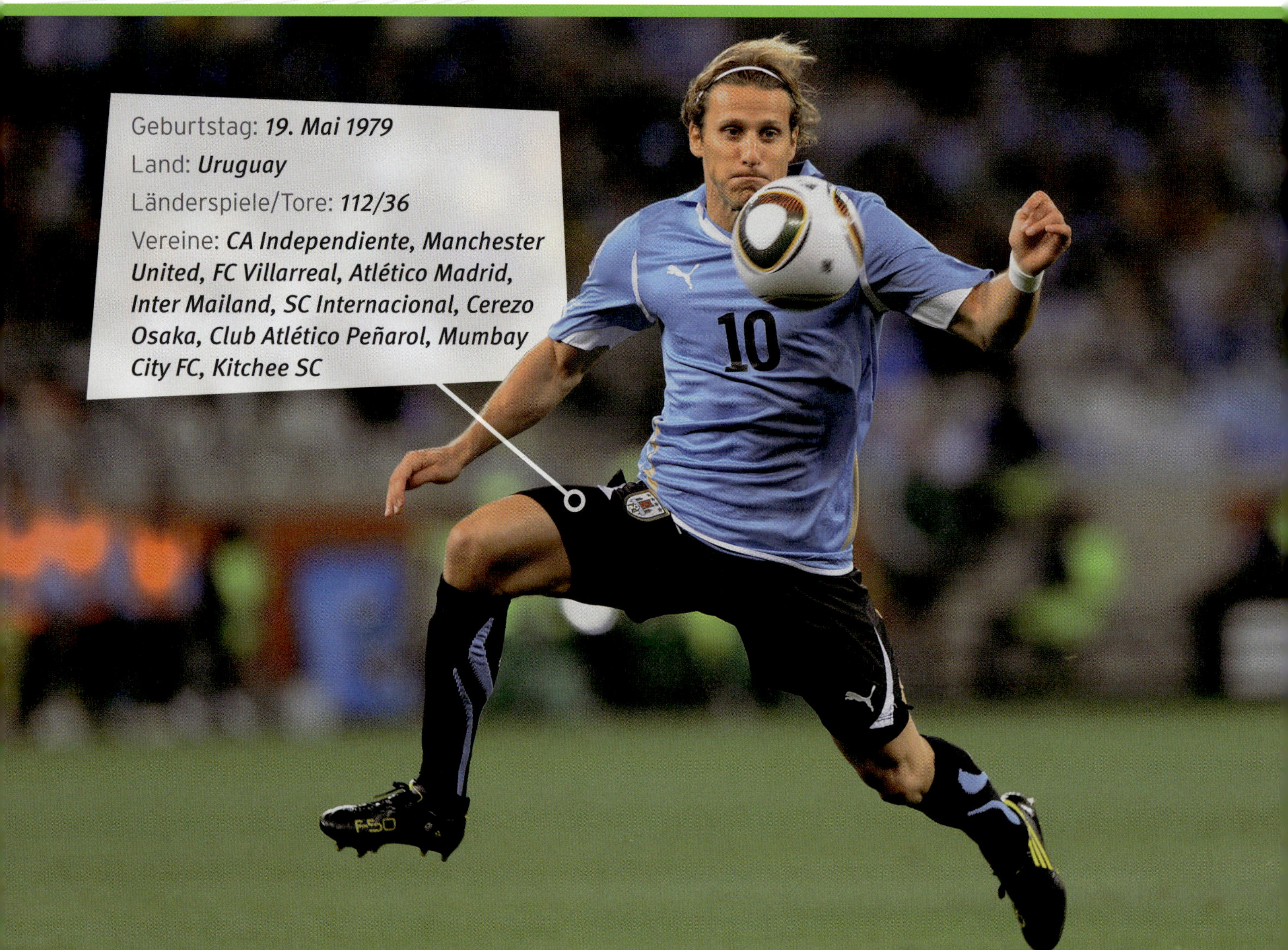

Geburtstag: ***19. Mai 1979***
Land: ***Uruguay***
Länderspiele/Tore: ***112/36***
Vereine: ***CA Independiente, Manchester United, FC Villarreal, Atlético Madrid, Inter Mailand, SC Internacional, Cerezo Osaka, Club Atlético Peñarol, Mumbay City FC, Kitchee SC***

## *Aus gutem Hause*

Diego Forlán entstammt einer wahren Fußball-Dynastie. Vater Pablo war Innenverteidiger der *Charrúas,* der Himmelblauen, aus Uruguay. Sein Großvater kickte ebenso für Independiente wie zwei seiner Onkel. Auch Diegos Karriere begann im Vorort von Buenos Aires, führte ihn dann aber nach Europa, wo er mit Atlético Madrid den Gewinn der Europa League 2010 feierte. Nur wenige Wochen später dann sein lautester Paukenschlag: „Cachavacha", wie ihn seine Fans nach einer populären Zeichentrickfigur nannten, führte die „Urus" sensationell ins Halbfinale der WM, glänzte spielerisch sowie mit fünf Toren und wurde mit dem Goldenen Ball als bester Spieler des Turniers ausgezeichnet.

# Gennaro Gattuso

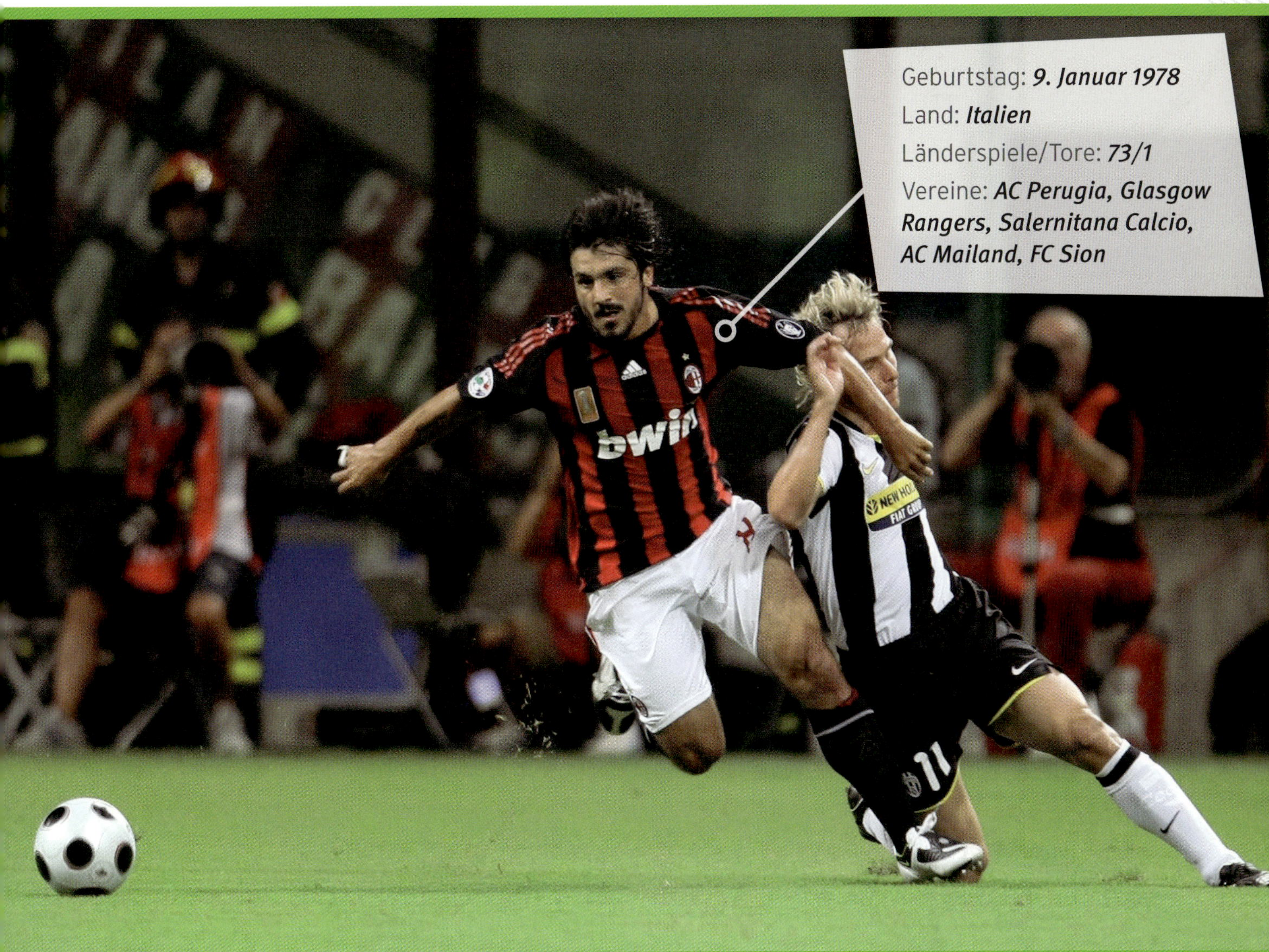

Geburtstag: ***9. Januar 1978***
Land: ***Italien***
Länderspiele/Tore: ***73/1***
Vereine: ***AC Perugia, Glasgow Rangers, Salernitana Calcio, AC Mailand, FC Sion***

## *Das bissige Braveheart*

Ein böser Satz ging um in Bella Italia: „Der Mensch stammt vom Gattuso ab". Aber die Tifosi meinten es gar nicht böse, sondern hatten ihren „Ringhio", ihren „Knurrer", eigentlich ziemlich lieb. Am Anfang seiner Karriere hatte der Kämpfer vor dem Herrn etwas für italienische Fußballer sehr ungewöhnliches getan: Noch nicht 20, wechselte der unermüdliche Wadenbeißer in die schottische Liga und erwarb sich bei den Rangers den Ehrentitel *Braveheart*, weil er auf dem Platz keinem Konflikt aus dem Weg ging. Den Höhepunkt seiner Karriere erlebte der Dauerläufer mit der *Squadra Azzurra* 2006, als er Andrea Pirlo den Rücken freihielt und Weltmeister wurde.

# Steven Gerrard

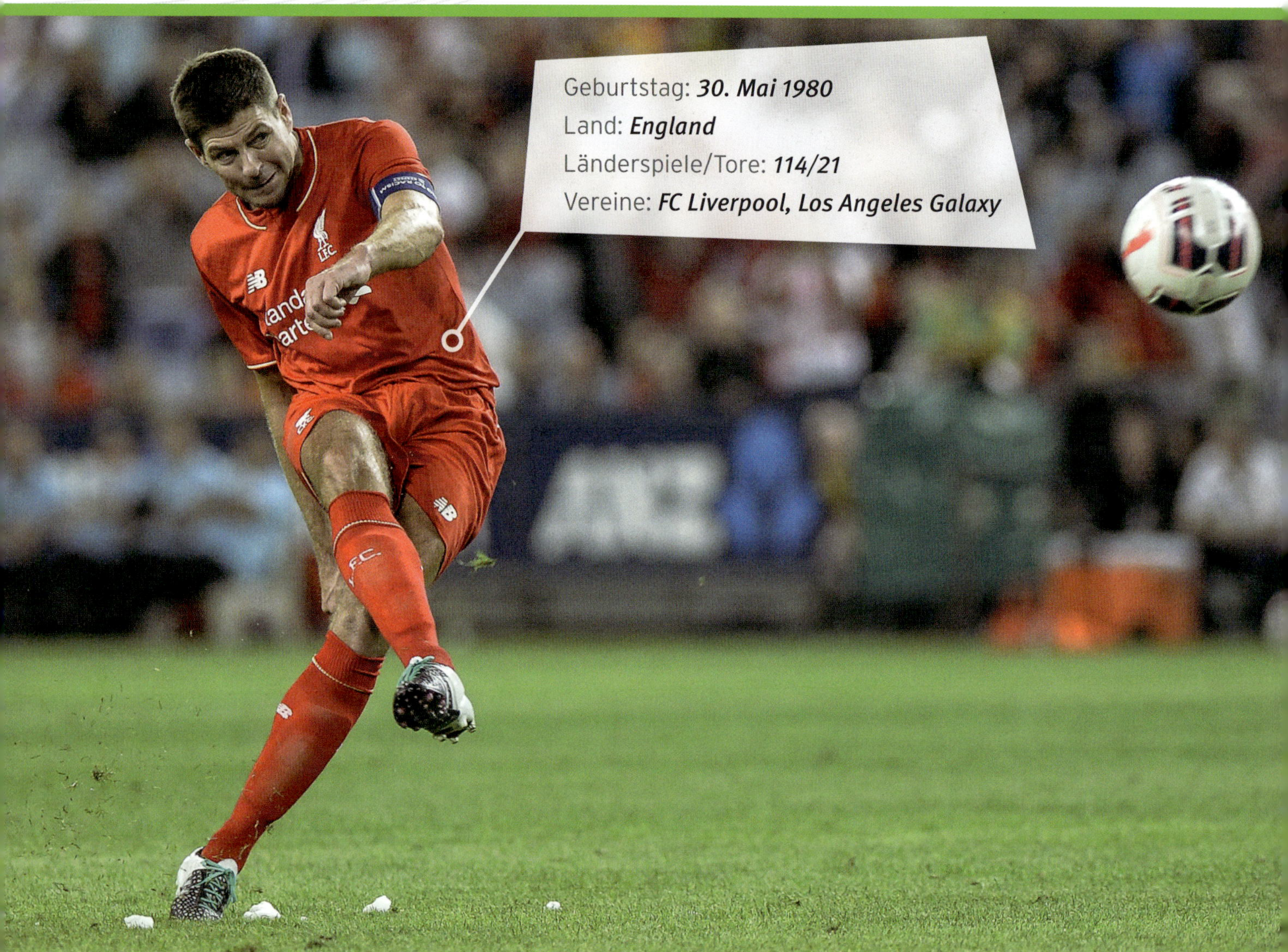

Geburtstag: ***30. Mai 1980***
Land: ***England***
Länderspiele/Tore: ***114/21***
Vereine: ***FC Liverpool, Los Angeles Galaxy***

## *Im Geheimdienst ihrer Majestät*

Jungspund Daniel Sturridge, locker eine Fußballergeneration jünger als Steven Gerrard, gab seiner Bewunderung Ausdruck: „James Bond" taufte er den älteren Mitspieler ehrfürchtig. Warum? Weil Gerrard eben „zu allem fähig" sei und die Lizenz zum Toreschießen besitze. Der unermüdliche Mittelfeldmotor, zweikampfstarke Antreiber und schussstarke Vollstrecker, der ein gutes Vierteljahrhundert beim FC Liverpool die Stiefel schnürte und zur Vereinslegende wurde, hat so manche Fußballschlacht an sich gerissen und entschieden. 2005 war er Kapitän der *Reds,* die im Champions-League-Endspiel gegen den AC Mailand nach einem 0:3 zurückkamen und den Titel an die Anfield Road entführten.

# Ryan Giggs

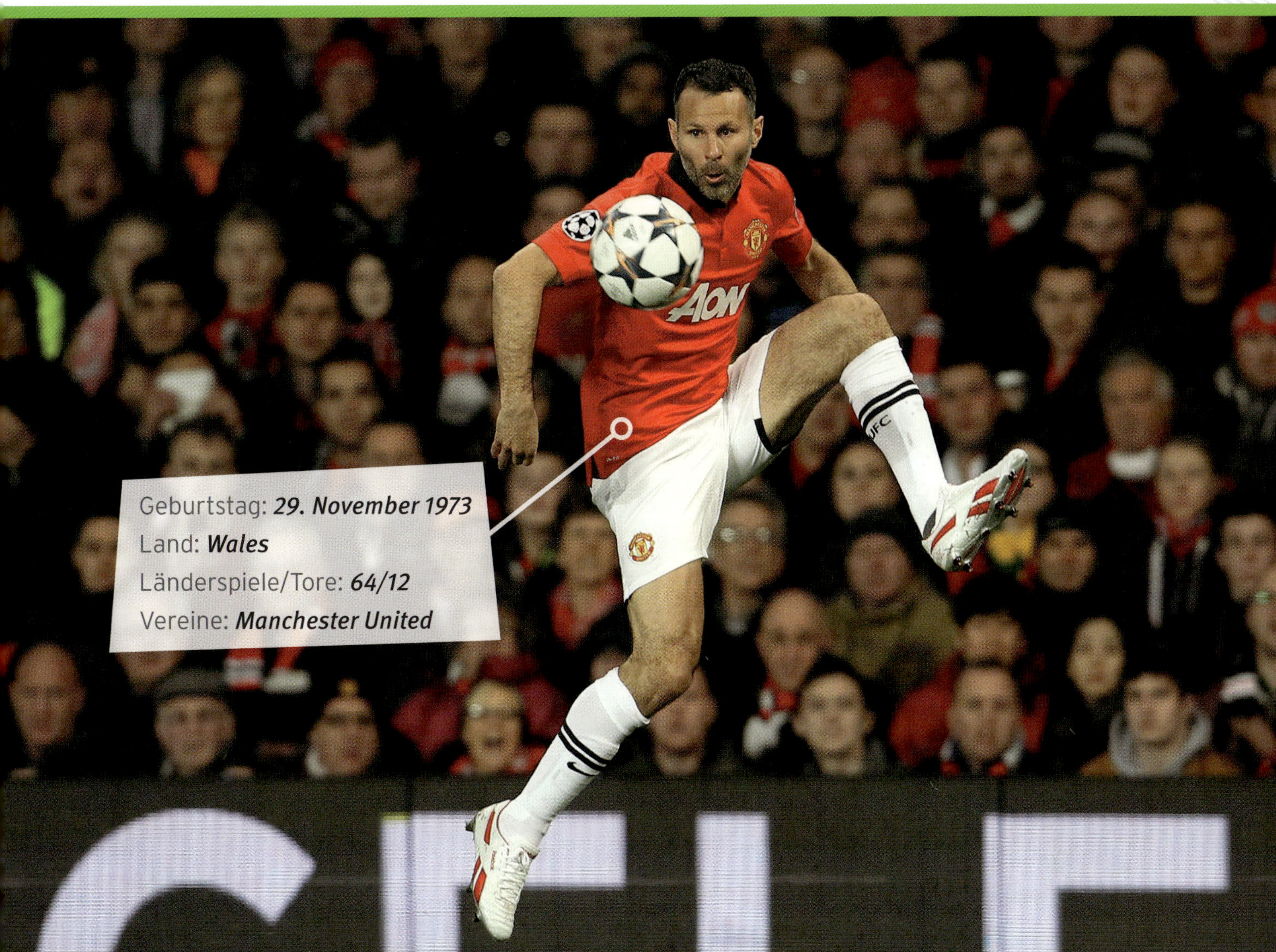

Geburtstag: ***29. November 1973***
Land: ***Wales***
Länderspiele/Tore: ***64/12***
Vereine: ***Manchester United***

## *Teufel und Drache in Rot*

An Ryan Giggs' 14. Geburtstag stellte sich Alex Ferguson höchstpersönlich im Elternhaus des walisischen Talents vor, im Gepäck einen unterschriftsreifen Ausbildungsvertrag. 27 Jahre, 5 Monate und 6 Tage später wechselte Interimstrainer Giggs sich selbst ein und spielte noch einmal 20 Minuten im Trikot der *Red Devils.* 13 Meisterschaften, viermal den FA Cup sowie 1999 und 2008 die Champions League gewann der treue Waliser mit ManU. Ein Traum blieb der Mittelfeldallzweckwaffe allerdings verwehrt: ein großes internationales Turnier. Immerhin: Bei den Olympischen Spielen 2012 in London trat Giggs, mit annähernd 39 Jahren, für das gesamtbritische Team an.

# Olivier Giroud

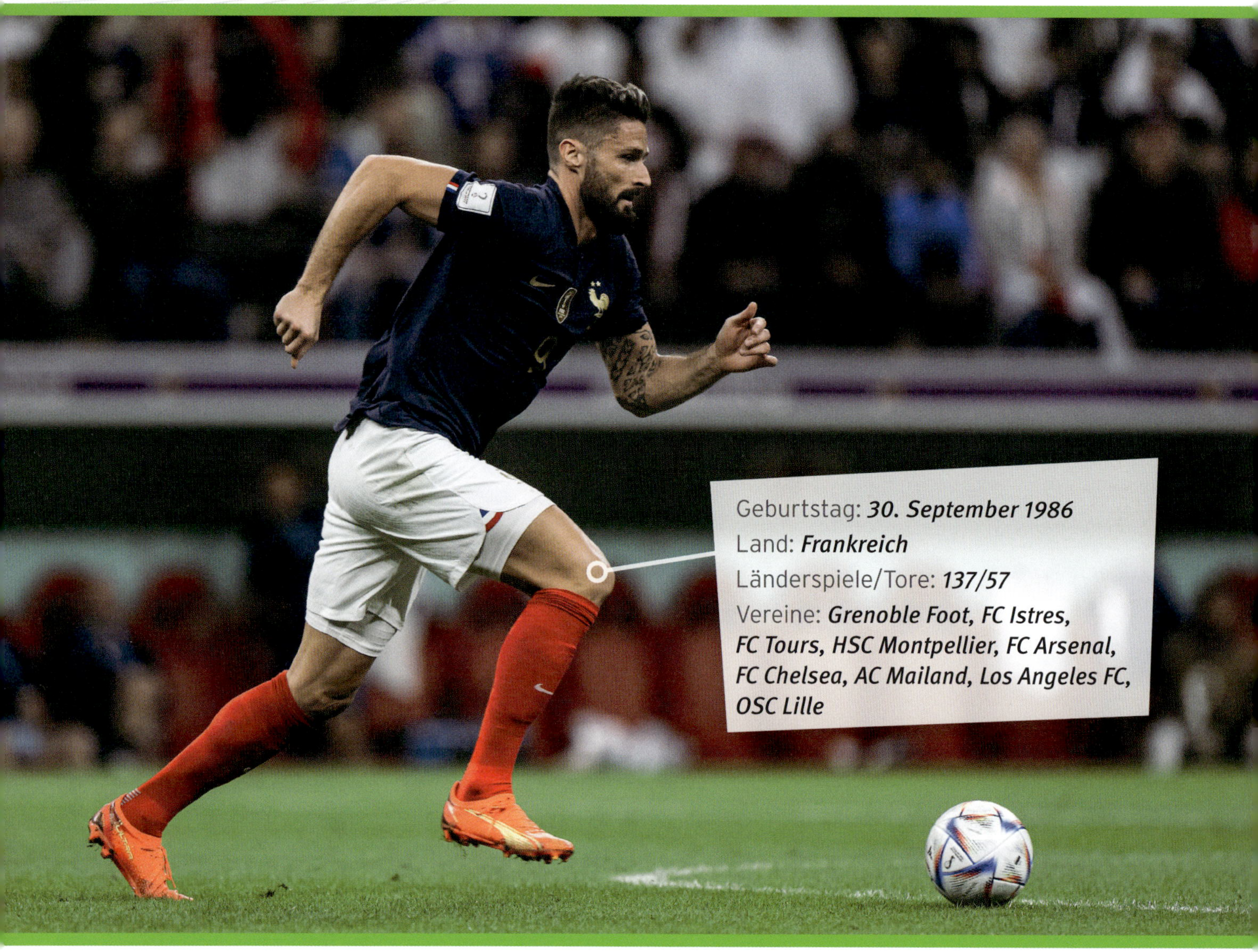

Geburtstag: ***30. September 1986***
Land: ***Frankreich***
Länderspiele/Tore: ***137/57***
Vereine: ***Grenoble Foot, FC Istres, FC Tours, HSC Montpellier, FC Arsenal, FC Chelsea, AC Mailand, Los Angeles FC, OSC Lille***

## *Der explosive Spätzünder*

Noch mit 23 Jahren mühte sich der Angreifer aus den französischen Alpen in der zweiten Liga – und hatte die Hoffnungen auf eine große Karriere schon fast begraben. Doch dann explodierte der Sturmhüne, traf in der ersten Liga, wie er wollte, und wurde 2011, inzwischen 25 Jahre alt, Nationalspieler. 2022 überholte er mit seinem 52. Treffer Thierry Henry als Rekordtorschütze der *Équipe Tricolore*. Bei der EM 2016 und der WM 2022 gewann er den Bronzenen Schuh, bei der WM 2018 stand er in allen Spielen auf dem Platz, öffnete die Räume für die Top-Torschützen Antoine Griezmann und Kylian Mbappé und setzte sich die Krone des Weltmeisters auf.

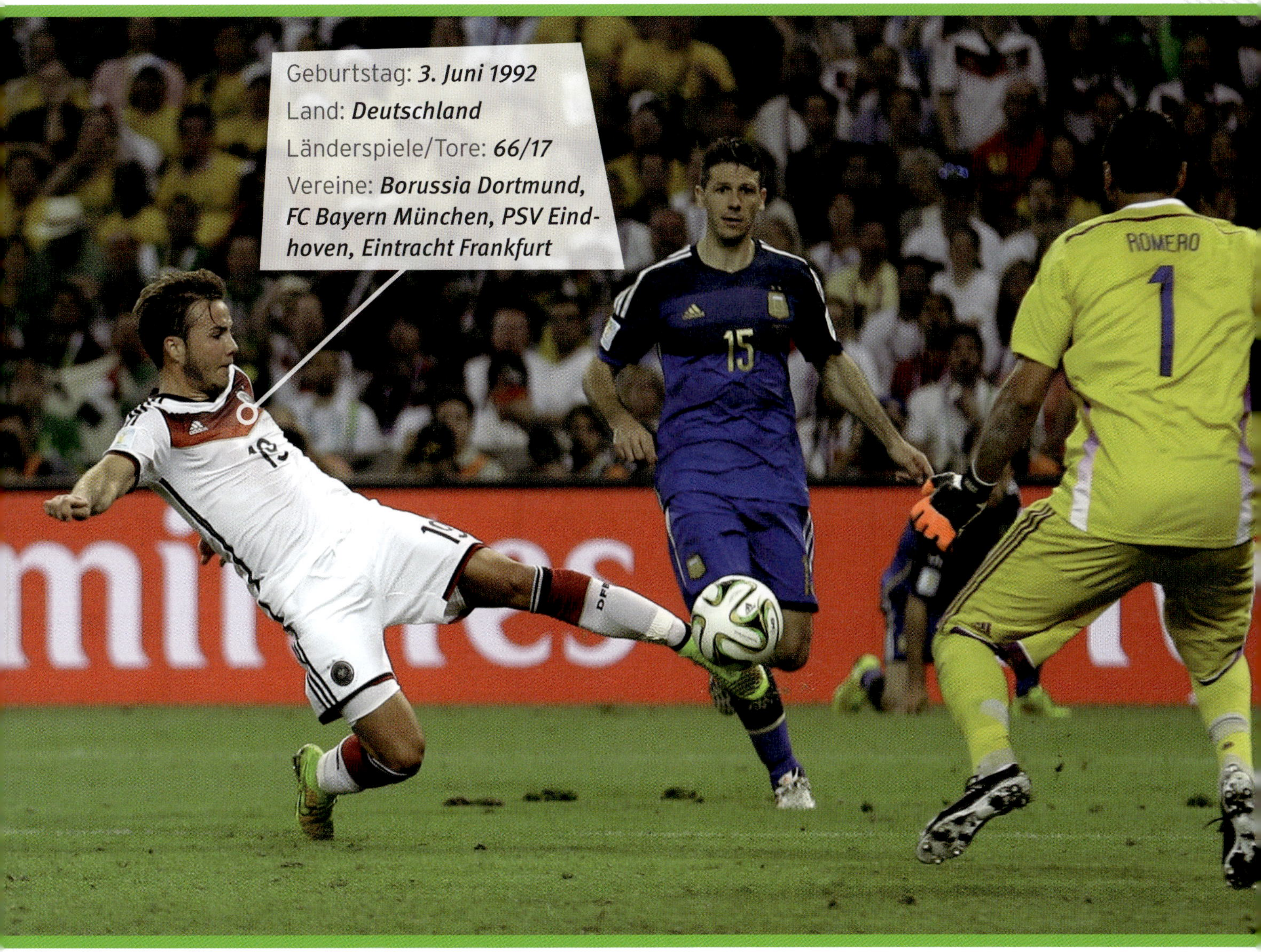


## *Der bessere Messi*

Zwei Minuten waren in der regulären Spielzeit des WM-Endspiels 2014 im Estádio do Maracanã von Rio de Janeiro noch zu spielen, als Bundestrainer Jogi Löw seinen Edelreservisten Mario Götze an die Seitenlinie beorderte und ihm auf den Weg mitgab, er sei „der bessere Messi" und werde „das Spiel entscheiden" – der Rest ist Geschichte.

Nachdem „Super-Mario" für den BVB 2011 und 2012 mit brillantem Kombinationsfußball die Meisterschaft geholt und 2013 das Champions-League-Finale erreicht hatte, wechselte er zum FC Bayern. Es folgten: Karriereknick, Neubeginn in Eindhoven sowie neuer Glanz und neue Gloria bei Eintracht Frankfurt.

# Antoine Griezmann

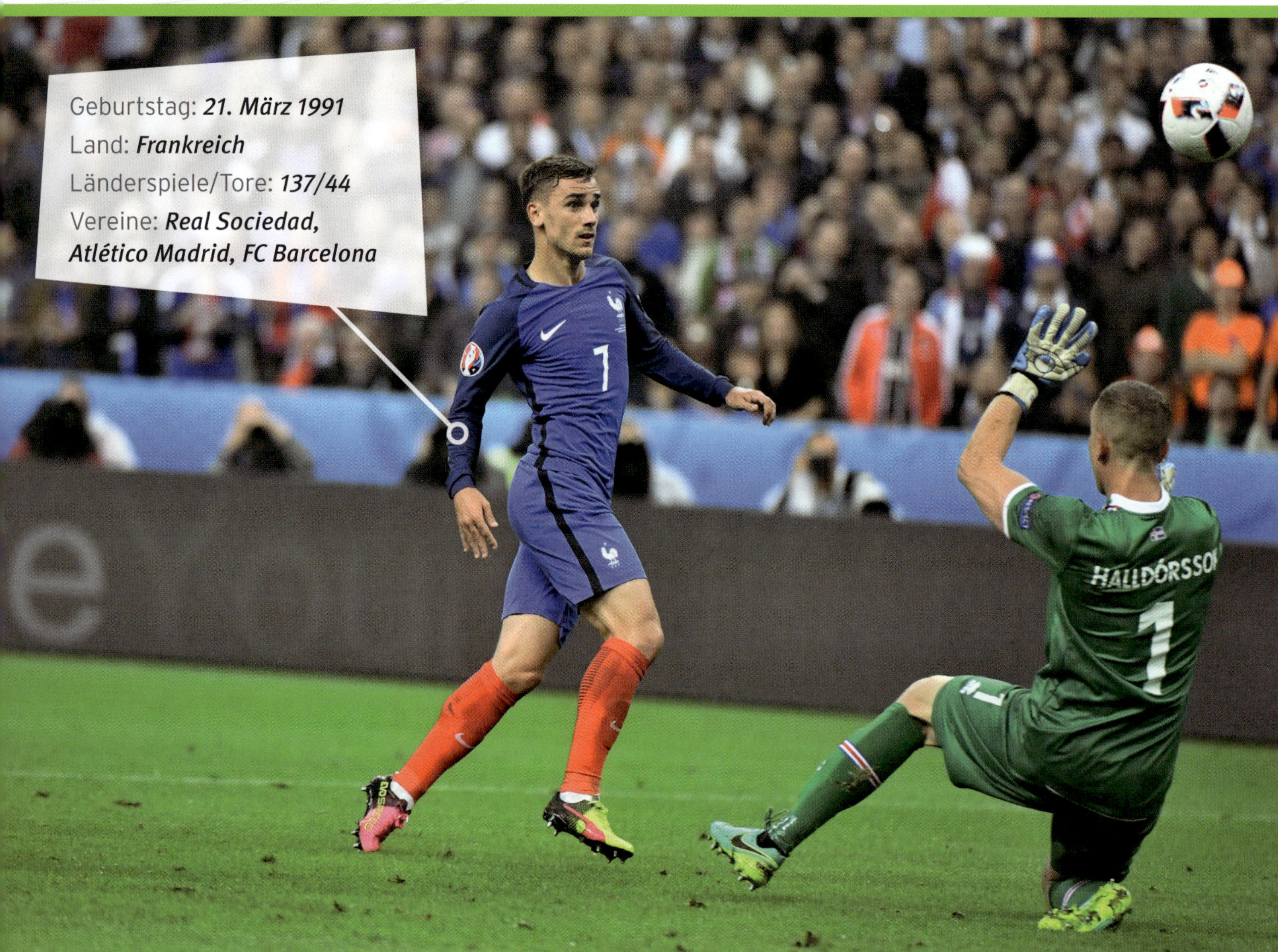

Geburtstag: ***21. März 1991***
Land: ***Frankreich***
Länderspiele/Tore: ***137/44***
Vereine: ***Real Sociedad, Atlético Madrid, FC Barcelona***

## *Der iberische Elsässer*

Kein französischer Verein wollte den Sohn eines Elsässers und Enkel eines Portugiesen haben – zu klein, zu leicht, hieß es. Im baskischen Fußballexil bei Real Sociedad San Sebastián nahm man ihn dagegen mit Kusshand, und spätestens 2016, als der filigrane Halbstürmer mit sechs Treffern Torschützenkönig wurde und *Les Bleus* zur Vizeeuropameisterschaft führte, erkannte man auch in Frankreich, dass der Kleine eigentlich der Größte ist. Und auch bei der WM 2018 traf der schnelle und spielintelligente Torjäger viermal und gehörte zu den besten Spielern, als die *Équipe Tricolore* der Konkurrenz einen großen Schritt voraus war und zum zweiten Mal Weltmeister wurde.

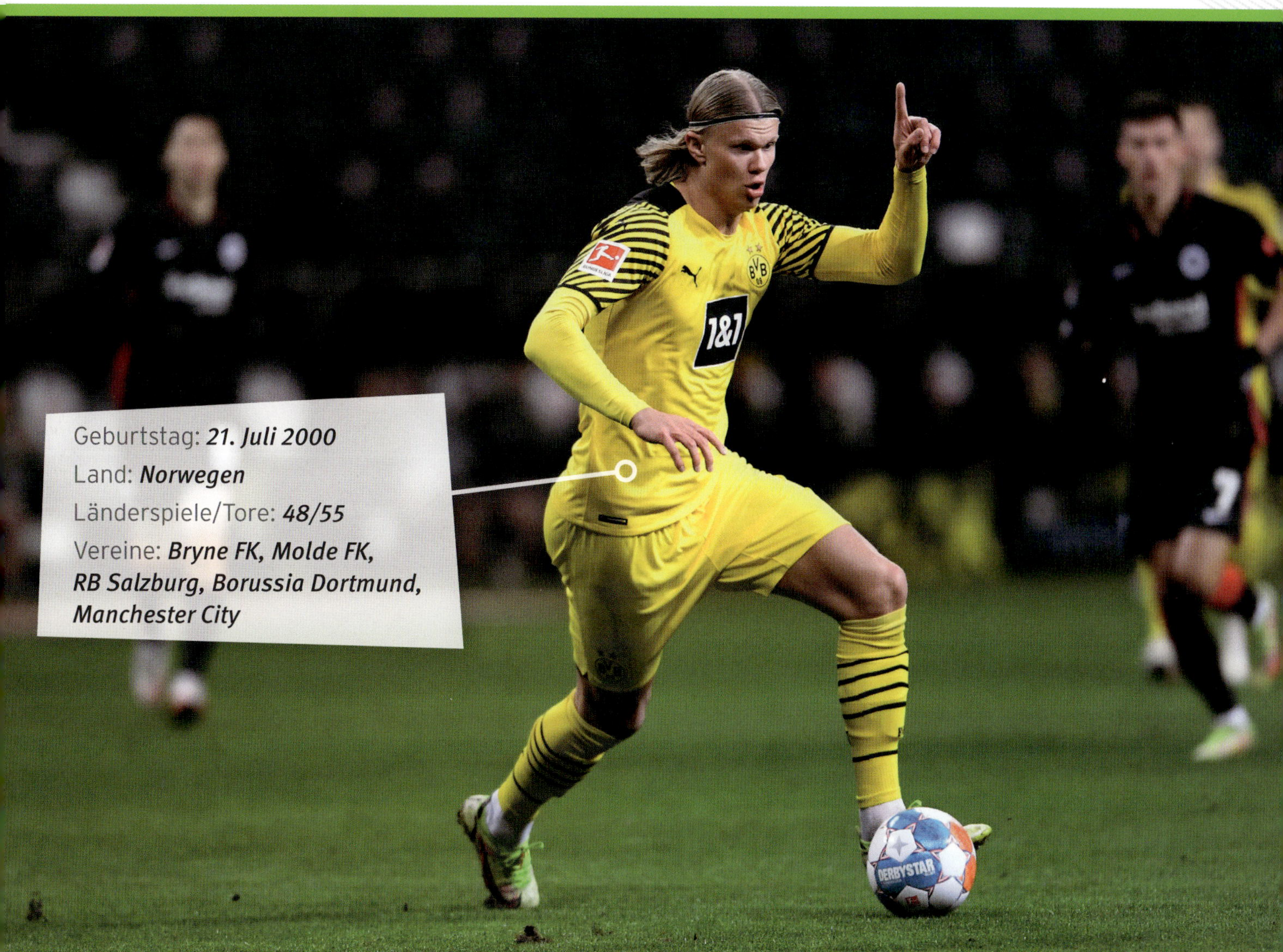

Geburtstag: ***21. Juli 2000***
Land: ***Norwegen***
Länderspiele/Tore: ***48/55***
Vereine: ***Bryne FK, Molde FK, RB Salzburg, Borussia Dortmund, Manchester City***

## *Der Goldjunge aus der anderen Dimension*

Für den „Golden Boy" (bester Nachwuchsspieler Europas) von 2020 scheinen die Grenzen der Physik und des Fußballs nicht zu gelten. Für den Wunderstürmer aus einer anderen Dimension ging es nie steil, sondern immer senkrecht bergauf. Der Hüne trifft, wie er will, gegen alle Gegner, in so gut wie jedem Spiel und gewöhnlich gleich mehrfach. Nachdem er 2020/21 mit 20 Jahren zum jüngsten Torschützenkönig der europäischen Königsklasse geworden war, setzte er 2022/23 noch einen drauf: Mit 36 Toren stellte er einen neuen Premier-League-Rekord auf, traf in der Champions League gegen RB Leipzig gleich fünf Mal und gewann mit Manchester City das erste Triple der Vereinsgeschichte.

# Eden Hazard

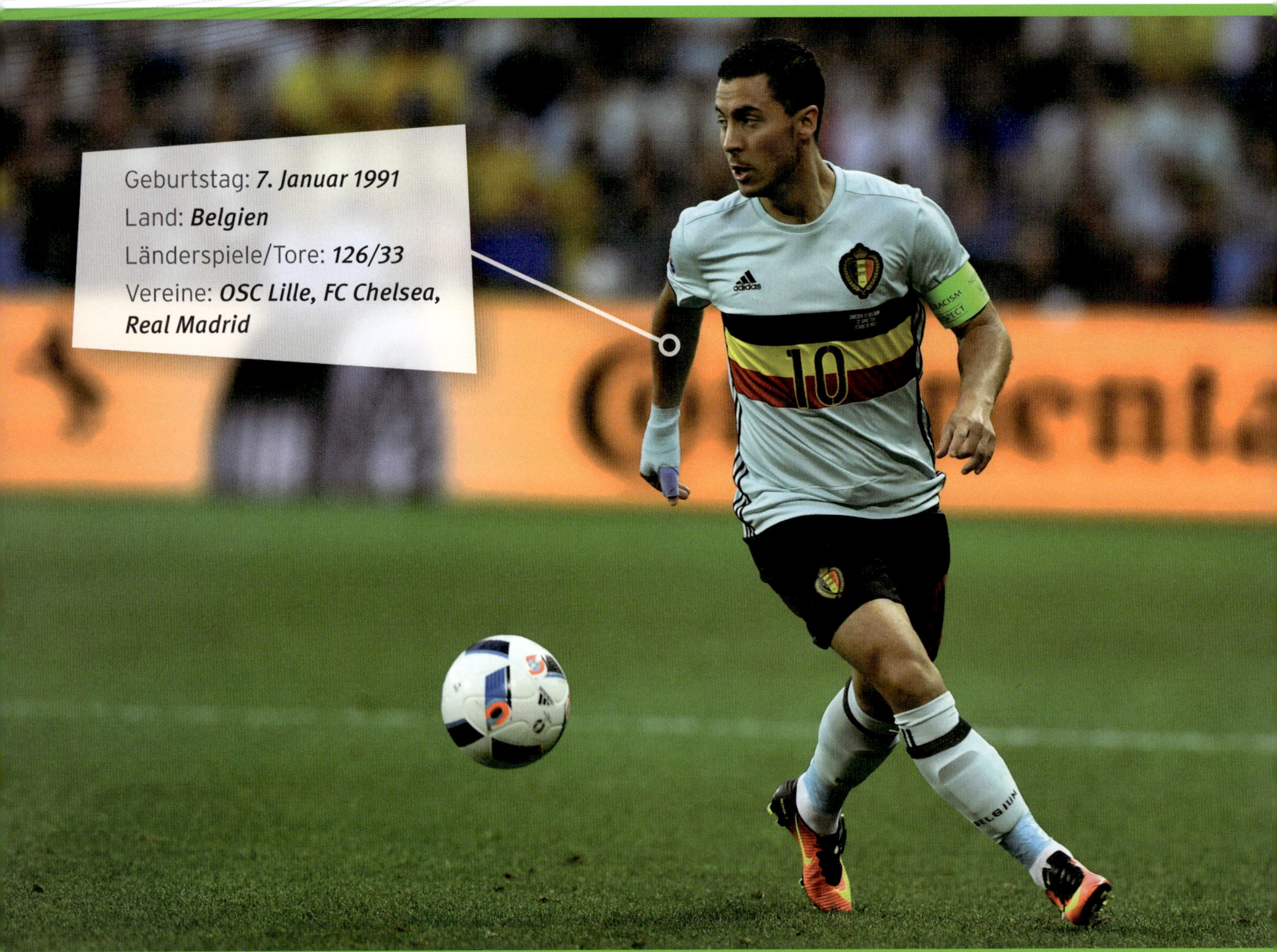

Geburtstag: ***7. Januar 1991***
Land: ***Belgien***
Länderspiele/Tore: ***126/33***
Vereine: ***OSC Lille, FC Chelsea, Real Madrid***

## *Der brandgefährliche Beschleuniger*

Ursprünglich auf dem linken Flügel zu Hause, entwickelte sich der brandgefährliche Hazard immer mehr zum Offensivallrounder. Ob links, rechts oder in der Mitte, mit seinen Hochgeschwindigkeitsdribblings spielte er die gegnerischen Abwehrreihen reihenweise schwindlig. Er variierte brillant das Tempo, beschleunigte Angriffszüge urplötzlich und verfügte über einen knallharten Schuss. Er reiste mit der Goldenen Generation Belgiens als Titelaspirant zur EM 2016, WM 2018, EM 2021 und WM 2022, doch stets verpassten sie den ganz großen Coup. Als die *Roten Teufel* 2018 mit Platz drei ihr bisher bestes WM-Resultat erreichten, wurde Hazard zum zweitbesten Spieler des Turniers gewählt.

Geburtstag: ***10. Dezember 1987***
Land: ***Frankreich/Argentinien***
Länderspiele/Tore: ***75/31***
Vereine: ***River Plate, Real Madrid, SSC Neapel, Juventus Turin, AC Mailand, FC Chelsea, Inter Miami***

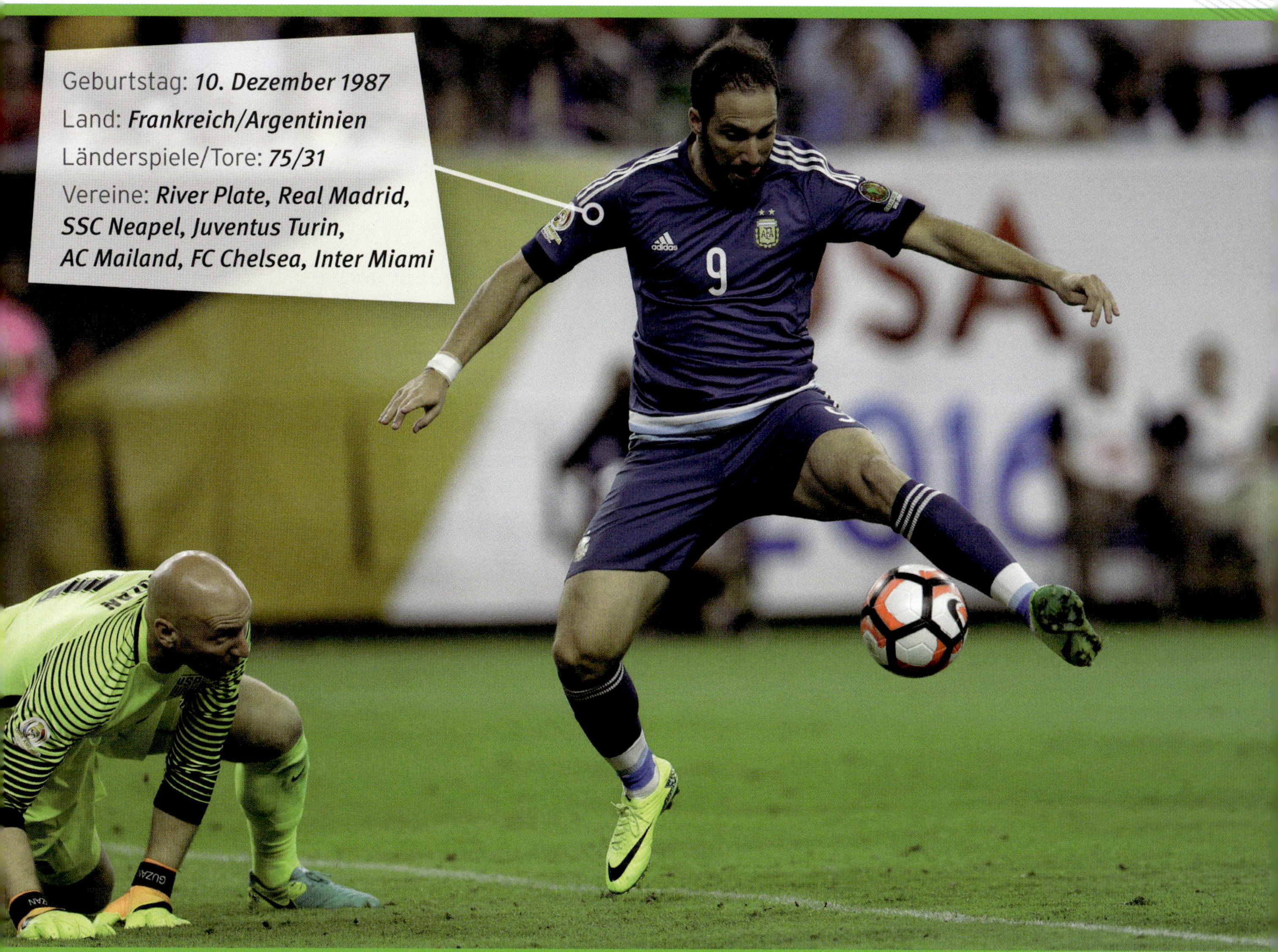

## *In Maradonas Fußstapfen*

1987/88 spielte Jorge Higuaín, der von den Boca Juniors gekommen war, in der Abwehr von Stade Brest. In dieser Zeit kam sein Sohn Gonzalo zur Welt, der deshalb auch den französischen Pass besitzt. 2006 nominierte ihn Raymond Domenech für die *Équipe Tricolore*, doch der treffsichere Mittelstürmer lehnte dankend ab. 2009 berief ihn Diego Maradona in die *Albiceleste*, 2014 wurde er Vizeweltmeister. 2013 trat er auch in Neapel in die übergroßen Fußstapfen von – na klar – Maradona. An der Meisterschaft schrammte er in der fußballverrückten süditalienischen Metropole trotz Toren am laufenden Band knapp vorbei – erst nach seinem Wechsel zu Juve 2016 gewann er dreimal den *Scudetto*.

# Thierry Henry

## *Der ewige Gunner*

Der elegante Stürmer mit guadeloupisch-martinikanischen Wurzeln feierte die größten Erfolge gleich zu Beginn seiner langen Karriere. Nachdem er Ende 1997, mit 20 Jahren, erstmals in die *Équipe Tricolore* berufen worden war, traf er bei der WM 1998, als Gastgeber Frankreich mit bis dahin unbekanntem Hochgeschwindigkeitsfußball verzückte, dreimal ins Schwarze und gewann den Titel. Erneut waren aller guten Tore drei, als *Les Bleus* zwei Jahre später ihre Leistung mehr als nur bestätigten und verdient auch den Europameisterpokal nach Frankreich entführten. 14 Jahre lang trug Henry das blaue Nationaltrikot und übertraf Michel Platini als besten Scharfschützen der *Grande Nation.*

Auch beim FC Arsenal wurde der ebenso spielstarke wie treffsichere Stürmer in der Ära von Trainer Arsène Wenger in acht Spielzeiten zum absoluten Schlüsselspieler und Rekordschützen: 175 Ligatore und 228 Treffer wettbewerbsübergreifend stehen für den ewigen Gunner zu Buche. Blitzschnell im Konterspiel, spektakulär im Duell eins gegen eins und eiskalt vor dem Tor, feierte er seinen größten Vereinserfolg allerdings mit dem FC Barcelona, mit dem er 2009 das Triple gewann.

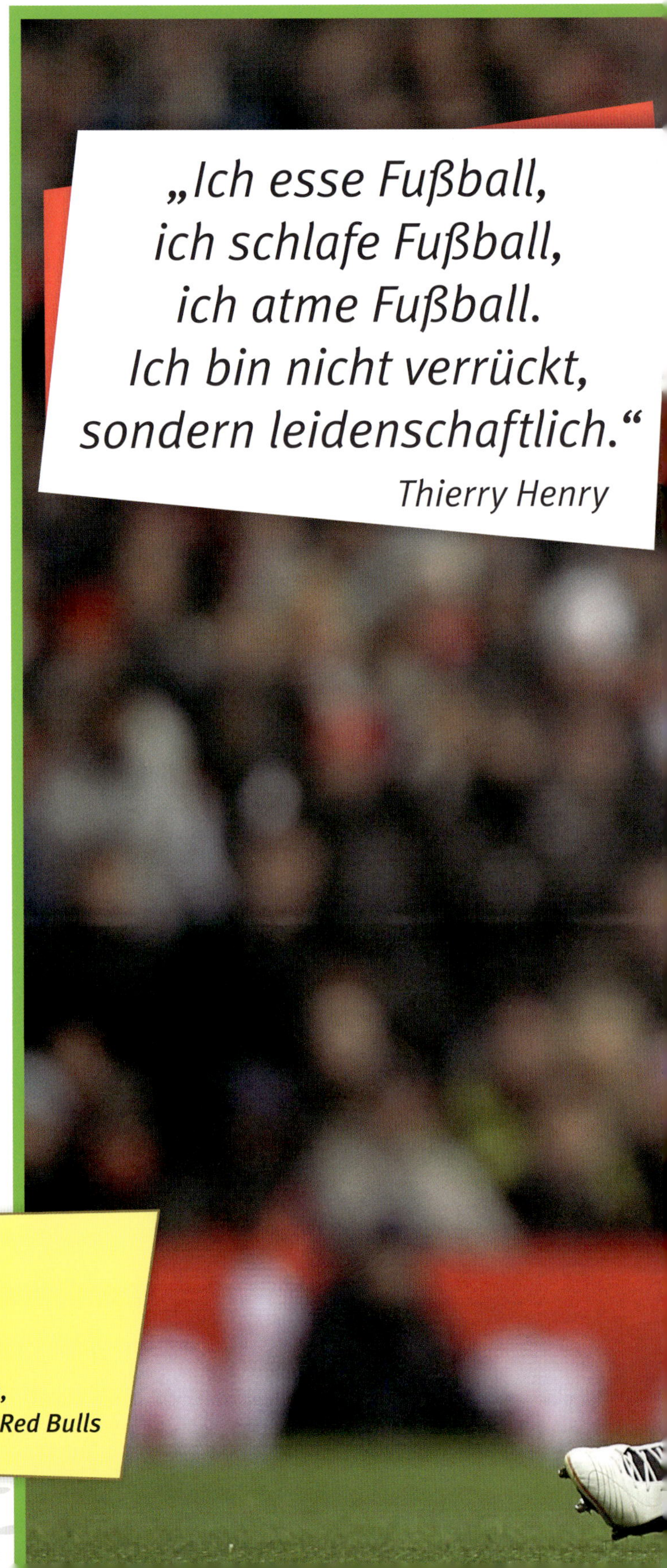

*„Ich esse Fußball,
ich schlafe Fußball,
ich atme Fußball.
Ich bin nicht verrückt,
sondern leidenschaftlich."*

*Thierry Henry*

Geburtstag: ***17. August 1977***
Land: ***Frankreich***
Länderspiele/Tore: ***123/51***
Vereine: ***AS Monaco, Juventus Turin, FC Arsenal, FC Barcelona, New York Red Bulls***

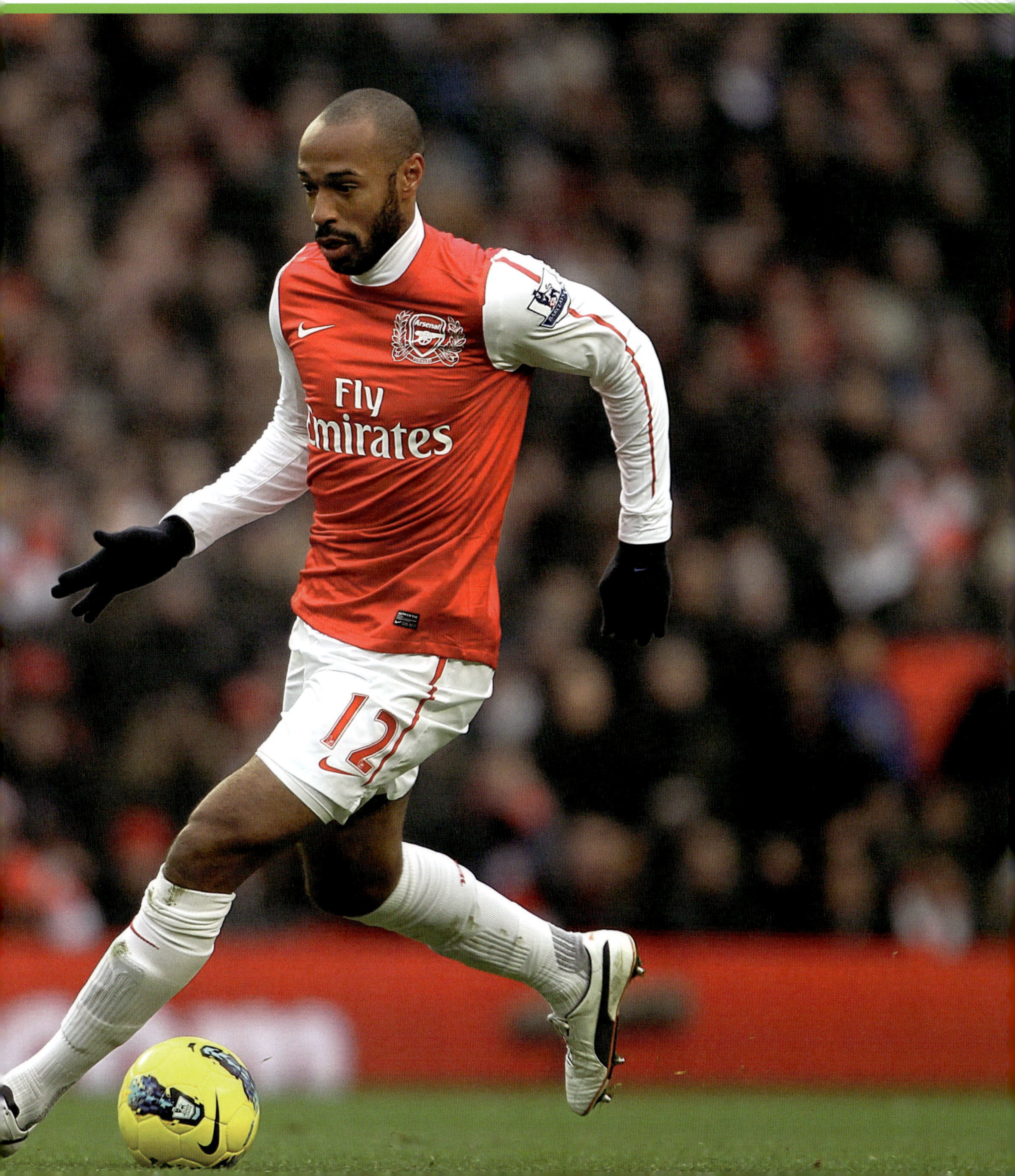
Fly
Emirates
12

# Mats Hummels

## *Die bayerische Borussen-Bombe*

Seine Mutter war die erste Frau, die im deutschen Fernsehen ein Fußballspiel kommentierte, sein Vater lange Jugendtrainer beim FC Bayern. Zwar wurde ihm der Lederball in die Wiege gelegt und er schon früh ein reifer Innenverteidiger, dennoch konnte er sich im Münchner Starensemble nicht durchsetzen und floh nach Dortmund, wo er sofort wie eine Bombe einschlug – so prächtig, dass der Rekordmeister den verlorenen Sohn 2016 zurückholte. 2019 dann die nächste Kehrtwende, als die bayerische Borussen-Bombe erneut in die „Retourkutsche" stieg und zum BVB zurückkehrte. 2024 wechselte Hummels zur AS Rom und beendete dort 2025 seine Karriere.

Bei der Europameisterschaft 2012 gewann der brillante Defensivstratege in der Vorrunde sagenhafte 88 Prozent seiner Zweikämpfe, ohne auch nur ein einziges Foul zu begehen. 2014 bewies er seine enorme Sprungkraft auch vor dem gegnerischen Tor und köpfte die deutsche Elf mit einem wuchtigen Kopfball gegen Frankreich ins Halbfinale. Mit seiner Spielintelligenz, Abgeklärtheit und Zweikampfstärke gehörte er unter dem Zuckerhut zu den auffälligsten Akteuren und zeichnete mitverantwortlich dafür, dass die deutsche Elf mit nur vier Gegentoren den Titel gewann.

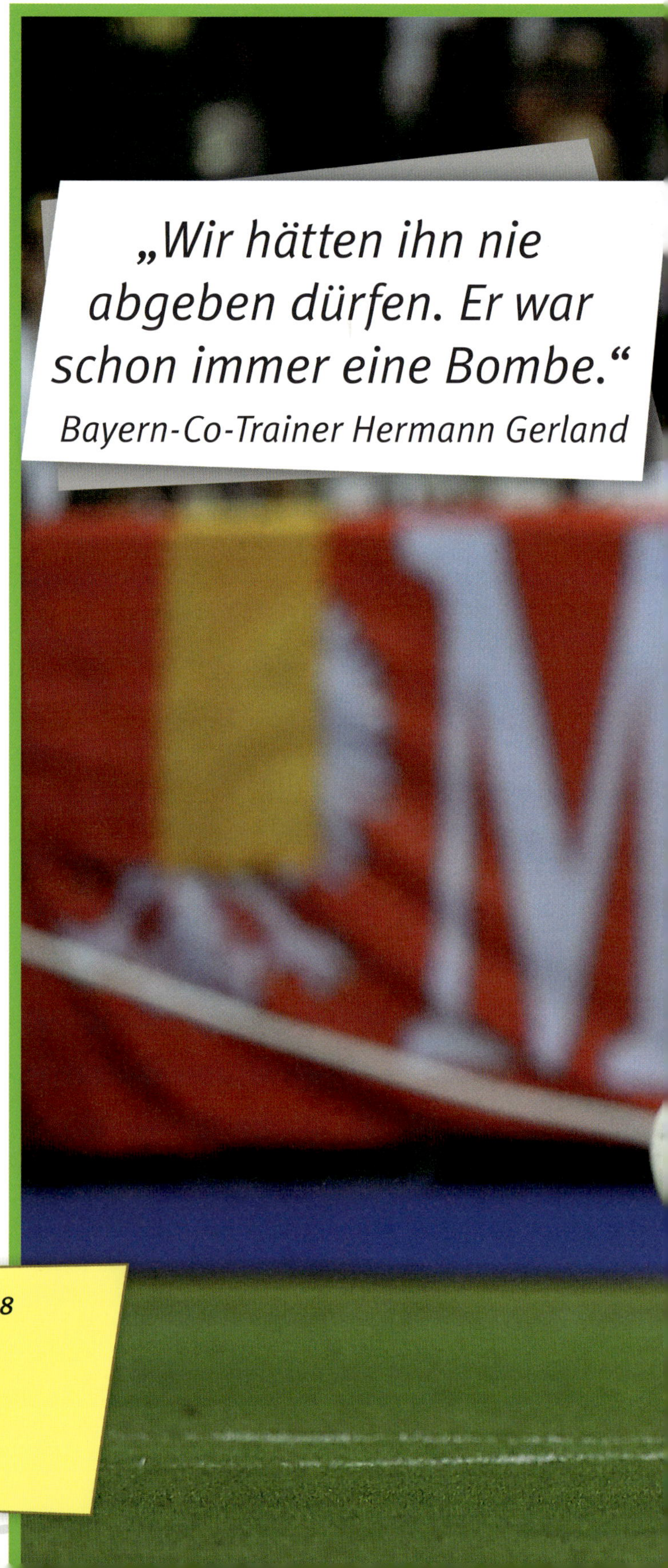

*„Wir hätten ihn nie abgeben dürfen. Er war schon immer eine Bombe."*
*Bayern-Co-Trainer Hermann Gerland*

Geburtstag: ***16. Dezember 1988***
Land: ***Deutschland***
Länderspiele/Tore: ***78/5***
Vereine: ***Borussia Dortmund, FC Bayern München, AS Rom***

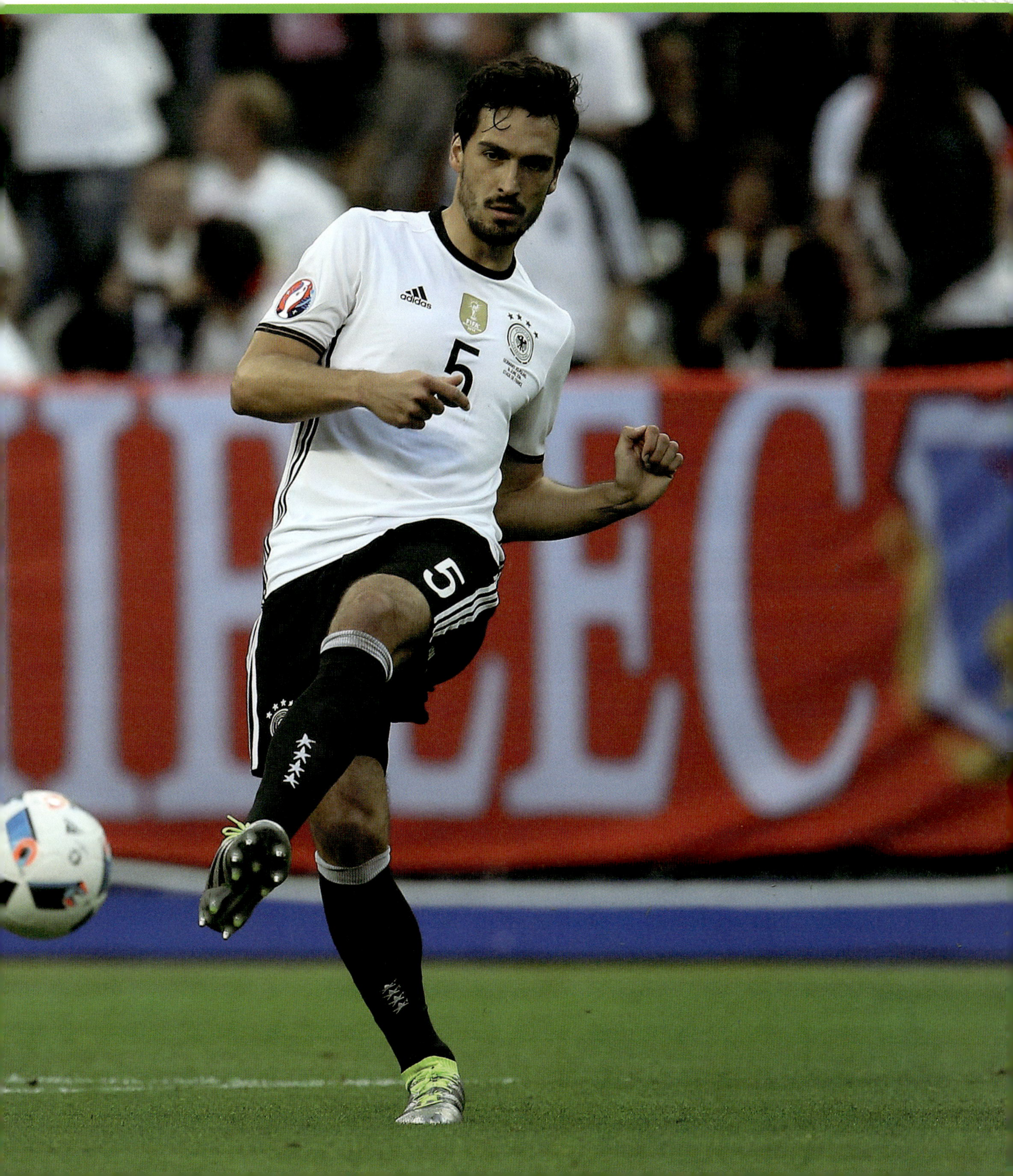
adidas

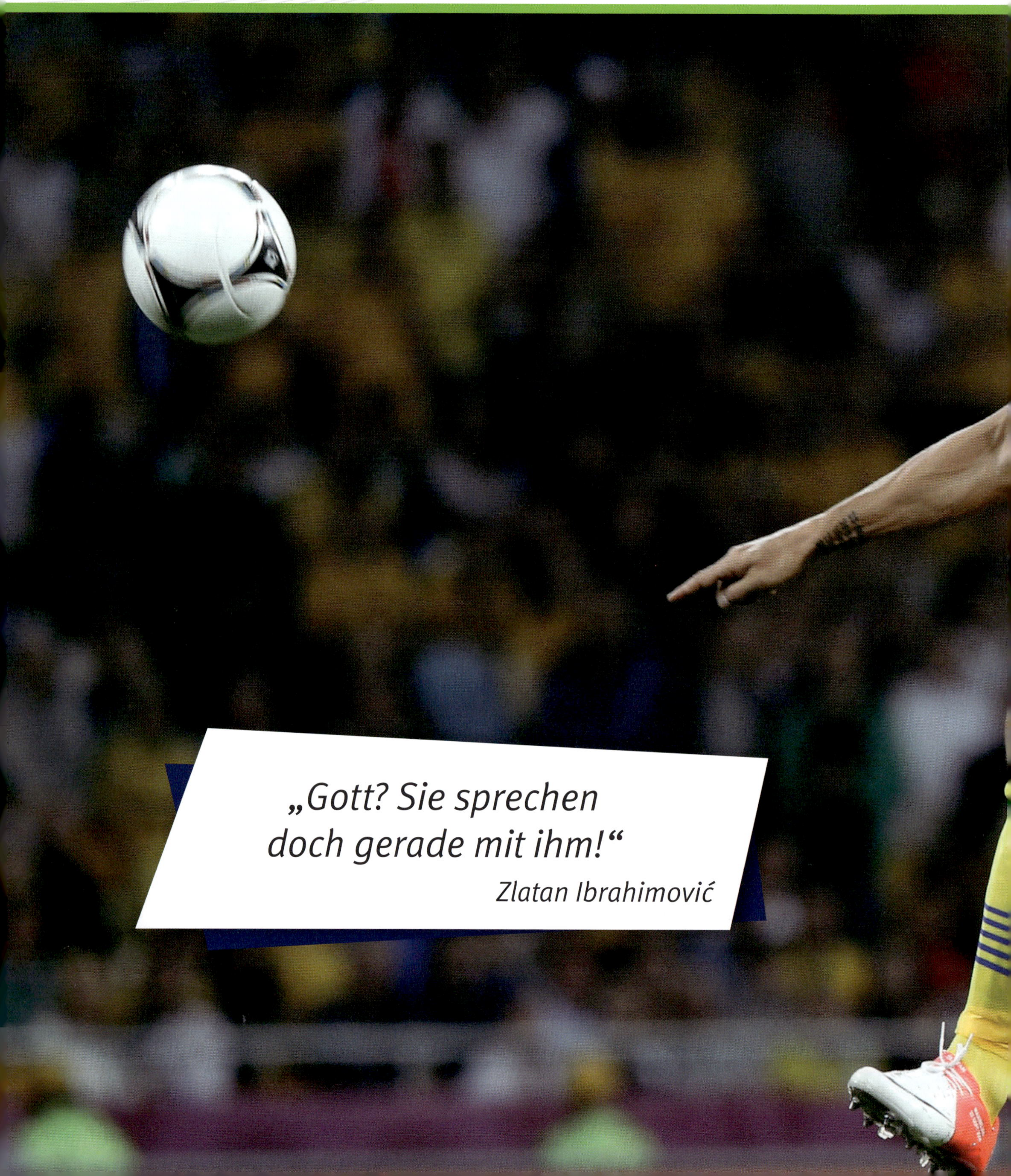

*„Gott? Sie sprechen doch gerade mit ihm!“*

*Zlatan Ibrahimović*

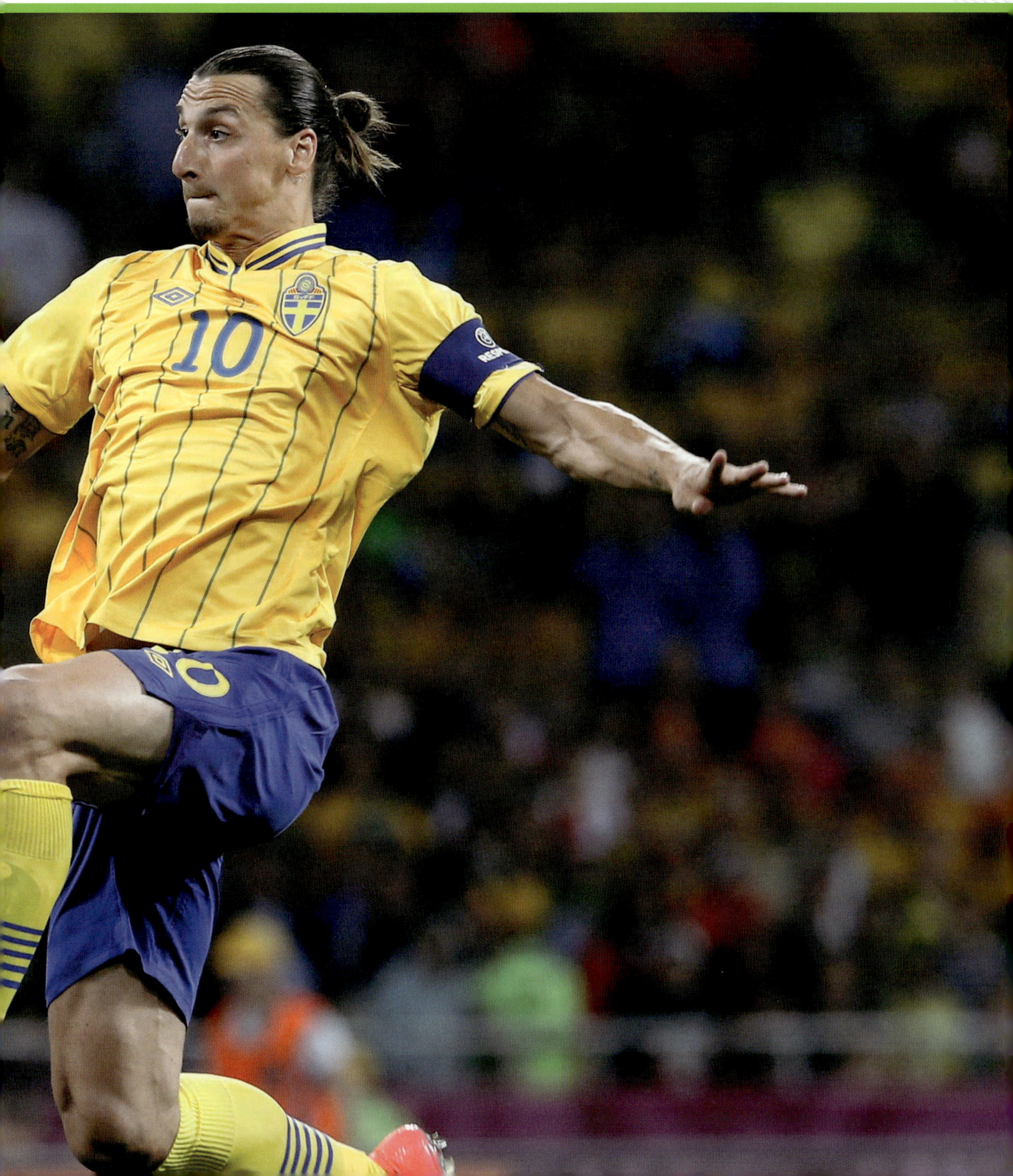
10

# Zlatan Ibrahimović

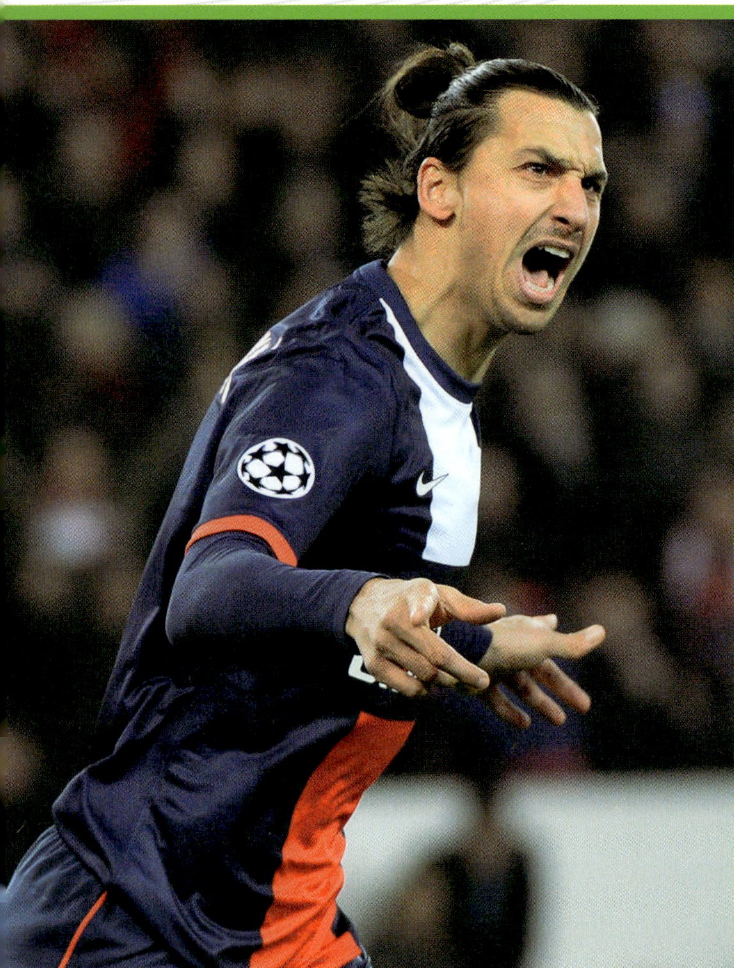

## *Der Dominator*

Dass Namen als Verben in den allgemeinen Sprachgebrauch eingehen, ist selten, kommt aber vor: fringsen (Joseph Frings), morsen (Samuel Morse) oder röntgen (Konrad Röntgen). Dass Fußballernamen beginnen, ein Eigenleben zu führen, ist sehr selten, kommt aber auch vor. Seit Gerd Müller „müllert" es beispielsweise, wenn der Ball in den Maschen einschlägt. 2012 wurde „zlatanieren" von der schwedischen Sprachakademie in den gelb-blauen Duden aufgenommen – als Ausdruck für „stark dominieren". Und ein starker Dominator war „Ibrakadabra" zweifelsohne. Sagenhafte 14 Meisterschaften gewann der schwedische Stürmer mit bosnisch-kroatischen Wurzeln in den Niederlanden, Italien, Spanien und Frankreich. Insbesondere für die mailändischen *Nerazzurri* und *Rossoneri* sowie im Trikot von PSG traf er mit beängstigender Sicherheit und sicherte sich fünfmal die Torjägerkanone der Serie A und Ligue 1.

In Gelb und Blau blieben ihm die ganz großen Erfolge dagegen verwehrt. Zu Beginn seiner Nationalmannschaftskarriere waren Fredrik Ljungberg und Henrik Larsson kongeniale Partner in der Offensive der *Blågult,* und bei den Turnieren 2002, 2004 und 2006 überstanden die Skandinavier immerhin die Vorrunde, um dann jedoch von Senegal, den Niederlanden und Deutschland in die Schranken gewiesen zu werden. Vergleichbare Talente hat der schwedische Fußball seither nicht hervorgebracht, und die Abteilung Attacke war lange die One-Man-Show von „Super Zlatan". Kein Wunder, dass der Dominator seit 2005 beispiellose zwölfmal zu Schwedens Fußballer des Jahres gekürt wurde.

Geburtstag: ***3. Oktober 1981***
Land: ***Schweden***
Länderspiele/Tore: ***122/62***
Vereine: ***Malmö FF, Ajax Amsterdam, Juventus Turin, Inter Mailand, FC Barcelona, AC Mailand, Paris Saint-Germain, Manchester United, Los Angeles Galaxy***

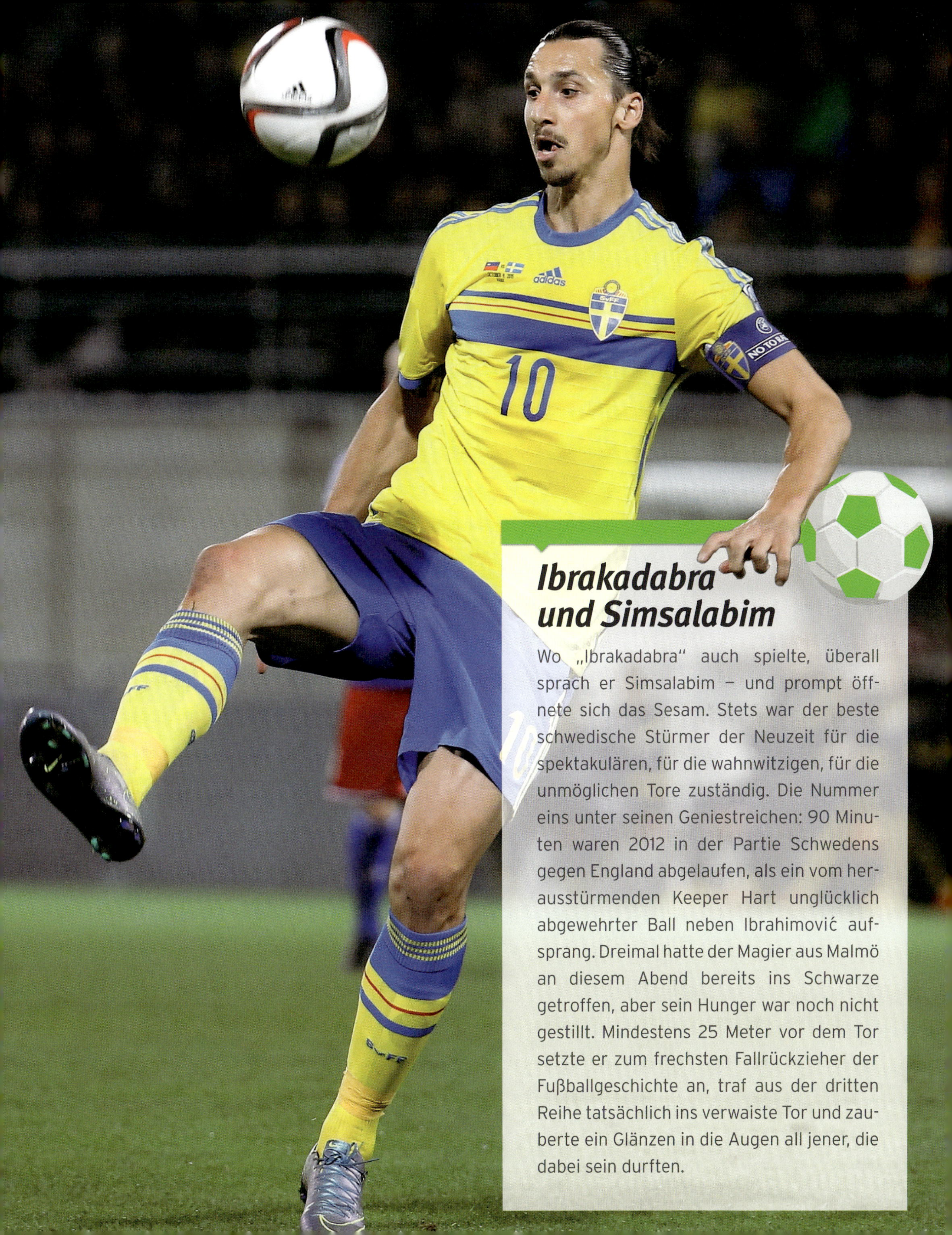

## Ibrakadabra und Simsalabim

Wo „Ibrakadabra" auch spielte, überall sprach er Simsalabim – und prompt öffnete sich das Sesam. Stets war der beste schwedische Stürmer der Neuzeit für die spektakulären, für die wahnwitzigen, für die unmöglichen Tore zuständig. Die Nummer eins unter seinen Geniestreichen: 90 Minuten waren 2012 in der Partie Schwedens gegen England abgelaufen, als ein vom herausstürmenden Keeper Hart unglücklich abgewehrter Ball neben Ibrahimović aufsprang. Dreimal hatte der Magier aus Malmö an diesem Abend bereits ins Schwarze getroffen, aber sein Hunger war noch nicht gestillt. Mindestens 25 Meter vor dem Tor setzte er zum frechsten Fallrückzieher der Fußballgeschichte an, traf aus der dritten Reihe tatsächlich ins verwaiste Tor und zauberte ein Glänzen in die Augen all jener, die dabei sein durften.

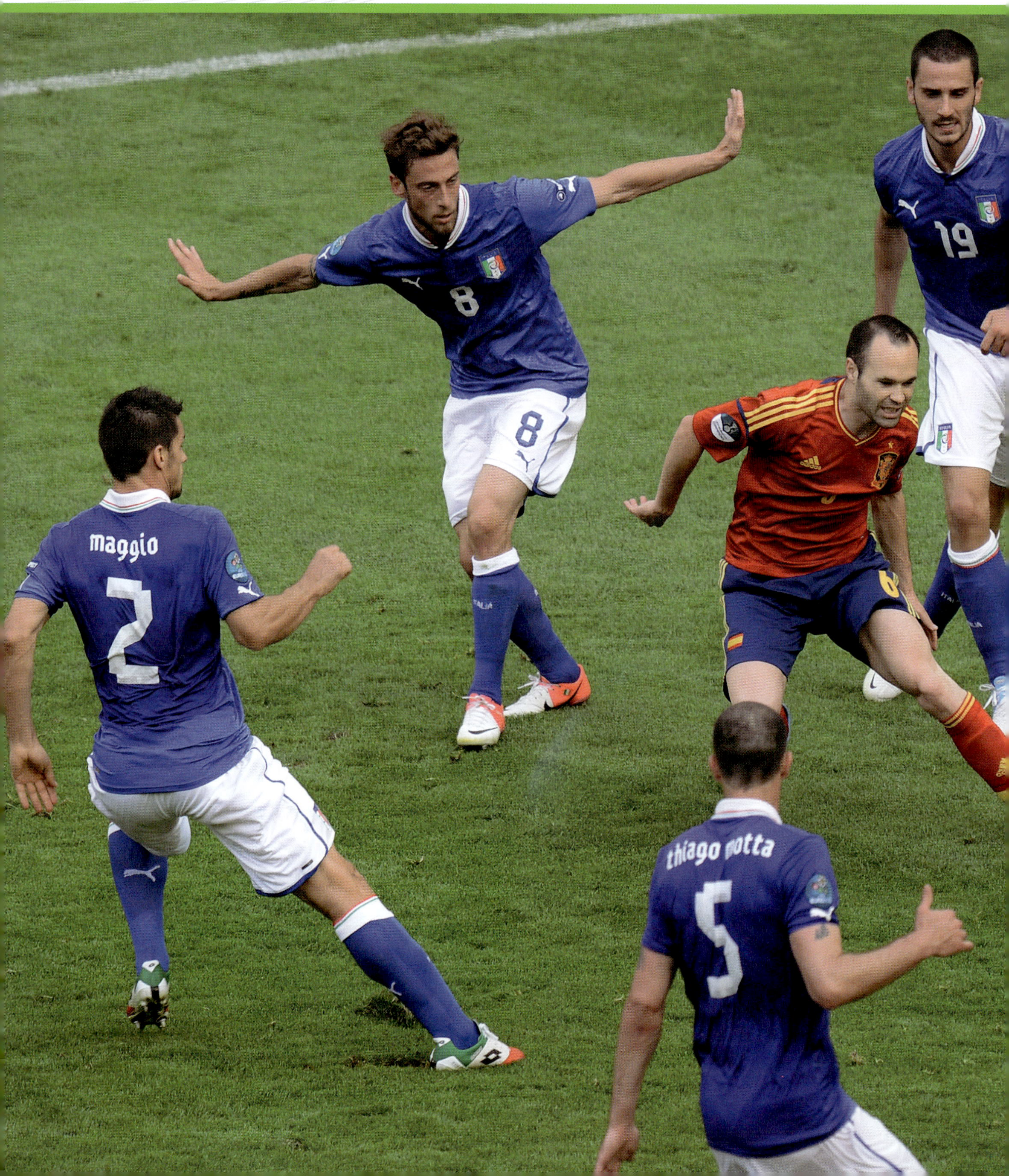
8
19
8
maggio
2
thiago motta
5

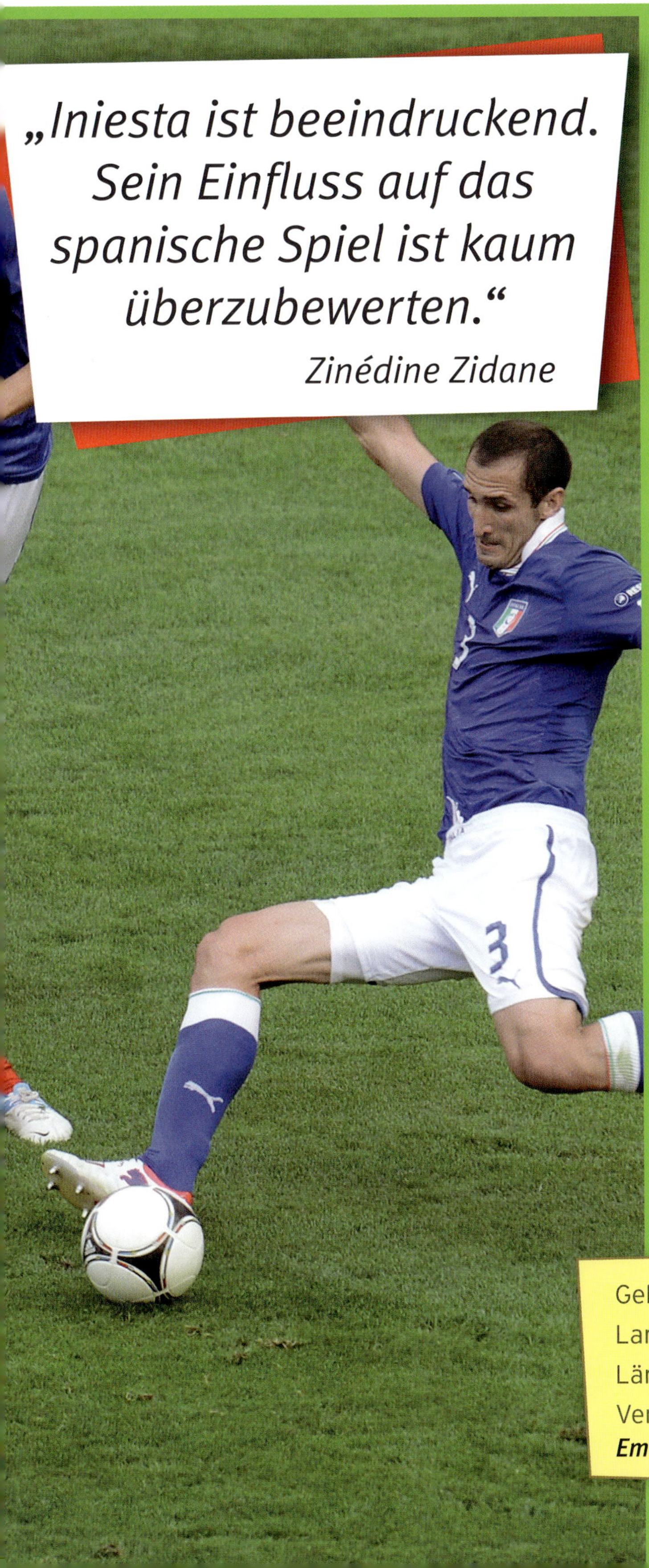

„Iniesta ist beeindruckend. Sein Einfluss auf das spanische Spiel ist kaum überzubewerten."
*Zinédine Zidane*

## Der Bonbonverteiler

Wie Don Quijote stammt Iniesta aus La Mancha und ist ob seines blassen Teints gelegentlich als der „bleiche Ritter" bezeichnet worden. Aber anders als der Roman über den Ritter von der traurigen Gestalt ist seine Geschichte keine vom Untergang eines Zeitalters, sondern die eines Triumphzugs. Gerade einmal zwölf Jahre alt, entdeckten ihn die Scouts des FC Barcelona, mit 18 debütierte er in der ersten Mannschaft – nicht, wie profan, in einem Ligaspiel, sondern über 90 Minuten in der Champions League. Den „Bonbonverteiler" taufte ihn Frank Rijkaard, weil seine Pässe süßes Naschwerk waren, ein einziges Zuckerschlecken, die Kirsche auf der Sahne auf der Torte. Sein kongenialer Partner Xavi war der ruhende Pol im katalanischen wie spanischen *Tiqui-taca,* Iniesta überall zu finden, davor, daneben, dahinter oder ganz woanders.

Kaum ein Fußballer hat mehr Titel eingeheimst als der stille Superstar: neun Meisterschaften, vier Siege in der Königsklasse, zweimal das Triple mit Barça, und beim Triple-Siegeszug der spanischen *Selección* war er mittendrin, statt nur dabei – unvergesslich sein Siegtor im Endspiel der Weltmeisterschaft 2010 am Kap der Guten Hoffnung.

Geburtstag: ***11. Mai 1984***
Land: ***Spanien***
Länderspiele/Tore: ***131/14***
Vereine: ***FC Barcelona, Vissel Kōbe, Emirates Club***

# Oliver Kahn

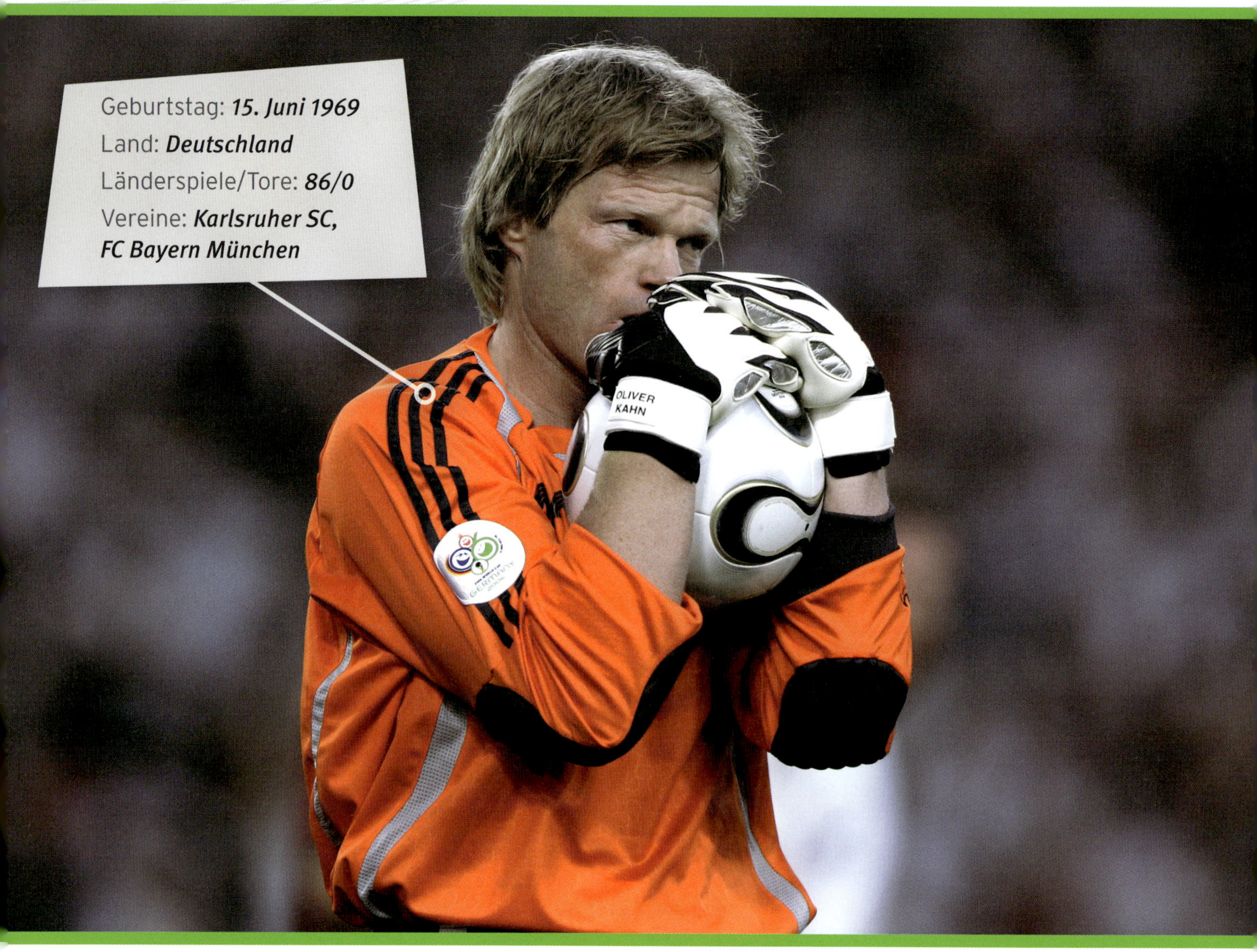


## *Der Titan*

2002 wurde Kahn zum dritten Mal Welttorhüter, belegte den zweiten Platz bei der Wahl des Weltfußballers und den dritten bei der Kür von Europas Fußballer des Jahres. Und das mit gutem Grund, denn bei der ersten WM auf asiatischem Boden war er nicht nur über sich, sondern über alles hinausgewachsen, was es bis dahin zwischen zwei Pfosten gegeben hatte. Mit seinen phänomenalen Paraden führte er die deutsche Elf quasi im Alleingang ins Finale. Doch der Titan wurde gegen Brasilien zur tragischen Figur, als er einen harmlosen Schuss Rivaldos nicht festhielt und das Verhängnis seinen Lauf nahm. Trotzdem wurde er als erster Keeper überhaupt zum Spieler des Turniers gewählt.

# Kaká

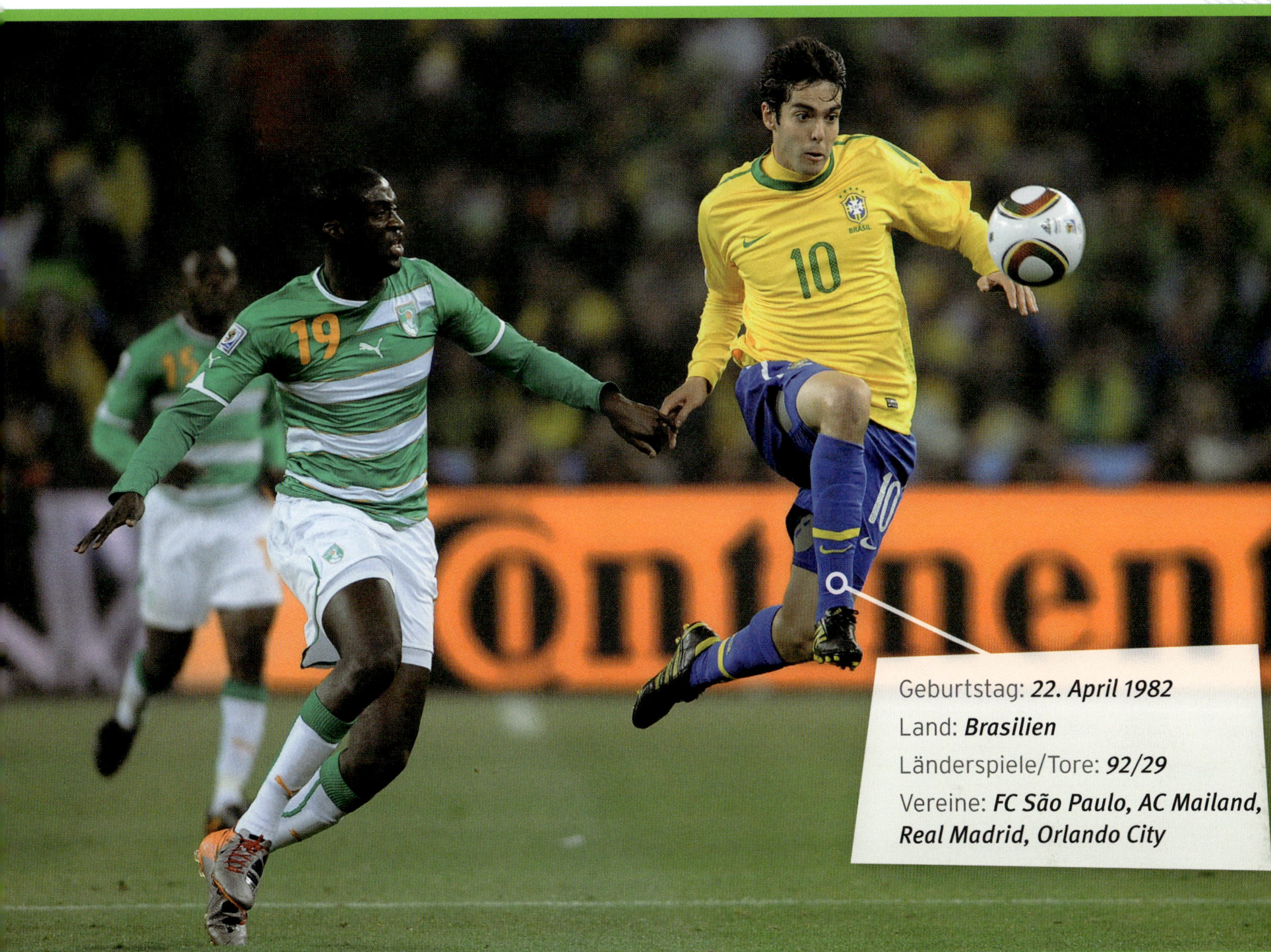

Geburtstag: ***22. April 1982***
Land: ***Brasilien***
Länderspiele/Tore: ***92/29***
Vereine: ***FC São Paulo, AC Mailand, Real Madrid, Orlando City***

## *Der schwerelose Sambatänzer*

Kein Straßenfußballer aus der Favela, sondern aus gutem Hause stammend, lag dem völlig skandalfreien, stets bescheidenen Traum aller Schwiegermütter nichts ferner, als seine Gegenspieler zu demütigen. Kein Selbstdarsteller, sondern Teamplayer, glitt er fast körperlos an seinen Gegnern vorbei, um dann mit tödlichen Pässen seine Mitspieler einzusetzen. 2007 stand Kaká in der Blüte seines Könnens, legte göttlich für Filippo Inzaghi auf, als der AC Mailand Rache für die „schwarze Nacht" von Istanbul nahm und gegen den FC Liverpool die Champions League gewann – und wurde zum Weltfußballer des Jahres gewählt.

# Harry Kane

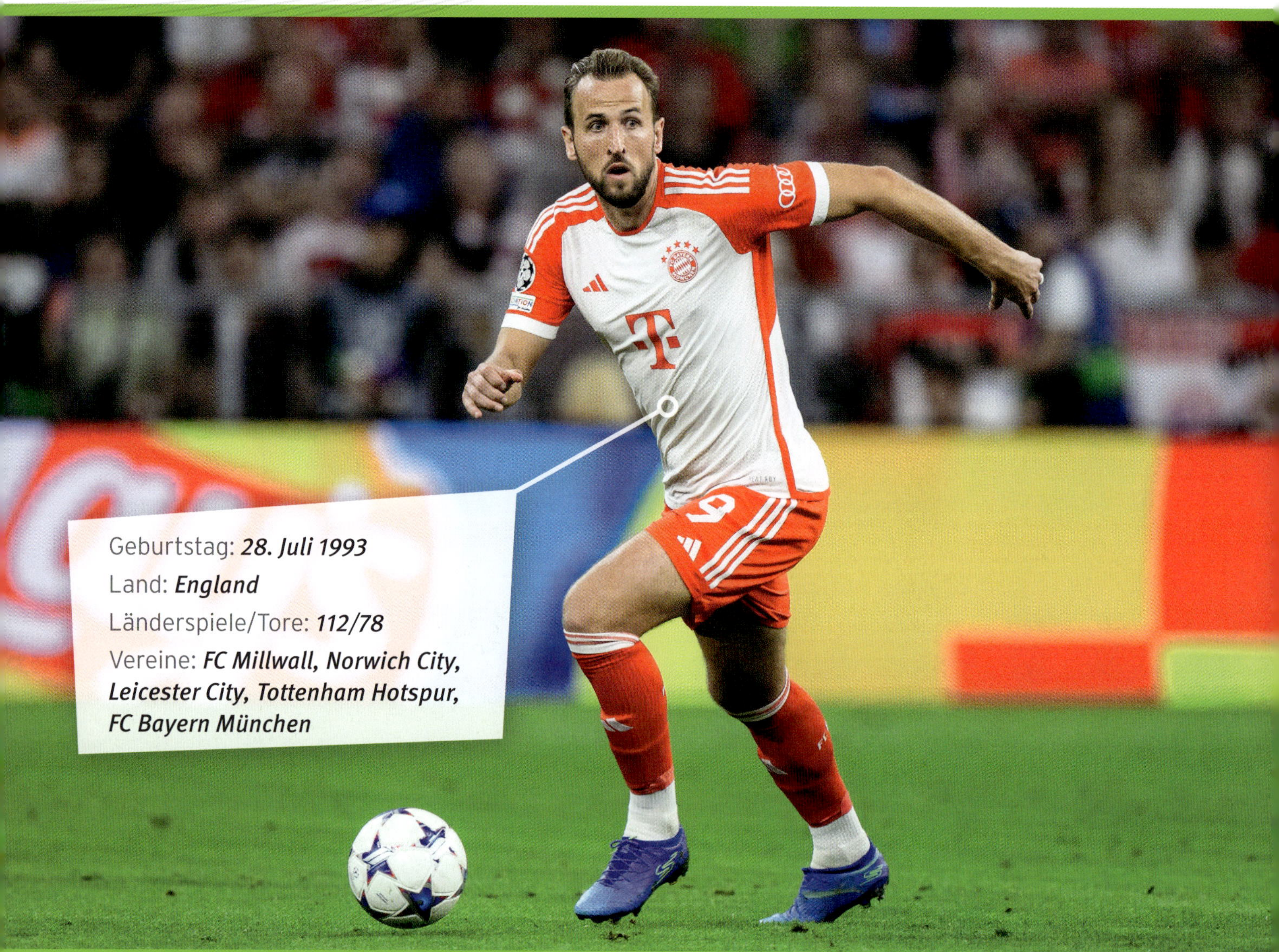

Geburtstag: ***28. Juli 1993***
Land: ***England***
Länderspiele/Tore: ***112/78***
Vereine: ***FC Millwall, Norwich City, Leicester City, Tottenham Hotspur, FC Bayern München***

## *Der schüchterne „Hurricane“*

Seit 2014 hatten britische Meteorologen ohne Unterlass Grund für Sturmwarnungen: „Hurricane“ Harry Kane traf seither, wie er wollte, und ist mit 213 Toren der zweiterfolgreichste Knipser der Premier-League-Geschichte. Im Nationaltrikot schepperte es 2023 zum 54. Mal, Kane überholte Wayne Rooney und wurde neuer Rekordschütze der *Three Lions*. Bei der WM 2018 ließ er bis zum Halbfinal-Aus der Engländer sechsmal die Erde beben. Bei der EM 2021 traf er viermal und auch im Elfmeterschießen des Finales. Bei der EM 2024 zog er mit drei weiteren Treffern mit dem bisherigen alleinigen EM-Tore-Rekordhalter für England, Alan Shearer, gleich, musste sich jedoch erneut mit dem Vizeeuropameister-Titel begnügen.

# Joshua Kimmich

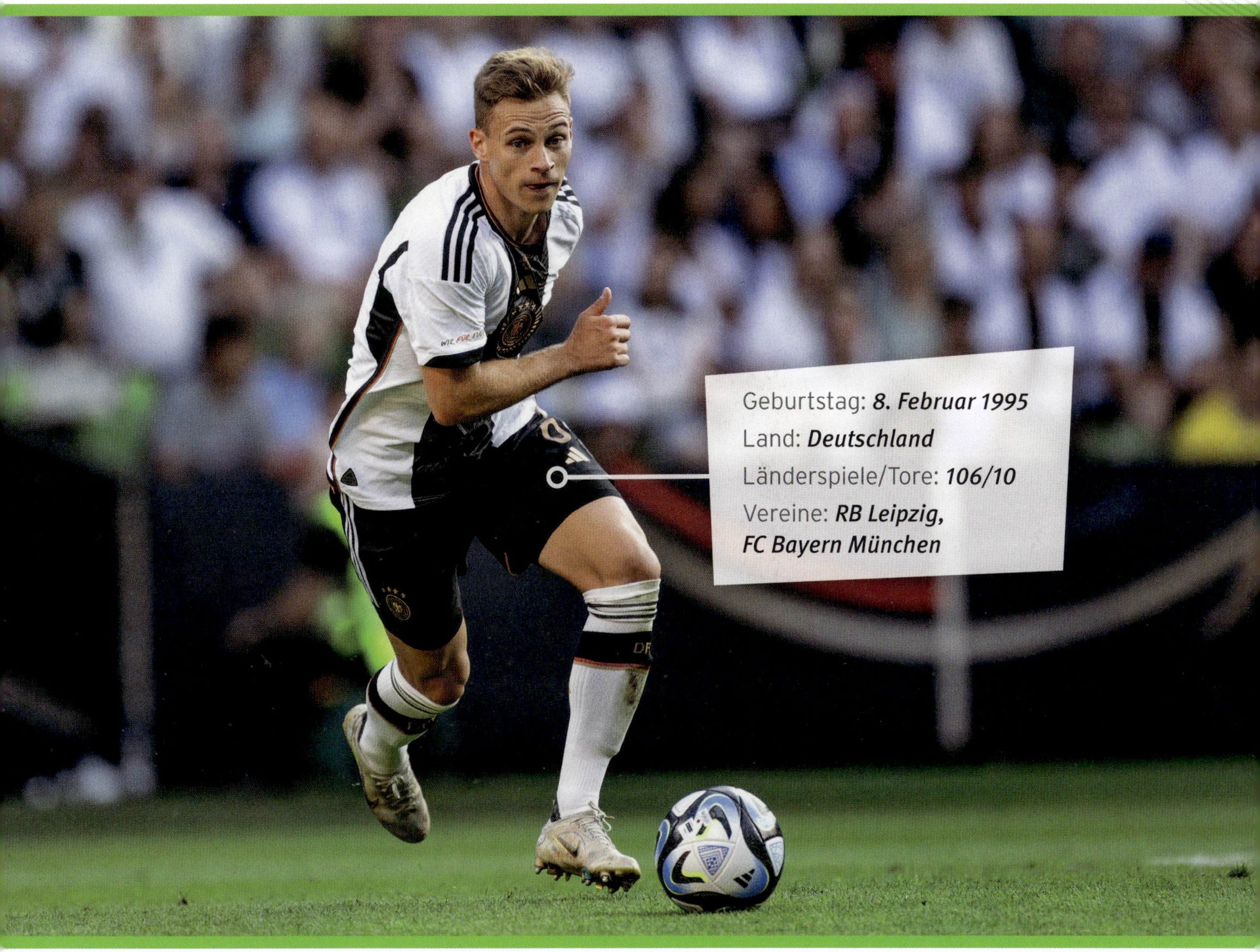

Geburtstag: ***8. Februar 1995***
Land: ***Deutschland***
Länderspiele/Tore: ***106/10***
Vereine: ***RB Leipzig, FC Bayern München***

## *Der stürmische Rottweiler*

Man könnte glauben, der gebürtige Rottweiler sei in der Nachfolge von „Terrier" Berti Vogts ein echter Wadenbeißer – doch weit gefehlt: Ob als Rechtsverteidiger oder Mittelfeldstratege, Joshua Kimmich denkt und spielt überaus offensiv. Auf rechts ist stets die gegnerische Torauslinie sein Ziel, im Zentrum trägt er das Spiel mit schnellen Läufen und klugen Pässen bis zum Strafraum vor. 2019/20, als der FC Bayern das Triple gewann, war er in der Bundesliga, im Pokal und der Königsklasse an sage und schreibe 24 Toren beteiligt – nur in der Nationalelf konnte der beste deutsche Spieler seiner Generation bisher keinen Titel gewinnen.

# Miroslav Klose

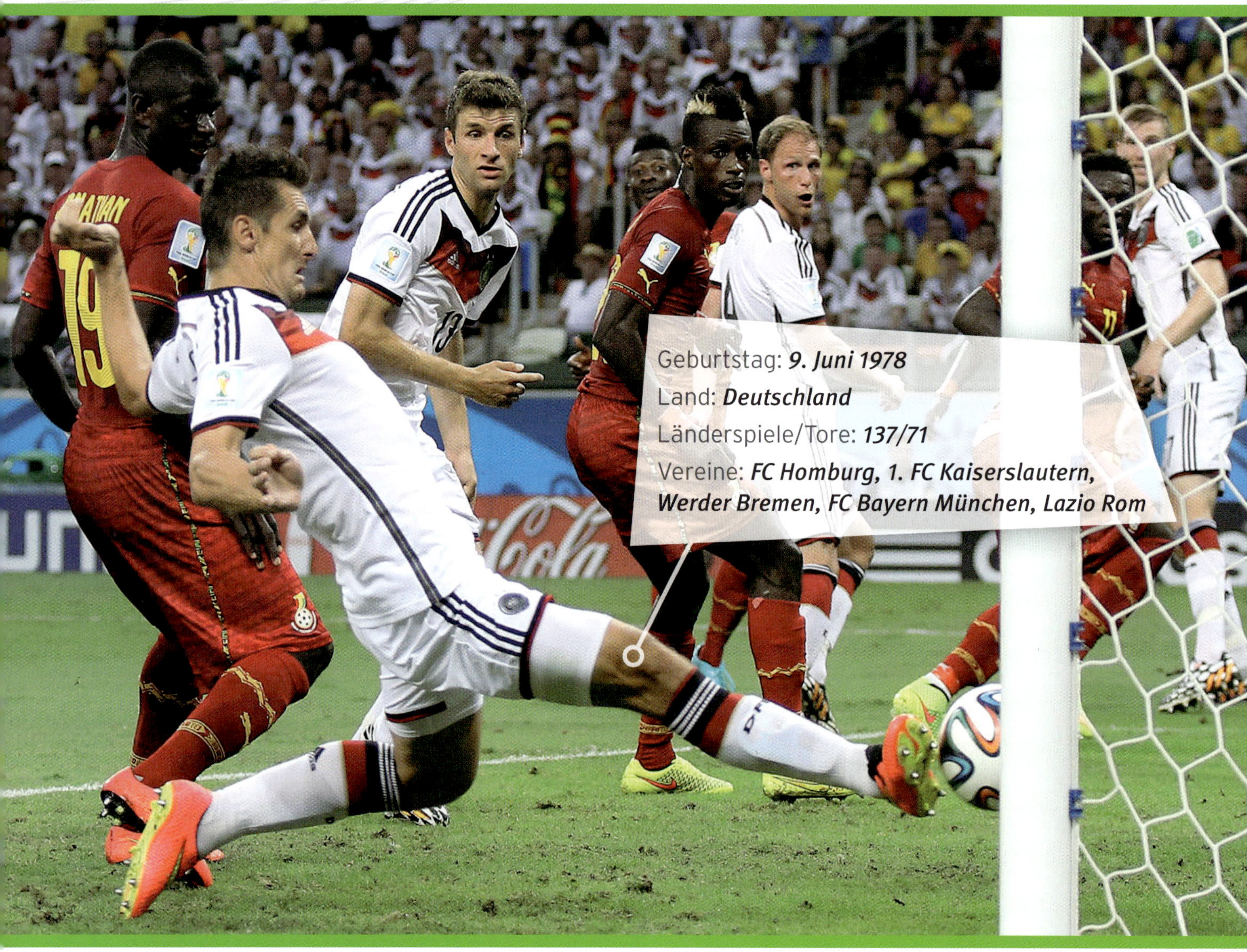

Geburtstag: ***9. Juni 1978***
Land: ***Deutschland***
Länderspiele/Tore: ***137/71***
Vereine: ***FC Homburg, 1. FC Kaiserslautern, Werder Bremen, FC Bayern München, Lazio Rom***

## *Miro de Janeiro*

Das Beste zum Schluss: In seinem 136. Länderspiel versenkte „Miro Internazionale" im WM-Halbfinale 2014 in Belo Horizonte das Leder in den brasilianischen Maschen – sein 16. WM-Treffer, mit dem er Ronaldo Fenômeno überholte. Sein Markenzeichen, den Salto, ließ Klose aus, nachdem er ihn in der Vorrunde gegen Ghana noch einmal zum Besten gegeben hatte. Vor dem Turnier hatte er Gerd Müllers Rekord von 68 Toren überboten und sich an die Spitze der deutschen Schützenliste gesetzt. Im Finale von Rio setzte er sich nach drei vergeblichen Anläufen den lang ersehnten Lorbeerkranz des Weltmeisters auf, nachdem er zuvor bei fünf Europa und Weltturnieren immer unter die letzten vier gekommen war.

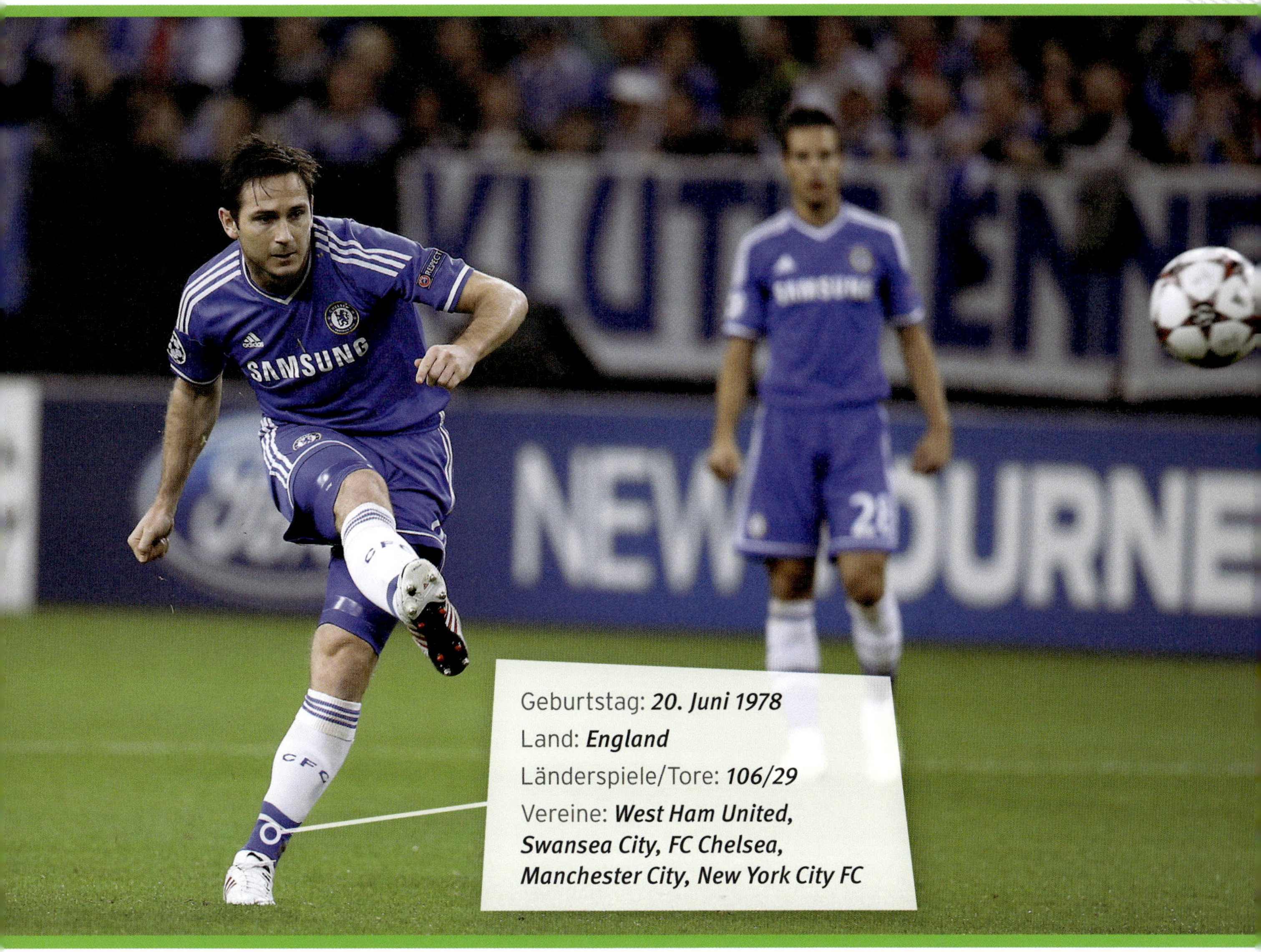


Geburtstag: ***20. Juni 1978***

Land: ***England***

Länderspiele/Tore: ***106/29***

Vereine: ***West Ham United, Swansea City, FC Chelsea, Manchester City, New York City FC***

## *Der Wembley-Impersonator*

Zu den Spezialitäten des Mittelfeldmotors gehörten Schüsse aus allen Lagen – bevorzugt aus größerer Entfernung. Ein Schuss, ein Strahl, und rein das Ding. Doch dieser war anders, ein ganz krummes Ding, direkt draufgehalten mitten aus dem Getümmel, das Leder prallte an die Latte und senkte sich dann hinter der Linie ins Tor – doch die Pfeife des Schiedsrichters blieb stumm. Lampards Wembley-Tor von Bloemfontein wurde nicht gegeben, und die *Three Lions* schieden gegen Deutschland aus der WM 2010 aus. Besser lief es im Trikot des FC Chelsea, in dem Lampard 2008 zwar im Champions-League-Finale gegen ManUnited unterlag, vier Jahre später aber gegen Bayern München triumphierte.

# Toni Kroos

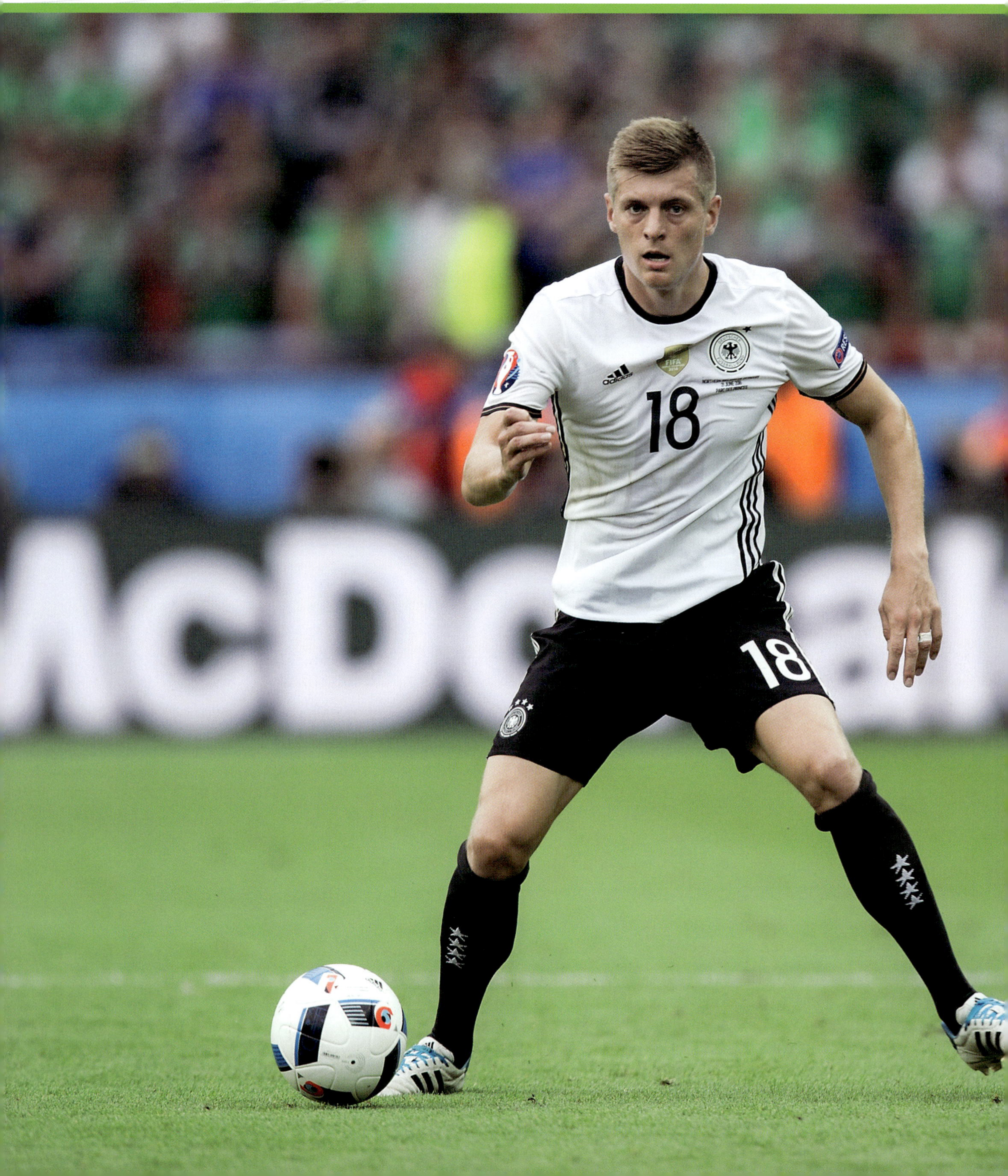

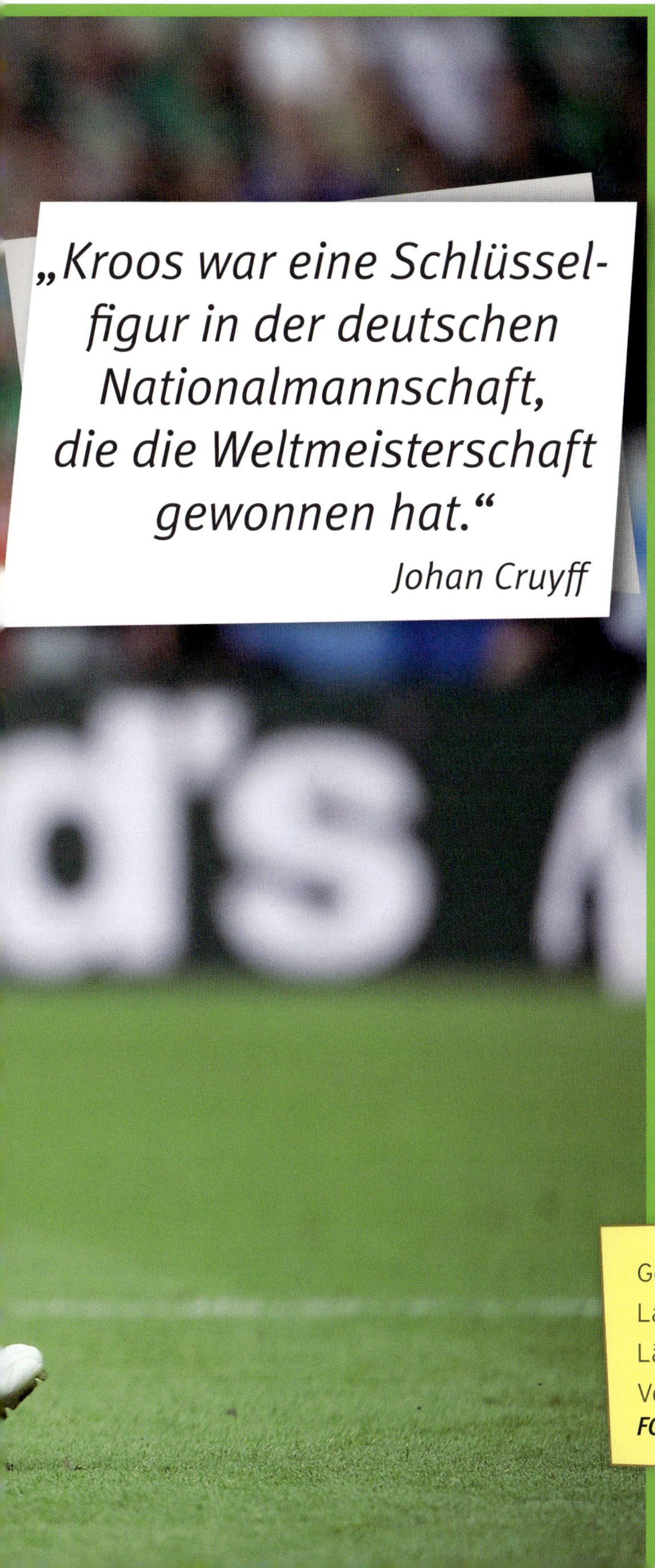

> „Kroos war eine Schlüsselfigur in der deutschen Nationalmannschaft, die die Weltmeisterschaft gewonnen hat.“
>
> *Johan Cruyff*

## *Der Oberkellner*

„Garçom“ – Kellner – tauften ihn die brasilianischen Medien, weil er lieferte und lieferte. Pass um Pass spielte der Nordostdeutsche aus Vorpommern mit einer Präzision, die ihresgleichen suchte, und war nicht ganz unschuldig daran, dass die Adlerträger 2014 den vierten Stern vom südamerikanischen Fußballhimmel pflückten. Als 2016 die Analysemethode namens „Packing“ populär wurde, war Oberkellner Kroos das Paradebeispiel: Kein deutscher und kaum ein Spieler überhaupt konnte eine solche „Packing-Rate“ vorweisen wie der Ballverteiler der königlichen und schwarz-weißen Schaltzentrale. Niemand nahm mit seinen Pässen mehr gegnerische Verteidiger aus dem Spiel als der Denker und Lenker, der seine Zurückhaltung nur zwischen An- und Abpfiff ablegt.

Besonders hell brannte der Rasen, als die deutsche Elf im Jahrhunderthalbfinale von Belo Horizonte die brasilianischen Fans durchs Fußballfegefeuer schickte. Garçom Kroos legte das 1 : 0 vor, spielte vor dem 2:0 den entscheidenden Pass in die Tiefe, schoss die beiden nächsten Tore gleich selbst und ließ das Feuerwerk bis zum Schlusspfiff nicht ausgehen.

Geburtstag: ***4. Januar 1990***
Land: ***DDR/Deutschland***
Länderspiele/Tore: ***114/17***
Vereine: ***Bayer 04 Leverkusen, FC Bayern München, Real Madrid***

# Philipp Lahm

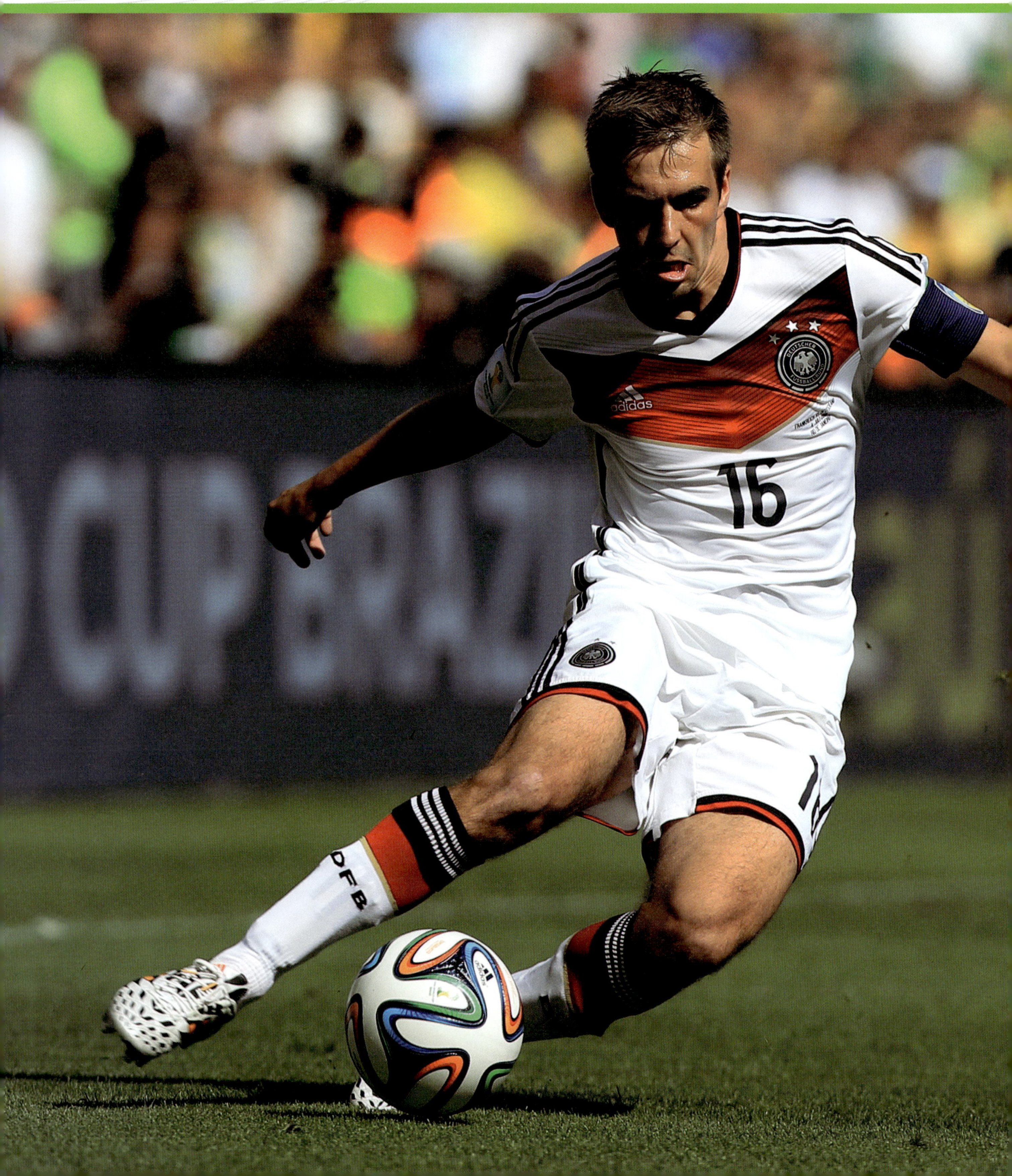

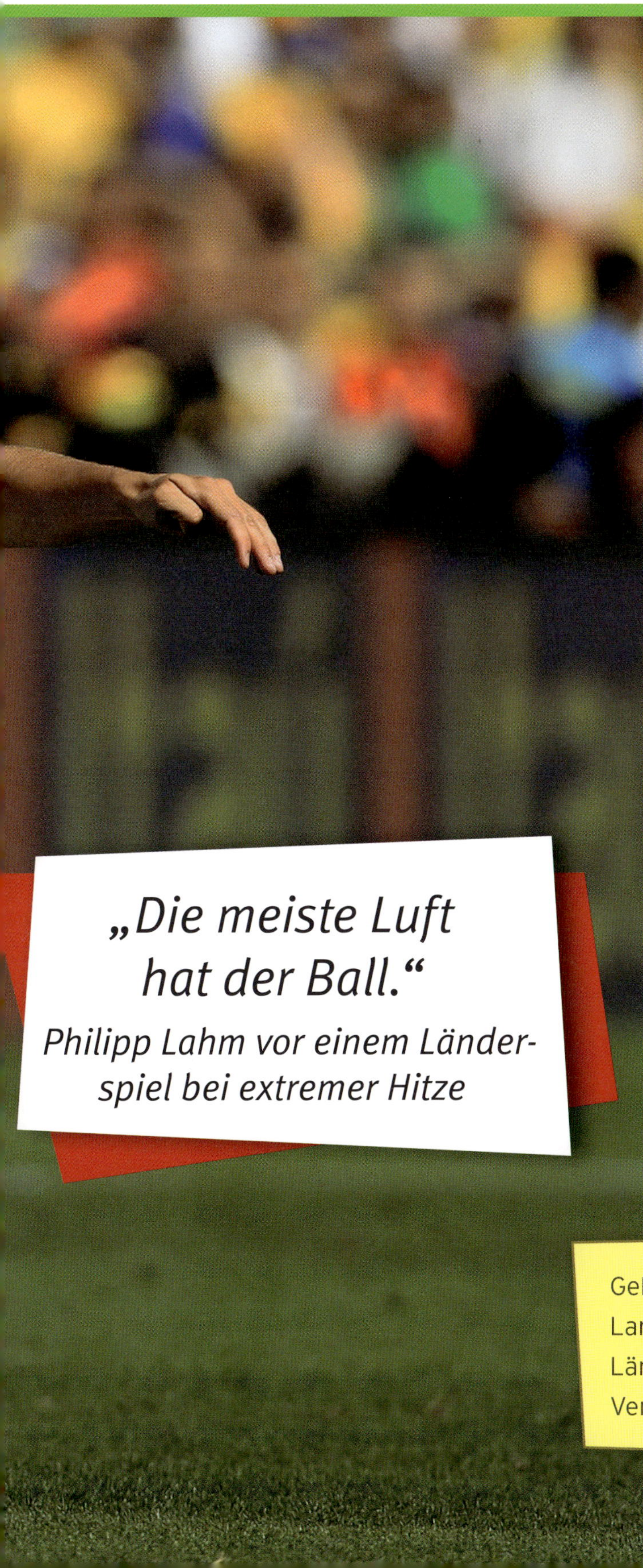

„Die meiste Luft hat der Ball.“

*Philipp Lahm vor einem Länderspiel bei extremer Hitze*

## Der Allrounder

Pep Guardiola bezeichnete ihn als den „intelligentesten Spieler“, den er je trainiert habe – und beförderte den Außenverteidiger eben deswegen immer mal wieder in die Schaltzentrale der Bayern. Ob auf den Flügeln oder in Zentrum, der gebürtige Münchner bewies ausdrücklich, dass er überall dort zur Weltklasse gehörte, wo der Trainer ihn aufstellte. Sieben deutsche Meisterschaften, fünf Double und ein Triple gewann er mit dem Rekordmeister, noch beeindruckender ist seine Bilanz im Nationaltrikot. Fünfmal in Folge, bei den Welt- und Europameisterschaften 2006 bis 2014, wurde er ins All-Star-Team gewählt. Er gab den Startschuss für das Sommermärchen, als er im Eröffnungsspiel gegen Costa Rica gefühlvoll in den langen Winkel schlenzte. Auch 2008 gelang ihm einer seiner seltenen Treffer – im Halbfinal-Drama gegen die Türkei zum 3:2 in letzter Minute. 2010, inzwischen Kapitän, präsentierte er sich in Galaform, als die Adlerträger Argentinien düpierten. 2012 brachte er die Schwarz-Weißen im Viertelfinale gegen Griechenland in Front. Zur Krönung kam es jedoch erst 2014, als er für die feinen Unterschiede sorgte, als die deutsche Elf den vierten Stern vom Fußballhimmel holte.

Geburtstag: ***11. November 1983***
Land: ***Deutschland***
Länderspiele/Tore: ***113/5***
Vereine: ***VfB Stuttgart, FC Bayern München***

# Henrik Larsson

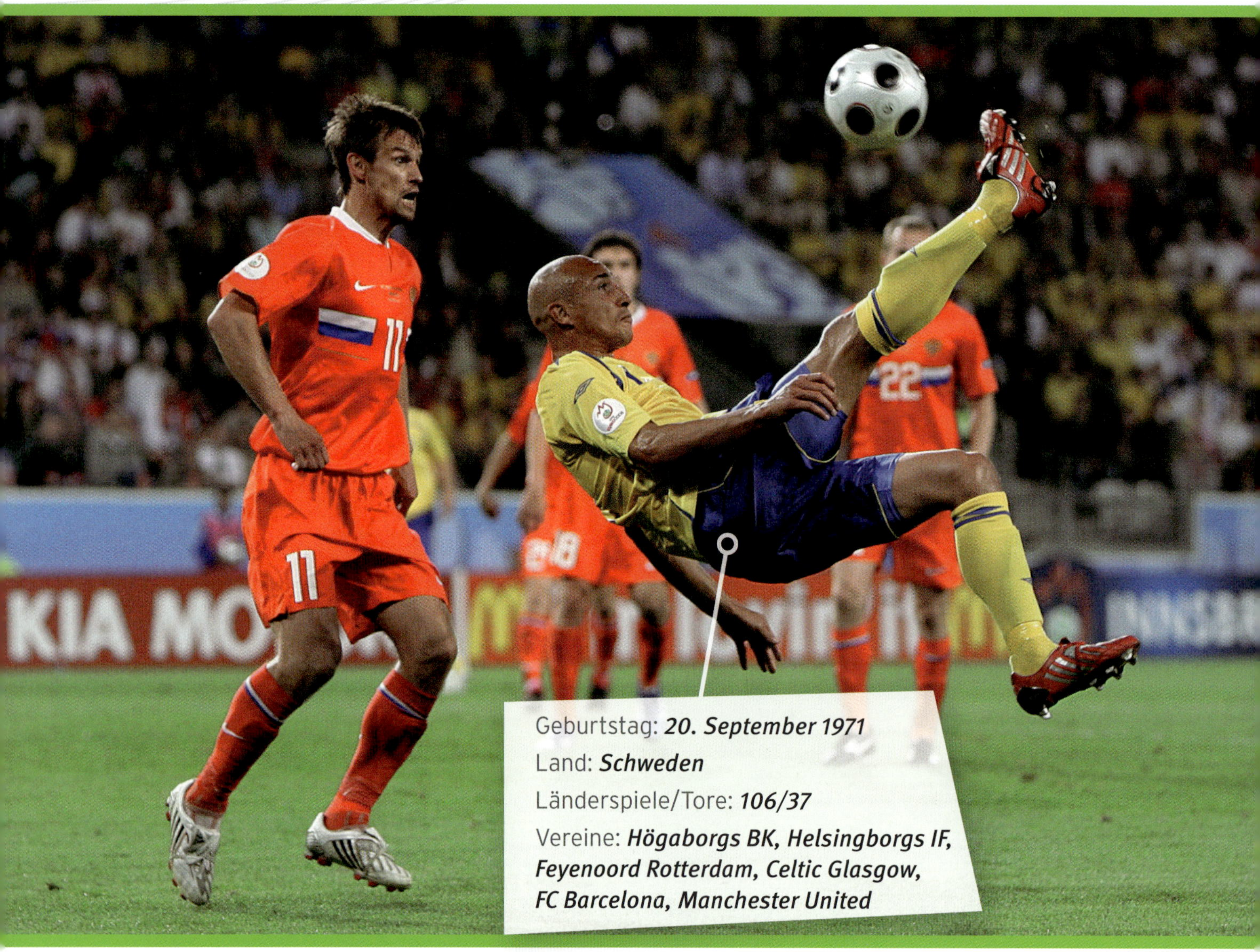


Geburtstag: ***20. September 1971***
Land: ***Schweden***
Länderspiele/Tore: ***106/37***
Vereine: ***Högaborgs BK, Helsingborgs IF, Feyenoord Rotterdam, Celtic Glasgow, FC Barcelona, Manchester United***

## *Die keltische Gottheit*

Der Stürmer mit kapverdischen Wurzeln und karibischem Flair wurde im Jahr 2005 zum „König der schwedischen Fußballgeschichte" gekrönt. Bereits 1994 gehörte er der Nationalmannschaft Schwedens an, die bei der Weltmeisterschaft in den USA sensationell den dritten Platz erreichte. 2006 spielte der Stürmer in Deutschland sein letztes großes Turnier. Zur Legende wurde Larsson bei Celtic Glasgow, wo ihn die Fans schlicht als „God" verehrten. Seinen größten Erfolg im Vereinsfußball feierte er 2006 mit Barcelona. Als Einwechselspieler drehte er das Champions League-Finale gegen Arsenal durch zwei mustergültige Vorlagen für Eto'o und Belletti.

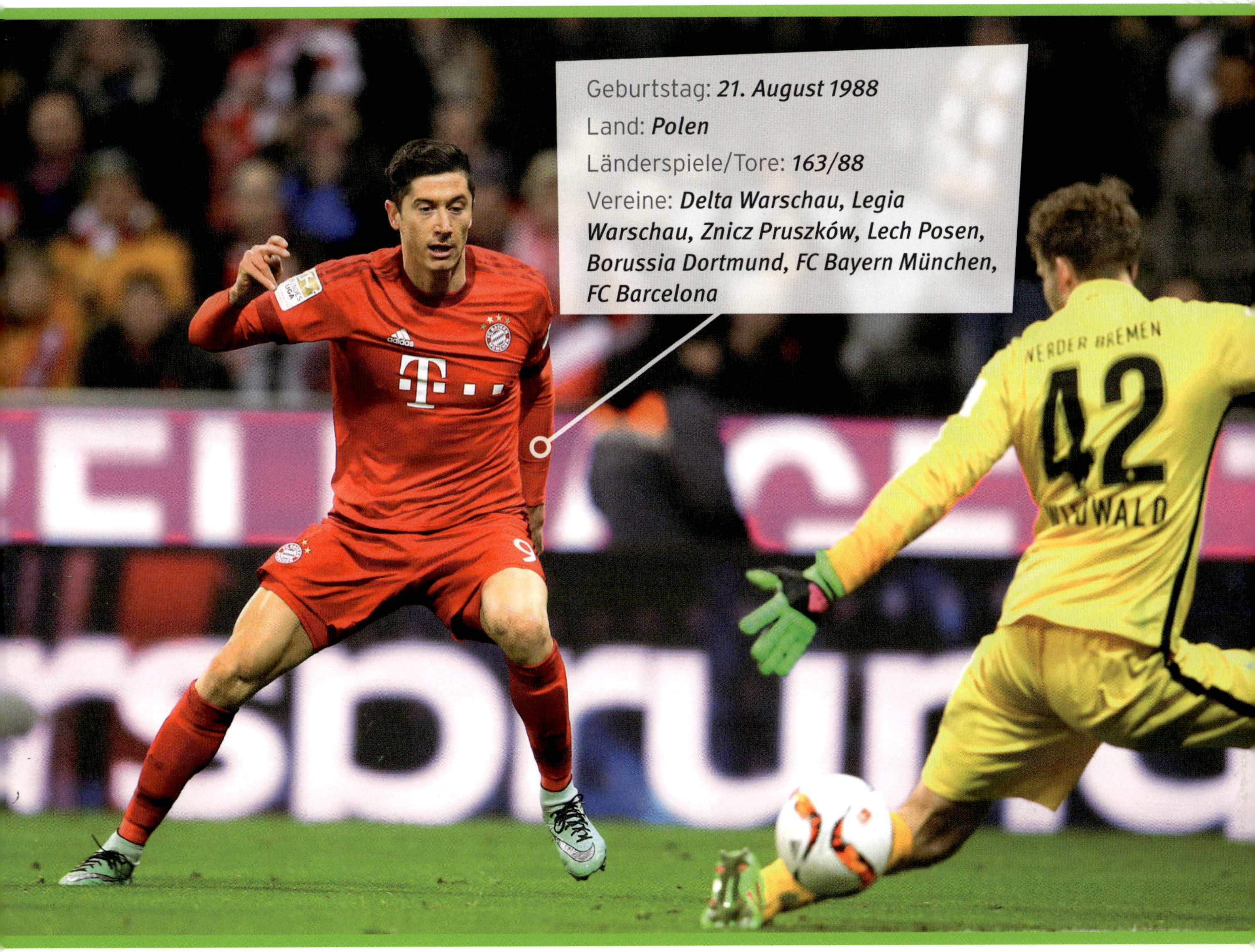


# *Keiner zieht schneller*

Der kompletteste Stürmer der polnischen Fußballgeschichte drehte ab – und durch: Sagenhafte fünfmal versenkte Lewandowski 2015 gegen den VfL Wolfsburg in nur neun Minuten das Leder – jeder Schuss ein Treffer. Und auch im polnischen Trikot zieht keiner schneller als „Lucky Lewa": Gegen Georgien brauchte er 2015 vier Minuten für den schnellsten Hattrick der EM-Qualifikationsgeschichte. Der Goalgetter pulverisierte die Torrekorde gleich reihenweise – besonders spektakulär seine 41 Tore in der Bundesliga 2020/21, mit denen er den fast 50 Jahre alten Rekord von Gerd Müller übertraf. Der späte Lohn: 2020 wurde der Torgarant Europas Fußballer des Jahres, 2020 und 2021 Weltfußballer.

# David Luiz

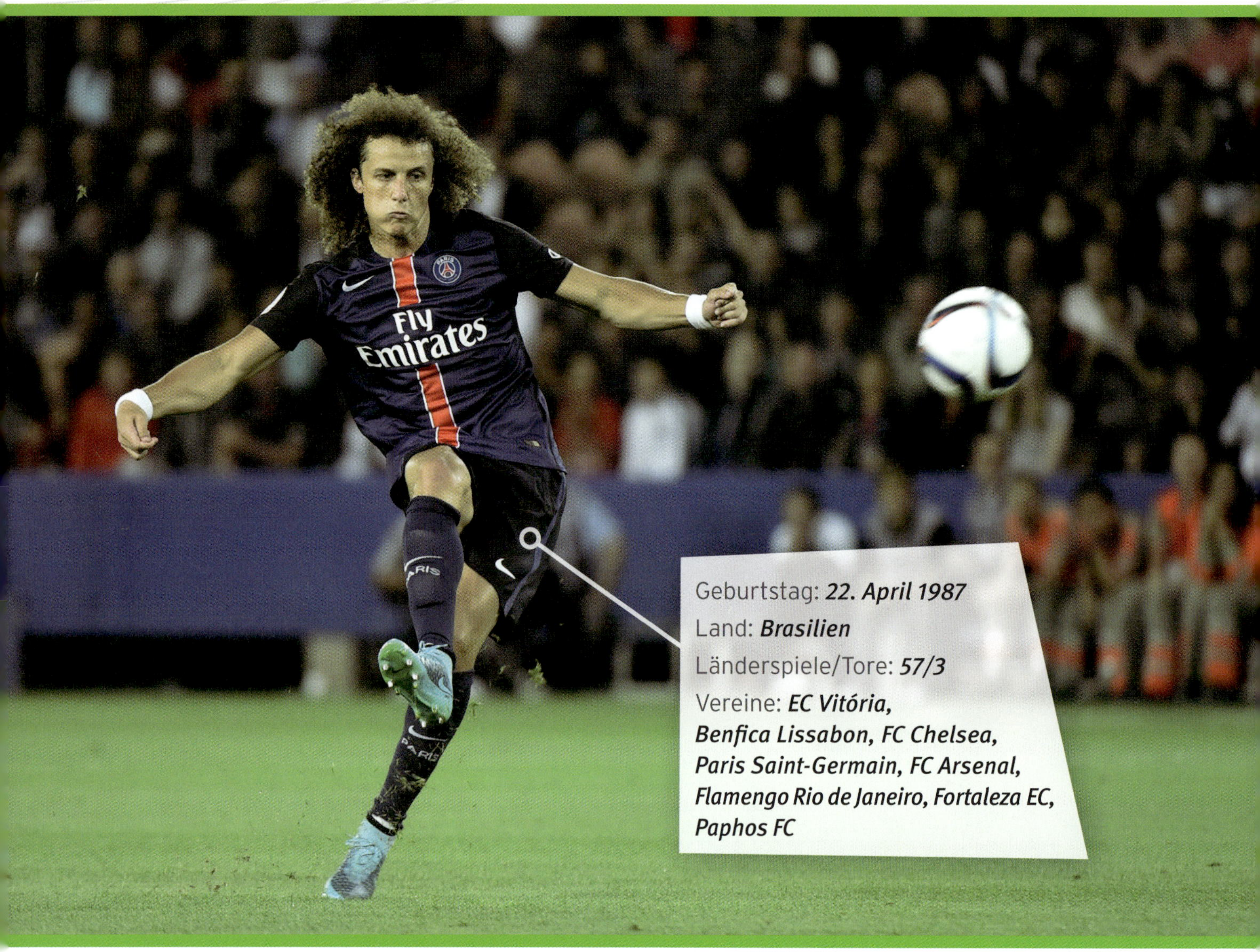


## Der teuerste Verteidiger

Der Kapitän blieb bis zuletzt an Bord, als sich die Abwehr um ihn längst in ihre Einzelteile zerlegt hatte. Trotzdem konnte er die Demütigung der stolzen *Seleção* im Halbfinale der WM 2014 nicht verhindern. Nach dem Schlusspfiff ließ er den bitteren Tränen freien Lauf – wie Abertausende, die nicht glauben konnten, was sie da hatten mitansehen müssen. Trotzdem gehört David Luiz zweifelsohne zu den besten Verteidigern des neuen Jahrtausends. Nicht nur gewann er mit den *Blues* 2012 die Königsklasse, sondern wurde an der Stamford Bridge auch zum schier unüberwindlichen Hindernis – und mit seinem Wechsel nach Paris 2014 zum zwischenzeitlich teuersten Verteidiger des Fußballzirkus.

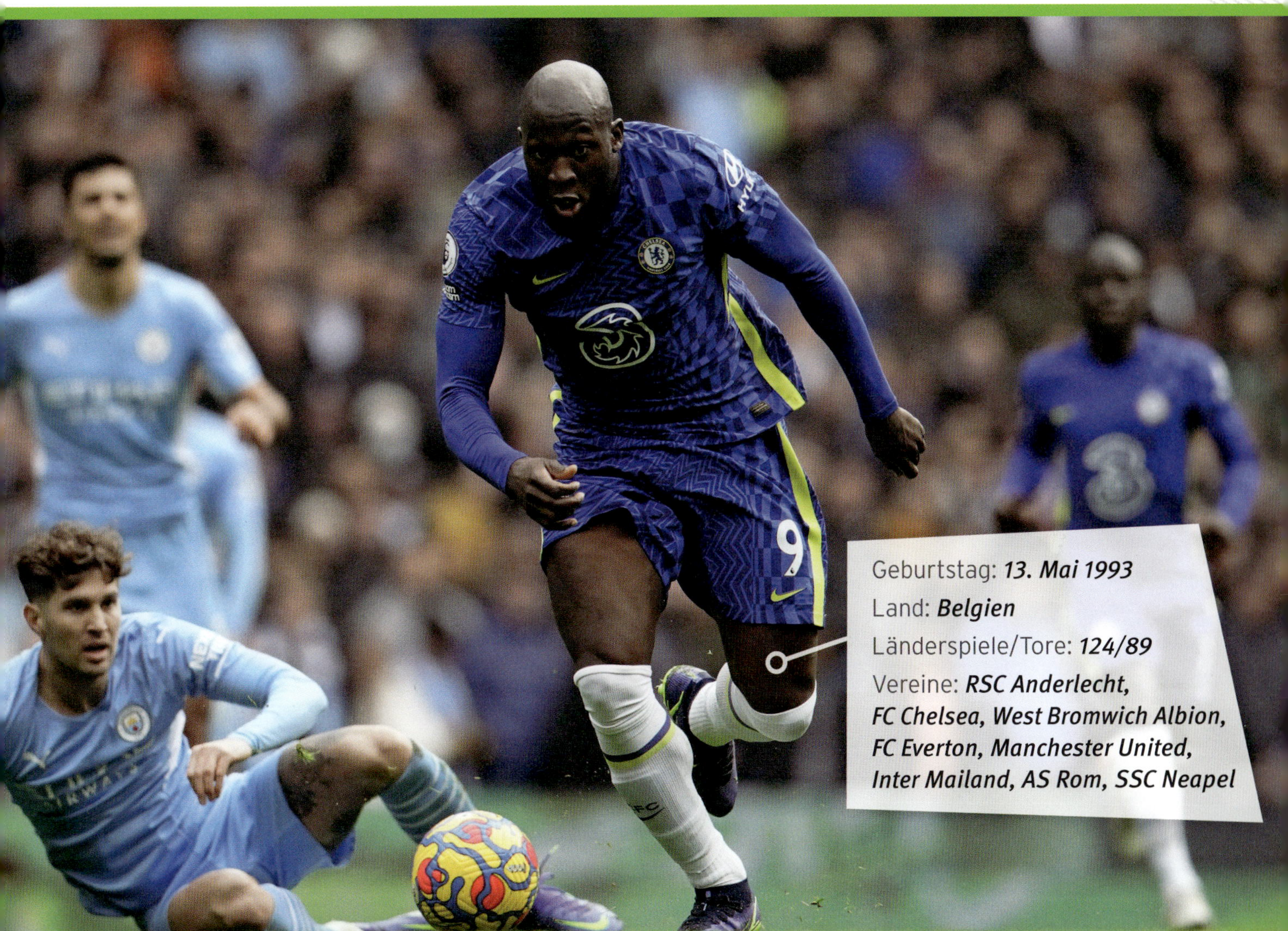

Geburtstag: ***13. Mai 1993***
Land: ***Belgien***
Länderspiele/Tore: ***124/89***
Vereine: ***RSC Anderlecht, FC Chelsea, West Bromwich Albion, FC Everton, Manchester United, Inter Mailand, AS Rom, SSC Neapel***

## *Der belgische Büffel*

Als der junge Romelu Menama Lukaku Bolingoli 2009 als 16-jähriger Shooting Star des RSC Anderlecht zum größten belgischen Sporttalent des Jahres gewählt wurde, sahen viele in dem 1,92 Meter großen und 95 Kilogramm schweren bulligen Stürmer schon den neuen Didier Drogba. Und tatsächlich wurde aus dem Supertalent einer der Größten seiner Zunft. Durch seinen Wechsel von Inter Mailand zum FC Chelsea (für 115 Mio. Euro) wurde der Hüne 2021 zum Spieler, für den bis dahin insgesamt die höchsten Transfersummen geflossen waren: fast eine Drittelmilliarde! Längst hat der belgische Büffel im Nationaltrikot alle Torrekorde pulverisiert und mehr als doppelt so viele Treffer erzielt wie jeder andere *Rote Teufel*.

# Kylian Mbappé

## *Der Komet aus der Banlieue*

Früh übt sich, wer Weltfußballer werden will: Der Junge aus der Pariser Banlieue debütierte mit 16 Jahren für die AS Monaco, wurde mit 17 Jahren U19-Europameister, mit 18 französischer Meister, mit 19 Weltmeister. Durch den kometenhaften Aufstieg des Sohns eines kamerunischen Spielmachers und einer algerischen Handballerin kletterte auch sein Marktwert in schwindelerregende Höhen: 2018 machte ihn Paris Saint-Germain zum zweitteuersten Transfer der bisherigen Fußballgeschichte – direkt hinter Sturmpartner Neymar. Seine unwiderstehlichen Dribblings und fintenreichen Spielzüge, seine irrwitzige Geschwindigkeit und unerschöpfliche Torgefahr haben Mbappé zu einem der besten und komplettesten Stürmer des neuen Millenniums gemacht. Bei der Weltmeisterschaft 2018 erzielte der Jungstar vier Tore und wurde als bester Nachwuchsspieler des Turniers geehrt. 2022, als der Traum von der Titelverteidigung erst im Finale platzte, wurde er Torschützenkönig des Turniers – achtmal traf er ins Schwarze, im Endspiel gegen Argentinien gingen alle drei französischen Treffer auf sein Konto, und im Elfmeterschießen ging er als Erster zum Punkt und verwandelte eiskalt.

> *„Ich stehe morgens auf und gehe zum Training – wie jeder andere auch.“*
>
> *Kylian Mbappé*

Geburtstag: ***20. Dezember 1998***
Land: ***Frankreich***
Länderspiele/Tore: ***94/55***
Vereine: ***AS Monaco, Paris Saint-Germain, Real Madrid***

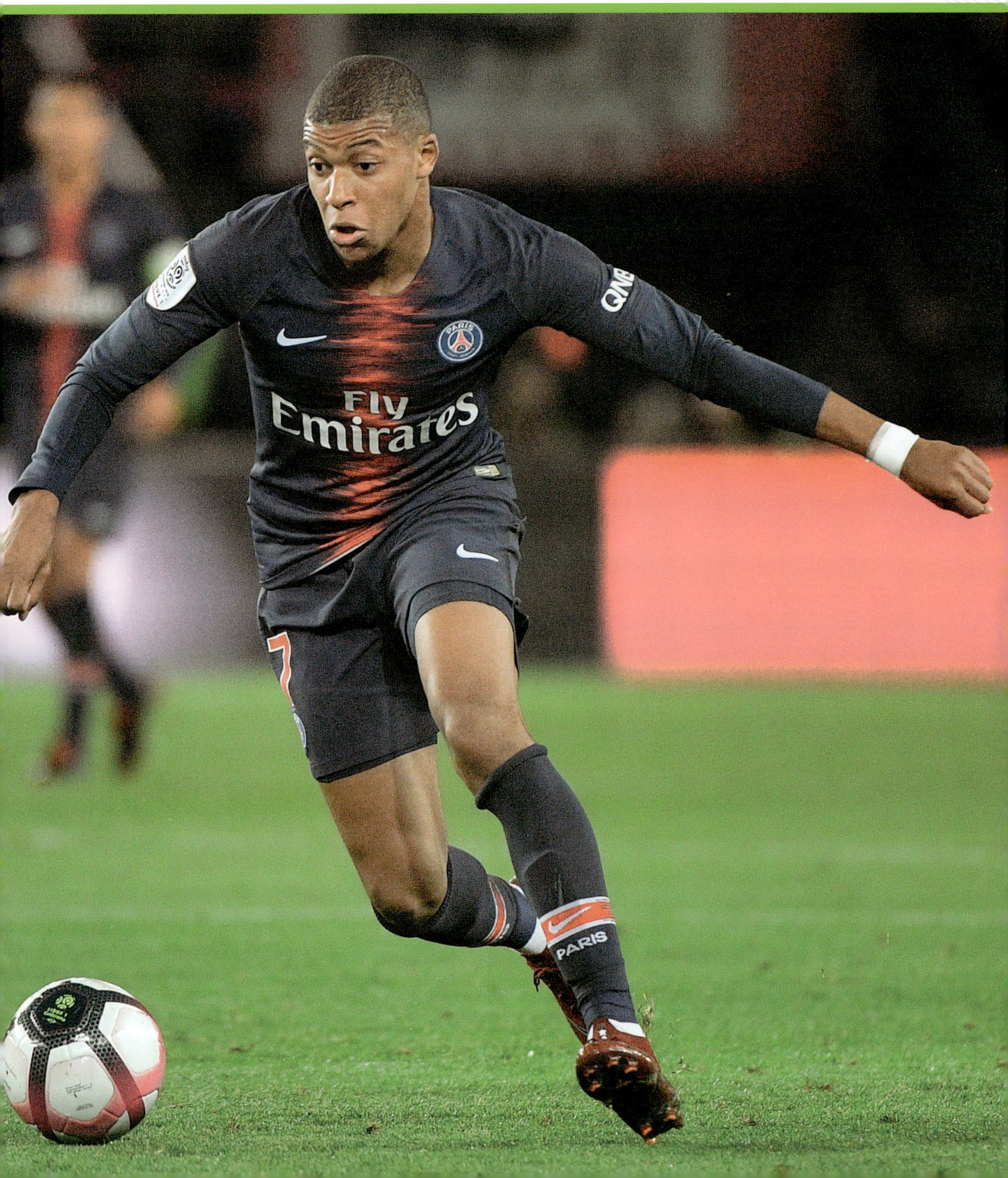

Fly
Emirates
PARIS

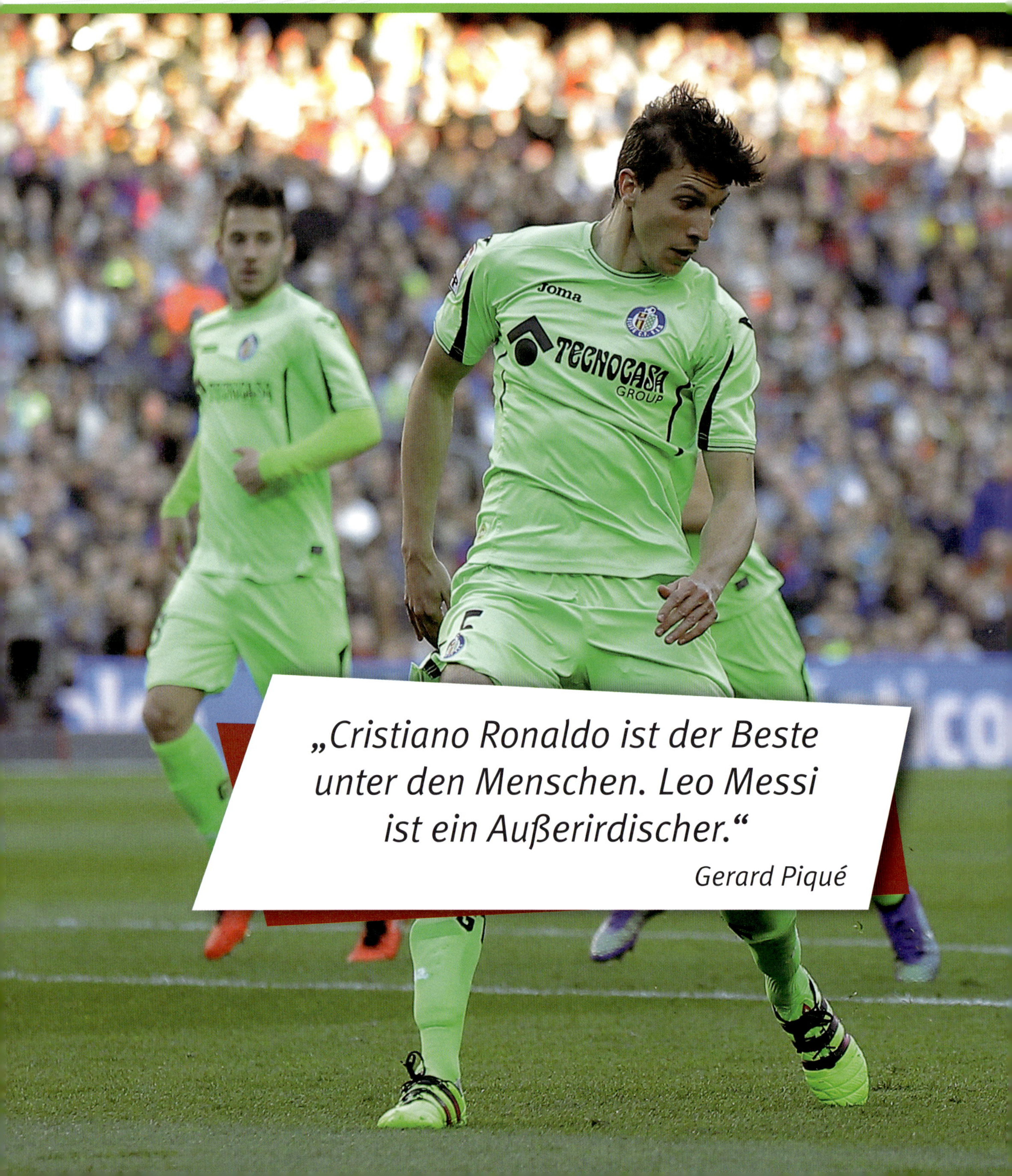


*„Cristiano Ronaldo ist der Beste unter den Menschen. Leo Messi ist ein Außerirdischer."*

*Gerard Piqué*

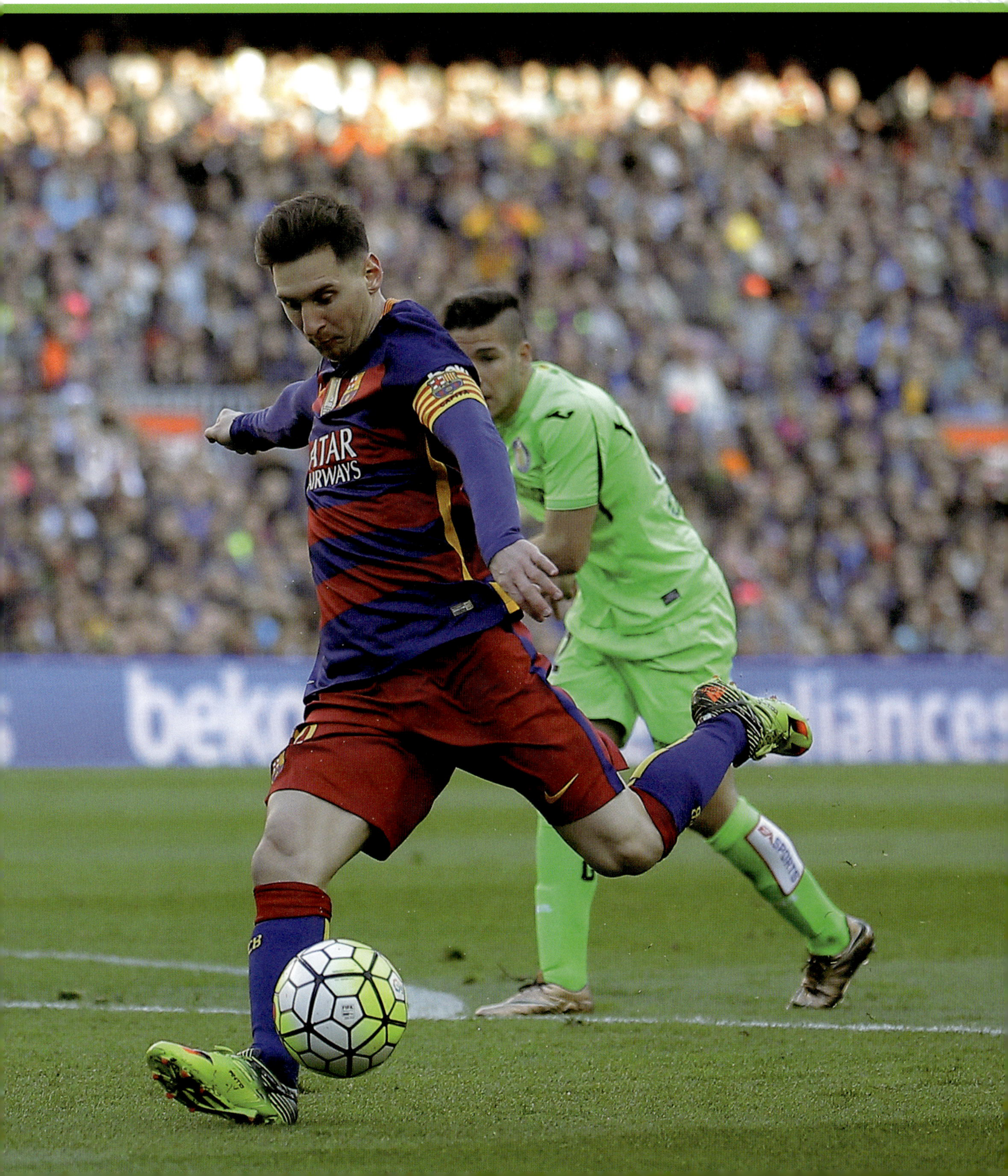

# Lionel Messi

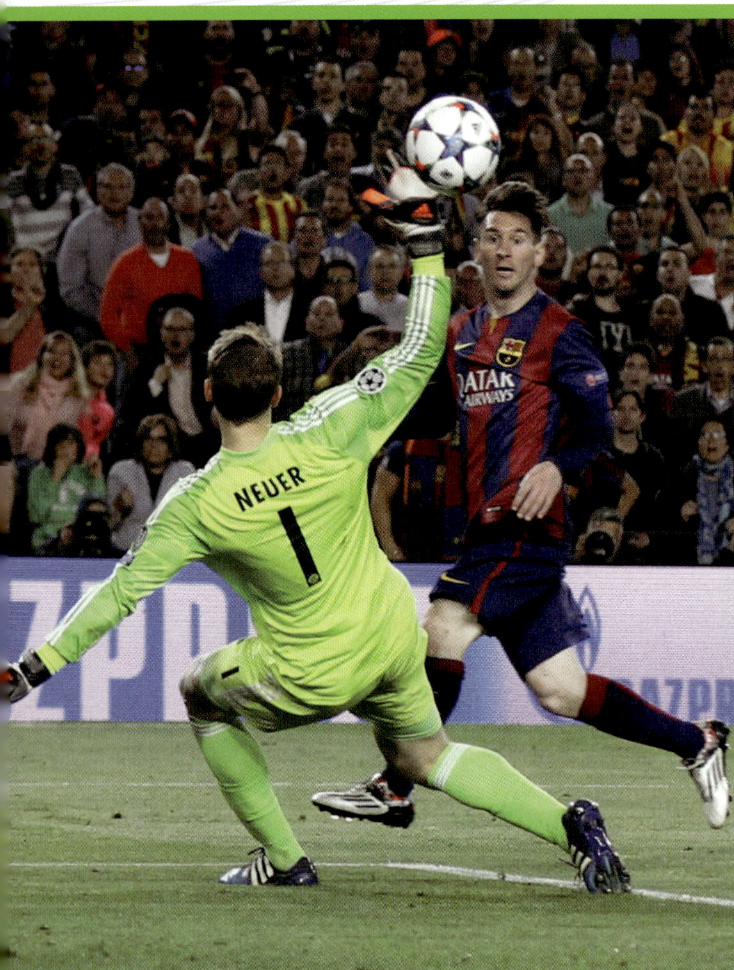


## *Der kleinste Größte*

Henrik Larsson, Samuel Eto'o, Ronaldinho, Thierry Henry, Zlatan Ibrahimović, David Villa, Neymar, Luis Suárez – die Sturmpartner kamen und gingen, nur Lionel Messi schien unauflöslich mit Barça verbunden zu sein. Bis 2021, als das Undenkbare doch geschah und die überschuldeten Katalanen ihn nicht mehr halten konnten. „Der Floh", wie das 1,69 Meter große Weltwunder zu Beginn seiner Karriere getauft wurde, ist der erste Anwärter auf den Titel „Bester Fußballer des 21. Jahrhunderts". Sagenhafte siebenmal wurde der Außerirdische zwischen 2009 und 2022 mit dem Titel des Weltfußballers geehrt, weitere fünfmal belegte er Platz zwei unter den Besten der Besten. Mit 35 Trophäen Rekordtitelträger des FC Barcelona, Rekordschütze der Primera División, elffacher Fußballer des Jahres in Argentinien, bei zwei Weltmeisterschaften mit dem Goldenen Ball als bester Spieler ausgezeichnet – in fast jeder Statistik ist der Kleinste der Größte.

474 Tore in 520 Spielen hat Messi in der spanischen Liga auf dem Kerbholz und damit Telmo Zarras Rekord von 251 Treffern aus den 1940er- und 1950er-Jahren förmlich zu Staub zermalmt. Allein in der Saison 2011/12 traf er in der Liga galaktische 50 Mal, im Kalenderjahr 2012 wettbewerbsübergreifend 91 Mal, und natürlich hat er den bis dahin besten Barça-Rekordtorschützen nicht nur überholt, sondern die alte Marke von César Rodríguez regelrecht pulverisiert. Und doch sind Tore, Tore, Tore nur die halbe Wahrheit. Ob Messi auf dem Flügel oder als „falsche 9" agiert, stets ist er eine echte 10, die mit fabelhafter Übersicht, edelster Technik und bei atemberaubendem Tempo das Spiel in der gegnerischen Hälfte macht. Alles andere als eine reine Sturmspitze, hat er den Fußball mehr als alle Spieler vor ihm von einer Sportart zu einer Kunstform erhoben.

Geburtstag: ***24. Juni 1987***
Land: ***Argentinien***
Länderspiele/Tore: ***196/115***
Vereine: ***FC Barcelona, Paris Saint-Germain, Inter Miami***

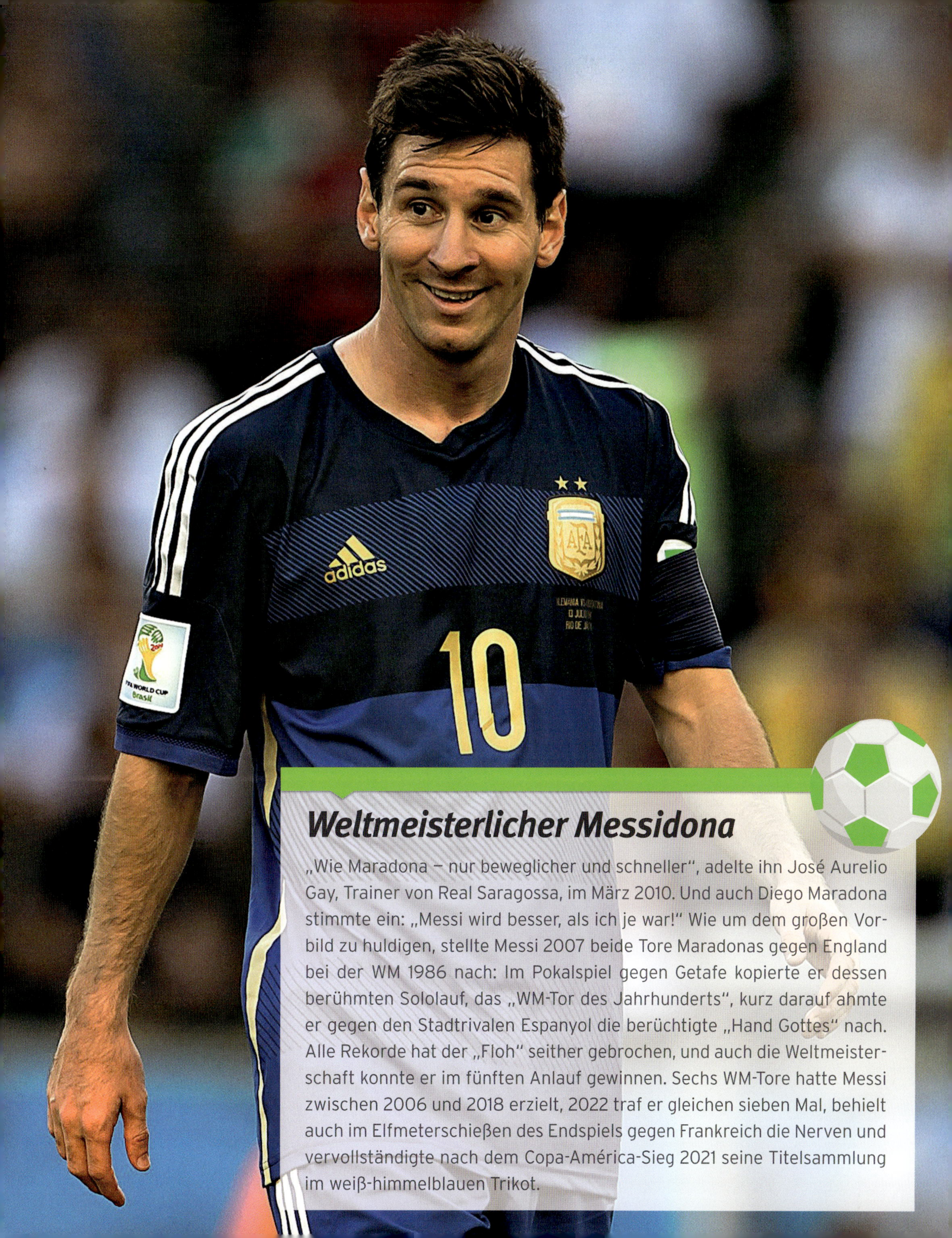


## *Weltmeisterlicher Messidona*

„Wie Maradona – nur beweglicher und schneller", adelte ihn José Aurelio Gay, Trainer von Real Saragossa, im März 2010. Und auch Diego Maradona stimmte ein: „Messi wird besser, als ich je war!" Wie um dem großen Vorbild zu huldigen, stellte Messi 2007 beide Tore Maradonas gegen England bei der WM 1986 nach: Im Pokalspiel gegen Getafe kopierte er dessen berühmten Sololauf, das „WM-Tor des Jahrhunderts", kurz darauf ahmte er gegen den Stadtrivalen Espanyol die berüchtigte „Hand Gottes" nach. Alle Rekorde hat der „Floh" seither gebrochen, und auch die Weltmeisterschaft konnte er im fünften Anlauf gewinnen. Sechs WM-Tore hatte Messi zwischen 2006 und 2018 erzielt, 2022 traf er gleichen sieben Mal, behielt auch im Elfmeterschießen des Endspiels gegen Frankreich die Nerven und vervollständigte nach dem Copa-América-Sieg 2021 seine Titelsammlung im weiß-himmelblauen Trikot.

# Luka Modrić

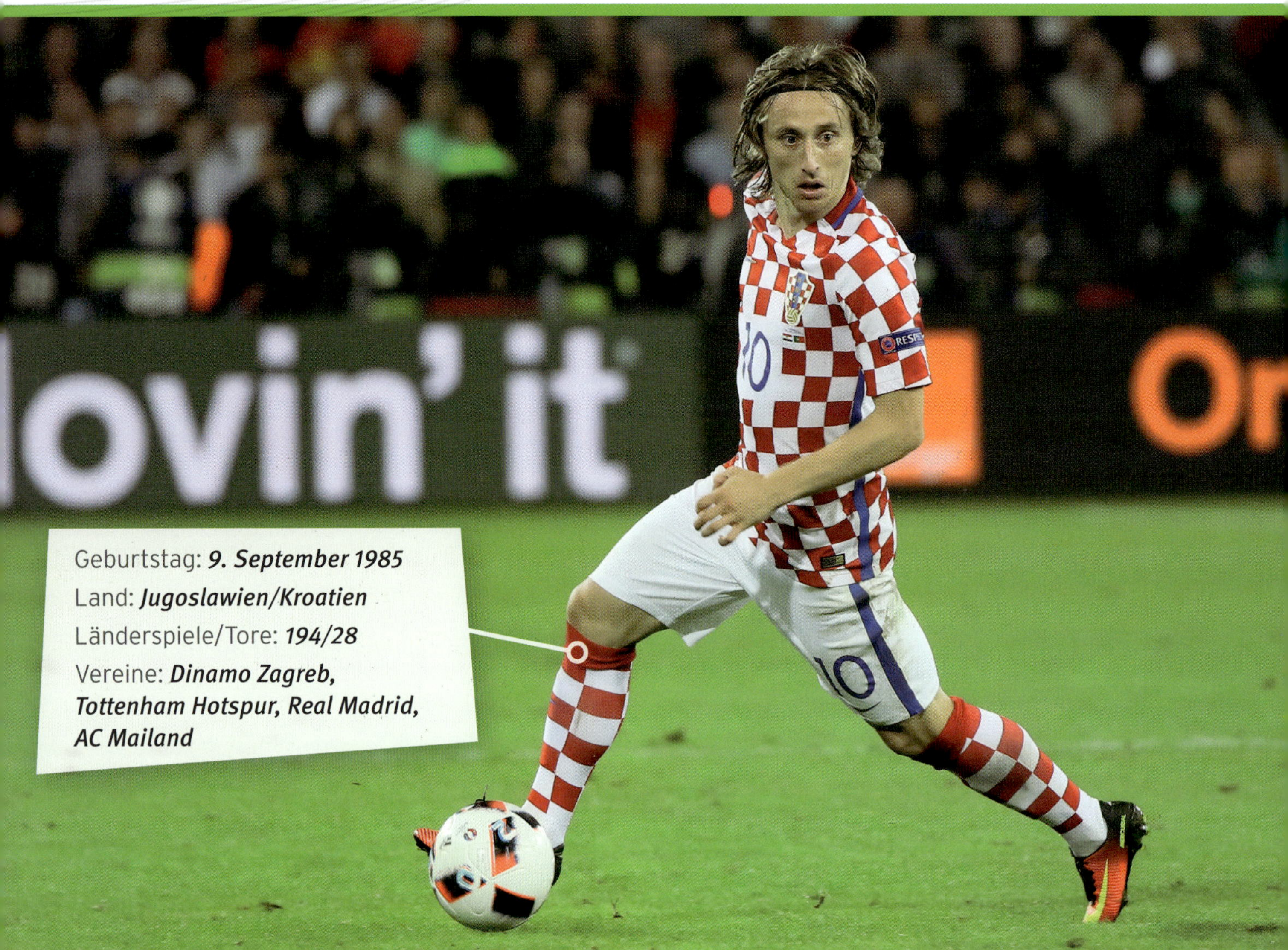


Geburtstag: ***9. September 1985***
Land: ***Jugoslawien/Kroatien***
Länderspiele/Tore: ***194/28***
Vereine: ***Dinamo Zagreb, Tottenham Hotspur, Real Madrid, AC Mailand***

## *Der schmächtige Zauberer*

Sechser, Achter oder Zehner, Abräumer, Stratege oder Gestalter – der schmächtige Zauberfuß ist einer der komplettesten Mittelfeldspieler des neuen Millenniums. Gegen den Ball beißt er sich giftig an die Fersen der gegnerischen Kreativkräfte, mit dem Ball am Fuß wird er selbst zum Spielmacher, der mit seinem feinen Passspiel, effektiven Dribblings und großer Übersicht zum Schlüsselspieler sowohl der Königlichen als auch der Karierten aufstieg: Sechsmal triumphierte er mit Real in der Königsklasse und besetzte bei vier Welt- und fünf Europameisterschaften die kroatische Schaltzentrale. 2018 wurde er sensationell Vizeweltmeister, Spieler des Turniers, Europas Fußballer des Jahres und Weltfußballer.

# Jamal Musiala

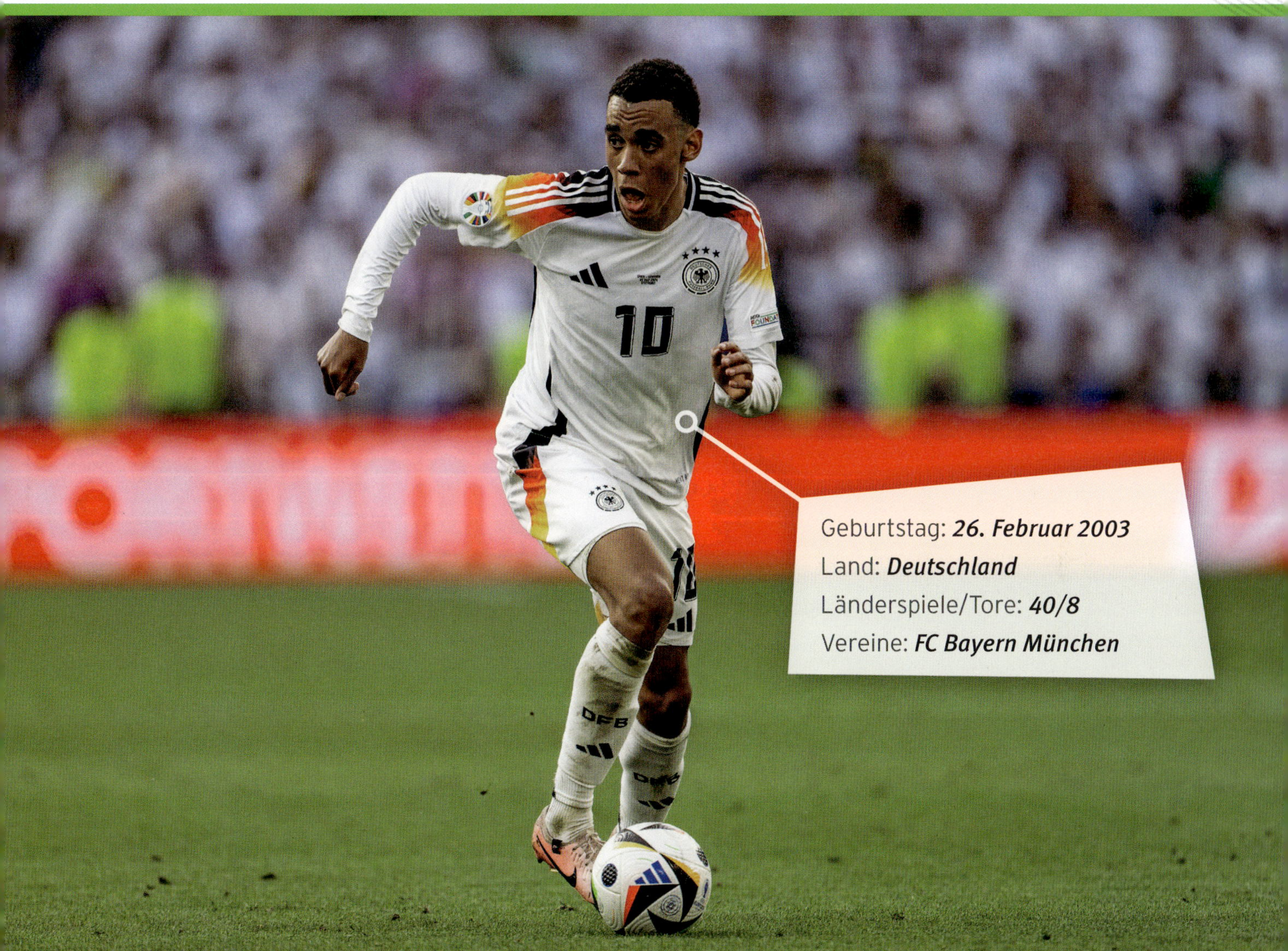

Geburtstag: ***26. Februar 2003***
Land: ***Deutschland***
Länderspiele/Tore: ***40/8***
Vereine: ***FC Bayern München***

## *Vom Bambi zum Leitwolf*

Im Auftreten ein scheues Reh, auf dem Platz filigran, fast körperlos und um keinen Haken verlegen, bekam der Supertechniker den Spitznamen „Bambi" verpasst. Väterlicherseits britisch-nigerianisch, mütterlicherseits deutsch-polnisch, wurde der trickreiche Zehner 2021 zum jüngsten DFB-Torschützen seit 1910 – mit 18 Jahren und 227 Tagen. Bei der Europameisterschaft 2024 krönte er sich mit drei Treffern zum Co-Torschützenkönig und wurde als einziger DFB-Spieler in das „Team des Turniers" gewählt. Als 17-Jähriger jüngster Bundesliga-Debütant sowie Bundesliga- und Champions-League-Torschütze des FC Bayern, feierte er 2025 bereits seine fünfte Meisterschaft mit den Münchnern.

# Thomas Müller

*„Ich kann leider nur Fußball spielen.“*

Thomas Müller

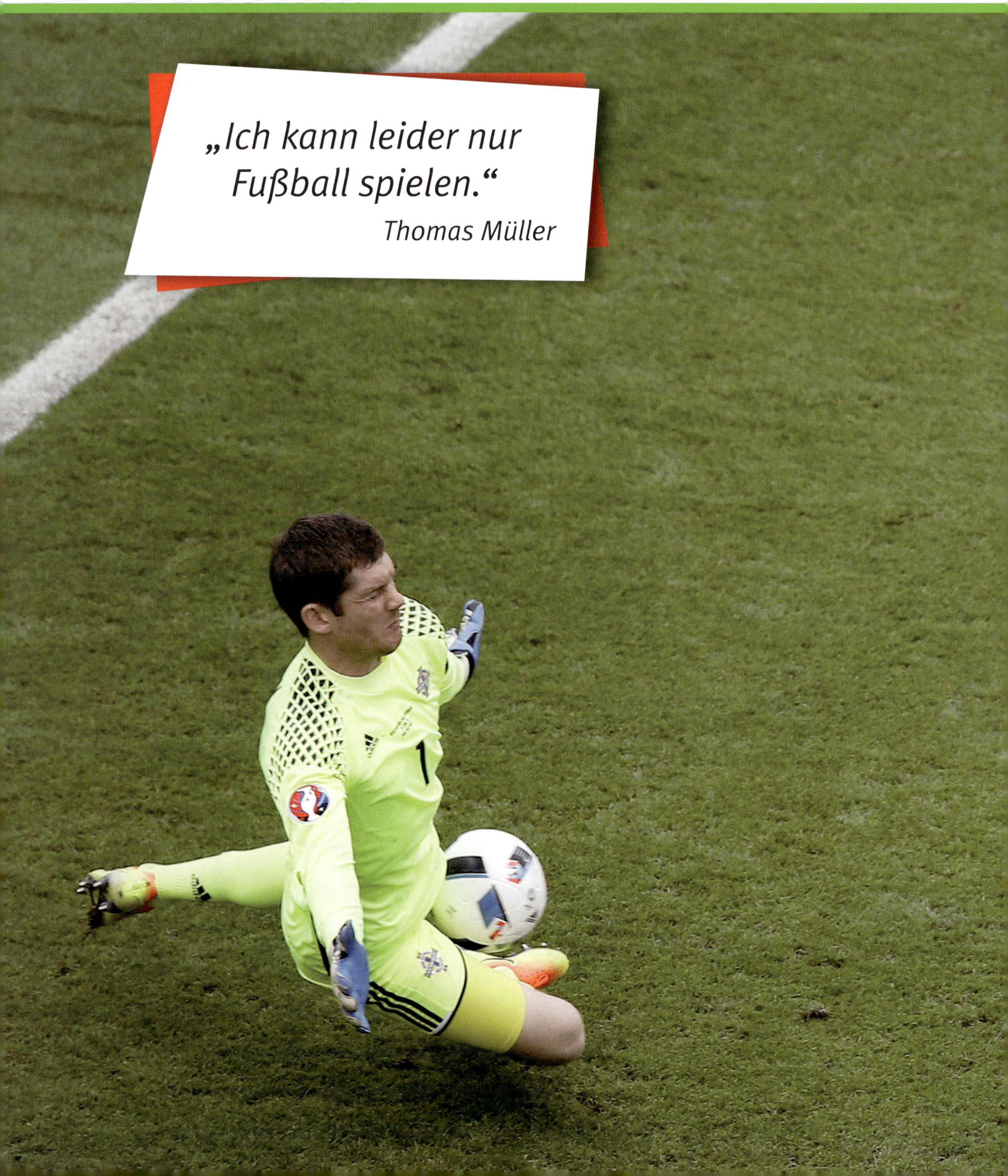

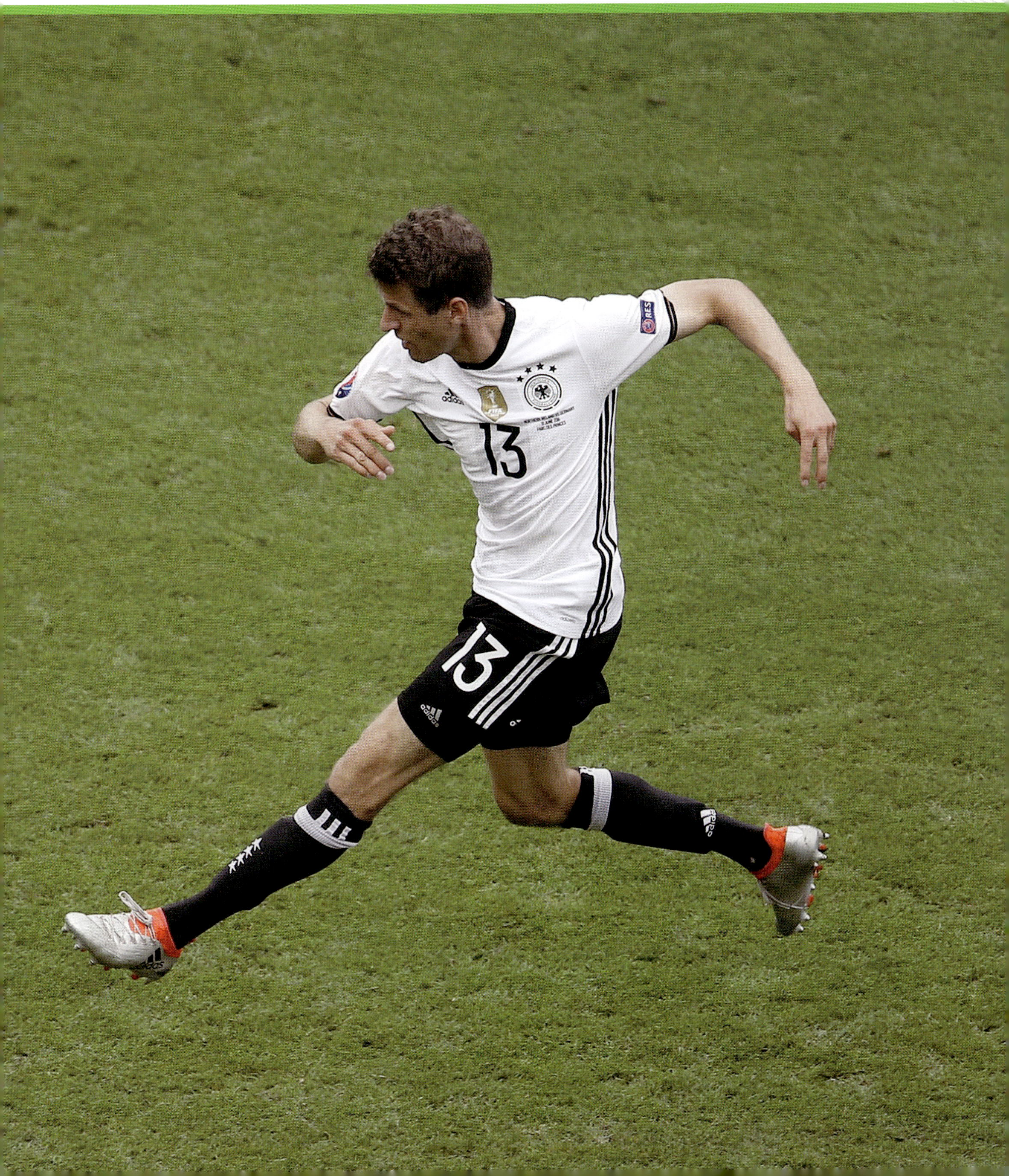

# Thomas Müller

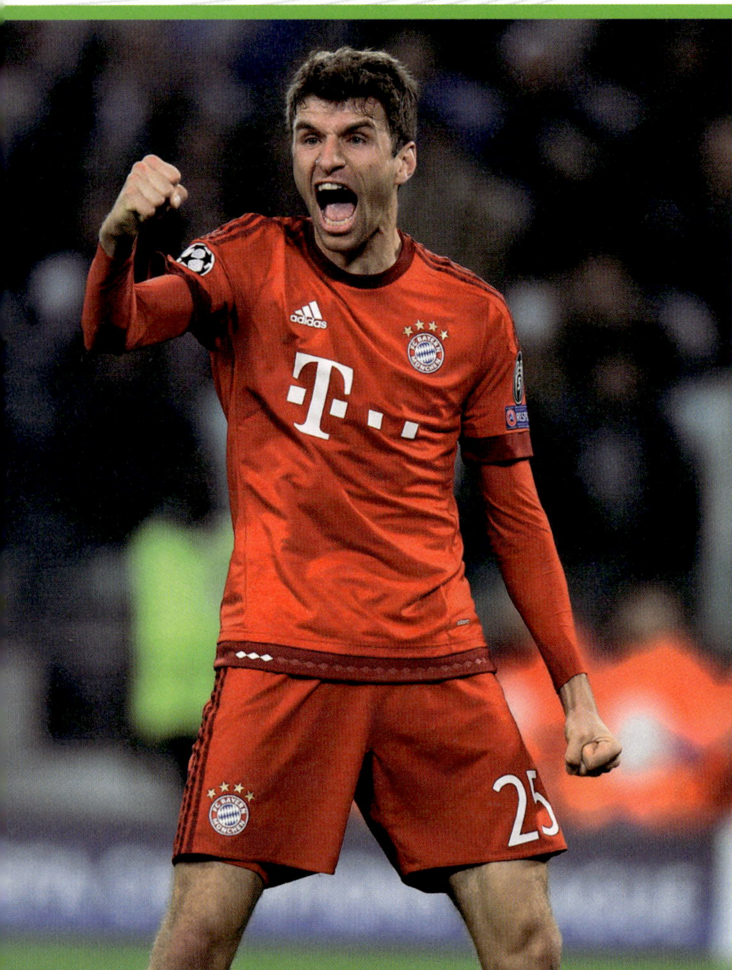


## *Der Raumdeuter*

„Wenn ich mal irgendwo bin und ein Kind fragt mich: Zeig mir mal ein paar Tricks, muss ich sagen: Ich kann keine Tricks. Die wollen dann immer irgendwelche Zaubereien sehen, Ball hochhalten, viermal um die eigene Achse und so was. Aber das war noch nie mein Fachgebiet." Seine Kunst ist vielmehr das Suchen und Finden von Räumen, wo keine sind. Der mit Worten wie Füßen gleichermaßen unterhaltsame Bayer bezeichnete sich selbst als „Raumdeuter", der den Türspalt findet, wo andere sich nach allen Regeln der Kunst in Sackgassen verrennen. Wo es, nein, wo er langgeht, kann keine Taktik und kein Übungsleiter diktieren: „Wer mich kennt, der weiß, dass ich mehr meinem Instinkt folge als Anweisungen von Trainern." In seinen großen Momenten tut Müller, woran die meisten Kicker nicht einmal zu denken wagen – nicht das Naheliegende und Voraussehbare, sondern das Sonderbare und Eigenwillige ist das Metier des Manns mit Nerven wie Drahtseilen und Muskeln wie Mikadostäbchen: „Wo keine Muskeln sind, kannst du dir auch nicht wehtun. Meine Waden sind so dünn, da kann kein Gegner die Knochen treffen, weil man sie so schlecht sieht." Müllers Haxen sind kaum zu erwischen, weil er jenseits aller Konventionen über das grätschende Gebein tanzt, wie nur wenige Großmeister – von Garrincha über Cruyff und Flohe bis Maradona – vor ihm. Ohne bis zum Bersten pralle Muskeln, selbstverliebte Übersteiger und grellen Irokesenschnitt, dafür aber mit mindestens ebenso viel Spielintelligenz wie Sinn für Humor, dem Röntgenblick für unsichtbare Räume und Toren am laufenden Band avancierte Müller zum vielleicht besten, sicherlich aber außergewöhnlichsten deutschen Offensivspieler des neuen Fußballjahrhunderts.

Geburtstag: ***13. September 1989***
Land: ***Deutschland***
Länderspiele/Tore: ***131/45***
Vereine: ***FC Bayern München, Vancouver Whitecaps***

## *Zweimal fünf am Kap und unter dem Zuckerhut*

Plötzlich war er da: In der Saison 2009/10 setzte Trainer Louis van Gaal kompromisslos auf das 20-jährige Eigengewächs, und mit 35 Torbeteiligungen in 52 Partien spielte er sich ganz schnell auch ins Notizbuch von Bundestrainer Jogi Löw. Nach gerade einmal zwei Einsätzen im Nationaltrikot fuhr er ans Kap der Guten Hoffnung und kehrte mit fünf Treffern als Torschützenkönig und Weltstar zurück. Vier Jahre später müllerte es unterm Zuckerhut erneut fünfmal, und der Newcomer war Weltmeister. Mit zehn WM-Treffern teilt sich der Bayer Platz zehn in der Liste der ewigen WM-Torschützen. Kein Wunder also, dass der mittlerweile 13-fache deutsche Meister und Triple-Triumphator von 2013 sowie 2020 zum Scherzen aufgelegt war: „Wenn wir für jeden Rekord, den einer bei uns aufstellt, einen ausgeben würden, wären wir selten nüchtern."

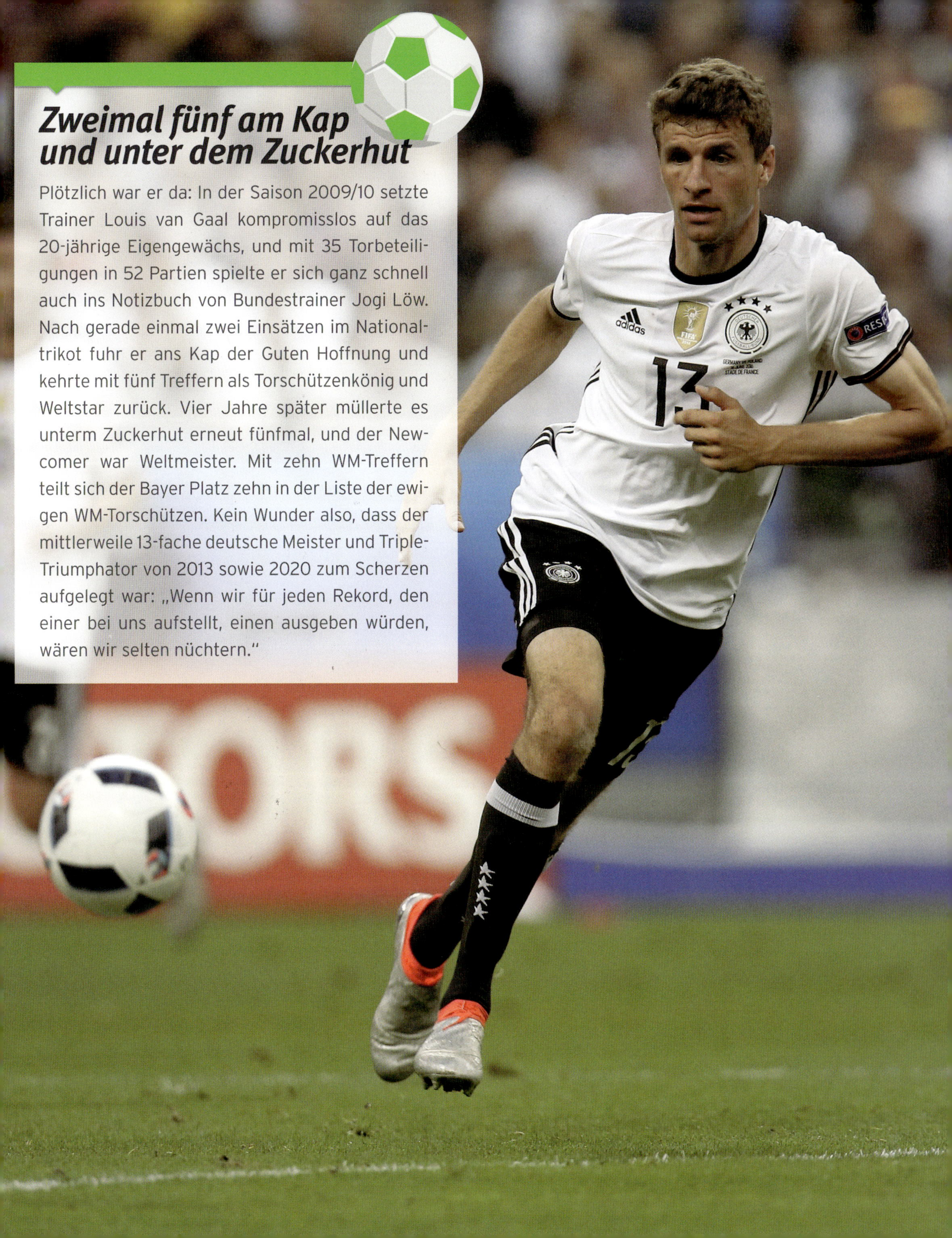

# Nani

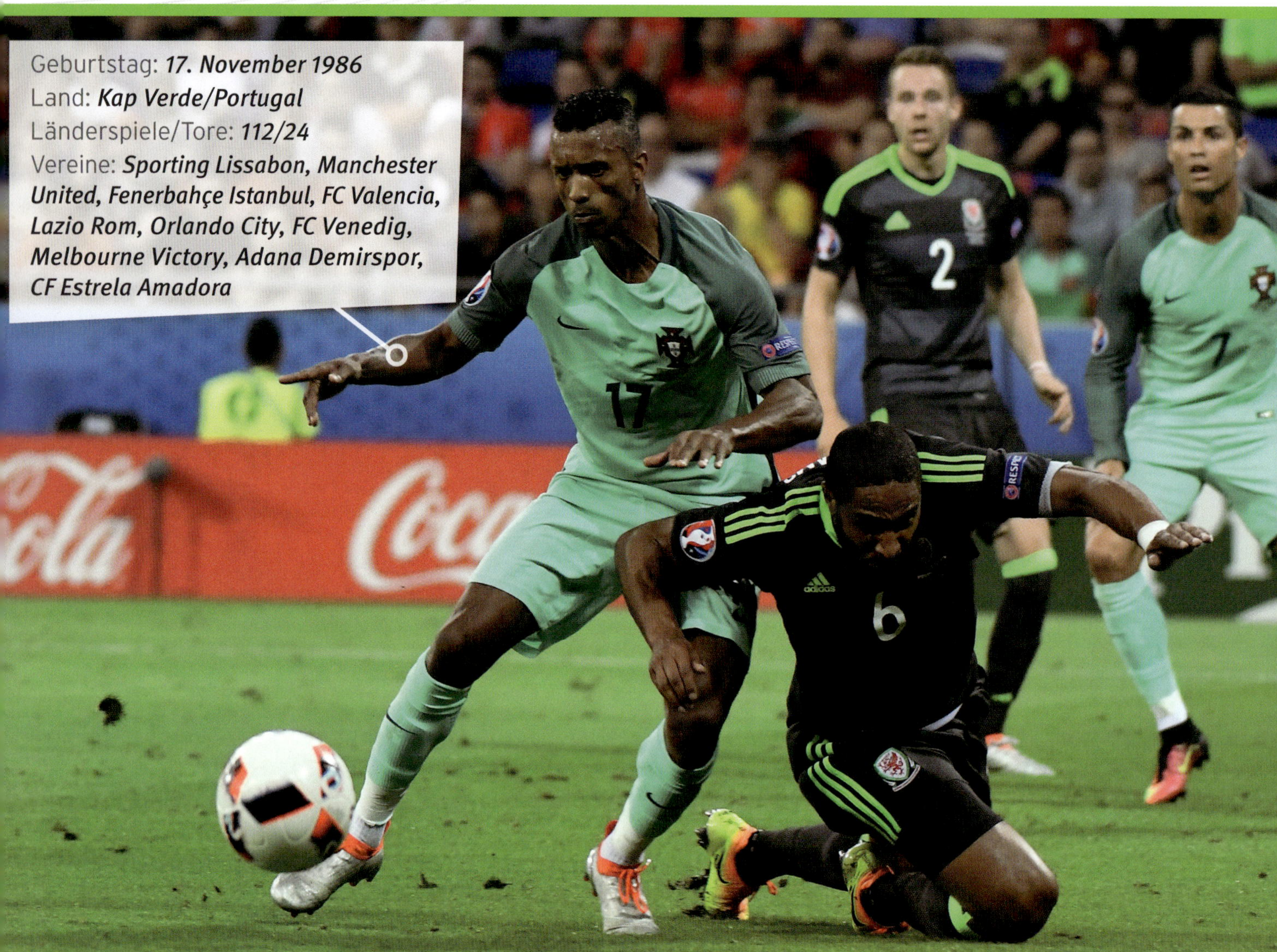

Geburtstag: ***17. November 1986***
Land: ***Kap Verde/Portugal***
Länderspiele/Tore: ***112/24***
Vereine: ***Sporting Lissabon, Manchester United, Fenerbahçe Istanbul, FC Valencia, Lazio Rom, Orlando City, FC Venedig, Melbourne Victory, Adana Demirspor, CF Estrela Amadora***

## *Das kapverdische Findelkind*

Als der kleine Nani fünf Jahre alt war, ging sein Vater zurück nach Kap Verde, als er zwölf war, verließ ihn auch seine Mutter, um ein neues Leben zu beginnen. Seine Tante Antonia nahm sich seiner an, und das „Findelkind" suchte sein Heil fortan im Fußball. Auf beiden Flügeln ging der antrittsschnelle und tempoharte Vorbereiter ab wie der geölte Blitz und war für seine Konterattacken gefürchtet. Bei der Europameisterschaft 2016 bildete er mit Cristiano Ronaldo, mit dem er 2008 im Trikot von Manchester United die Königsklasse gewonnen hatte, ein formidables, hochkonzentriertes Sturmduo und krönte seine Karriere sensationell mit dem Europameistertitel.

# Alessandro Nesta

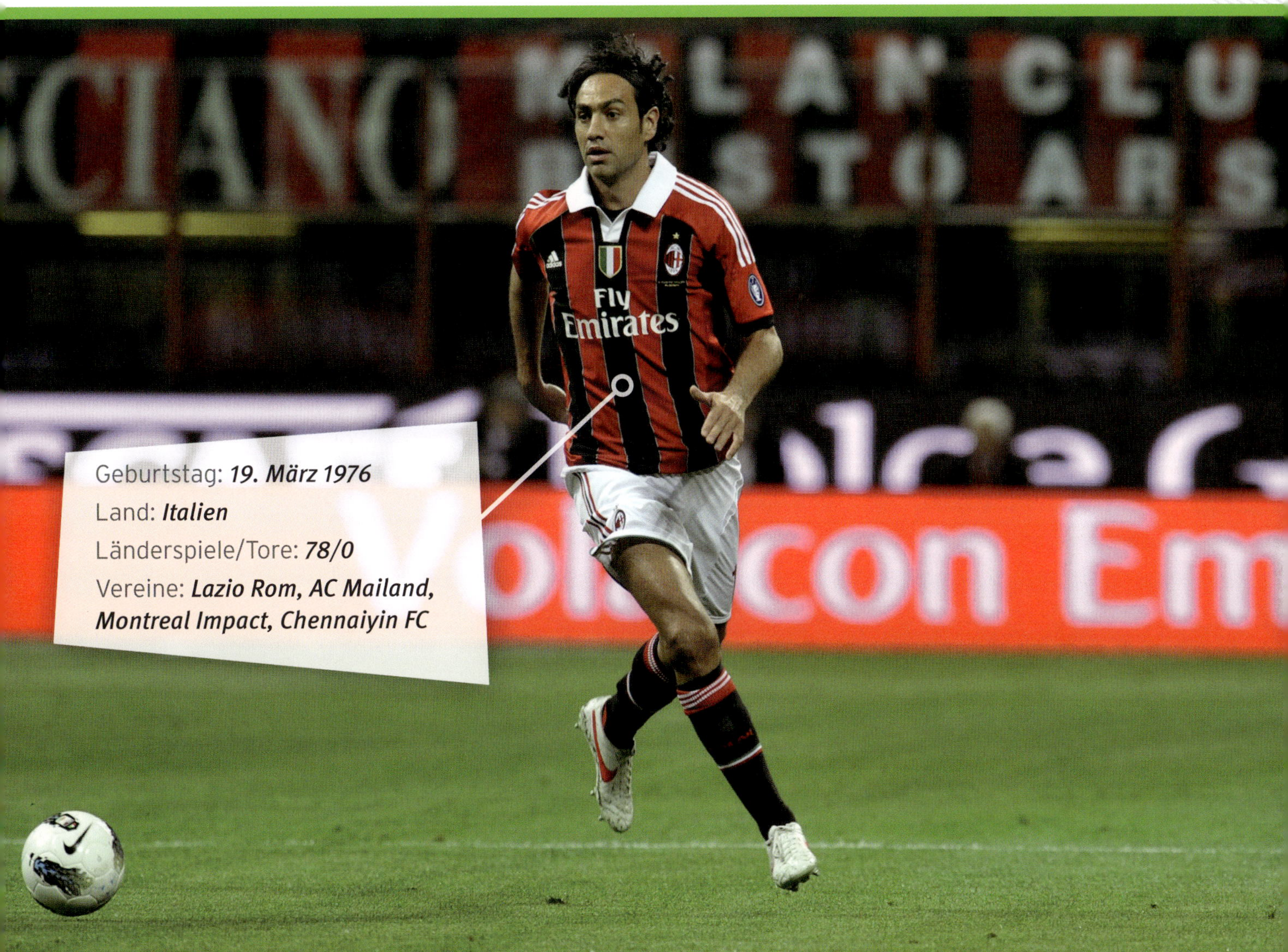


Geburtstag: ***19. März 1976***
Land: ***Italien***
Länderspiele/Tore: ***78/0***
Vereine: ***Lazio Rom, AC Mailand, Montreal Impact, Chennaiyin FC***

## *Pechvogel und Glückskind*

Dreimal fuhr der Pechvogel als Bank in der Abwehr zur Weltmeisterschaft, dreimal war das Turnier für ihn nach der Hinrunde gelaufen: 1998 riss gegen Österreich das Kreuzband, 2002 plagte ihn nach der Partie gegen Mexiko eine Wadenverletzung, 2006 wurden gegen Tschechien seine Adduktoren in Mitleidenschaft gezogen. Nesta war ein Pionier der Wandlungen des Abwehrverhaltens: kein kämpfender, grätschender Manndecker, sondern ein eleganter, antizipierender Innenverteidiger. Und er war auch Glückskind: 2003 und 2007 bildete er mit Paolo Maldini eines der besten Abwehrduos seit Erfindung des Catenaccios und triumphierte zweimal in der europäischen Königsklasse.

# Manuel Neuer

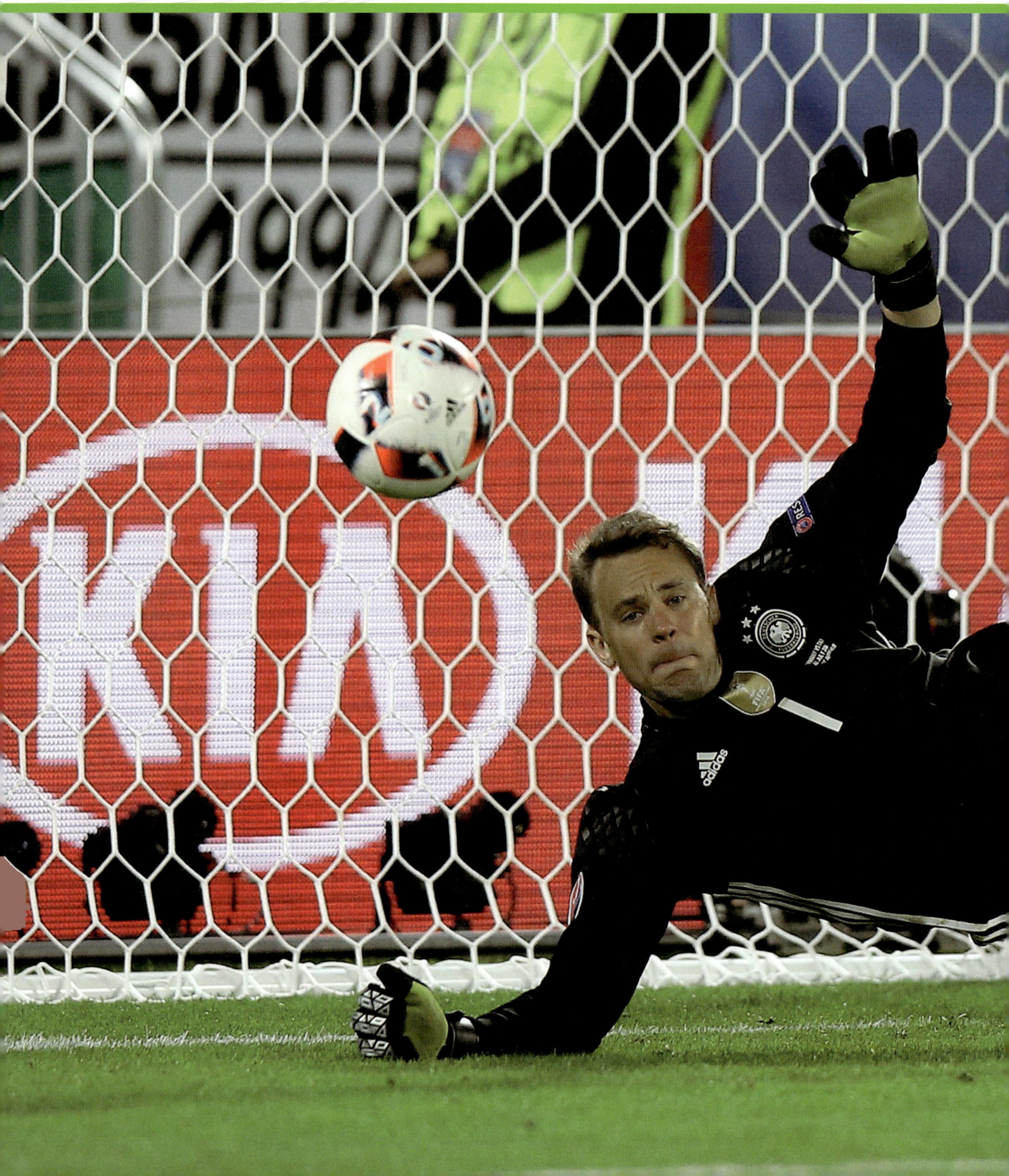

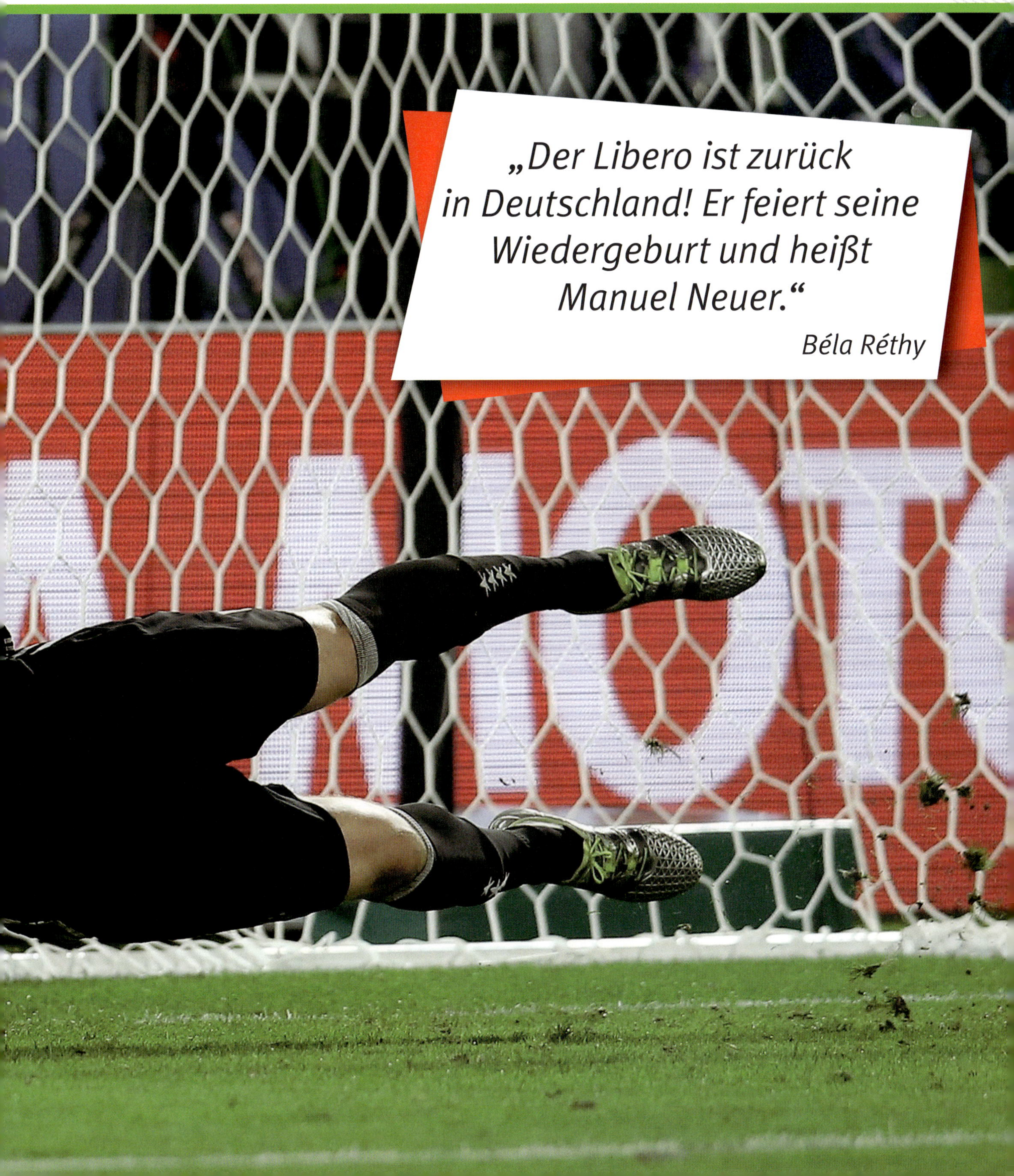

*„Der Libero ist zurück in Deutschland! Er feiert seine Wiedergeburt und heißt Manuel Neuer.“*

*Béla Réthy*

# Manuel Neuer

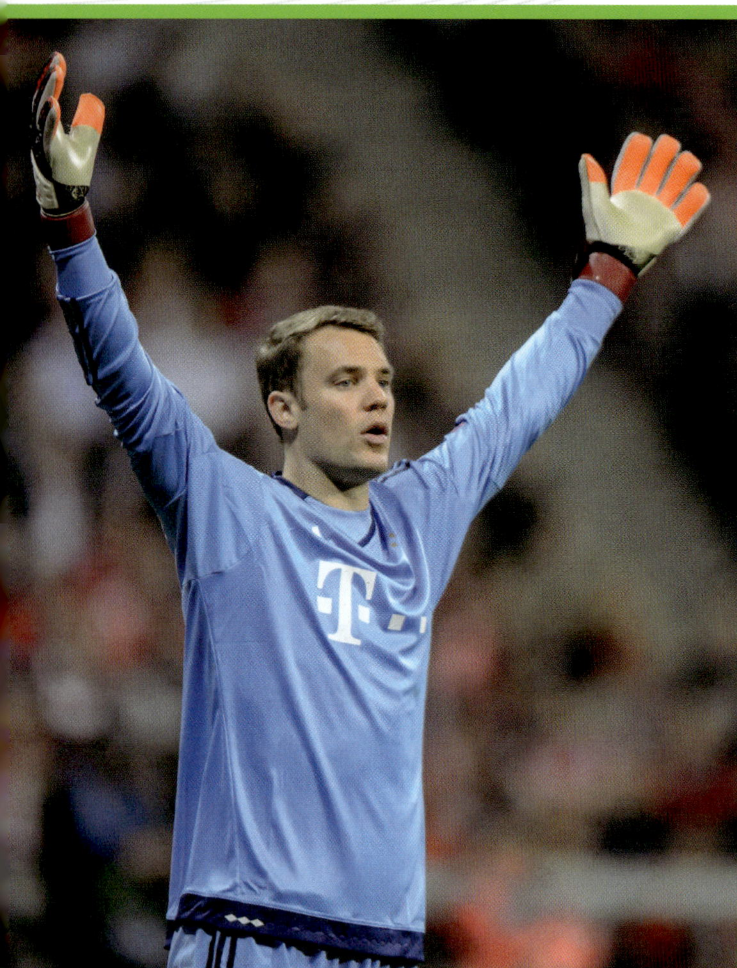


## *Manu, der Libero*

Franz Beckenbauer soll es gewesen sein, der den Libero erfunden hat. In Fußballdeutschland war das Spiel ohne den freien Mann hinter der Abwehr – von Lothar Matthäus über Klaus Augenthaler bis Matthias Sammer – bis zur Jahrtausendwende kaum denkbar. Als die Viererkette rund um den Lederglobus zum Nonplusultra wurde, war die deutsche Spielweise plötzlich völlig veraltet und die Nationalmannschaft kaum mehr wettbewerbsfähig. Unter Joachim Löw hat sie den modernen Fußball wieder eingeholt – und mehr als das: Manuel Neuer hat den Libero über die Hintertür wieder eingeführt.

2014, als die Adlerträger unter dem Zuckerhut die Mission Gold antraten, zeigte Neuer eine der besten, sicherlich aber die außergewöhnlichste Leistung seit Erfindung des Torwarthandschuhs. Immer wieder riskierte er Kopf und Kragen, preschte vor zur Strafraumgrenze, in Richtung des Mittelkreises oder an die Seitenauslinie, um in schwindelerregender Höhe mit dem Kopf zu klären, hauchdünn über der Grasnarbe zur atemberaubenden Grätsche in allerletzter Millisekunde anzusetzen oder die heranstürmenden Angreifer mit fintenreichen Tricks aussteigen zulassen. Von Amadeo Carrizo über Lew Jaschin bis Edwin van der Sar – kein sogenannter „mitspielender" Torwart der bisherigen Fußballgeschichte hatte einen so großen Spielradius und einen technisch so begabten Fuß wie Manu, der Libero. Alles hatte buchstäblich Hand und Fuß, was der neue Titan auf dem Weg nach Rio anfasste, und auch im Finale war der Recke aus dem Ruhrpott nicht zu überwinden, boxte das Leder gegen den heranstürmenden Gonzalo Higuaín spektakulär aus der Gefahrenzone und reckte am Ende den Pokal des Weltmeisters in den Himmel über dem Maracanã.

Geburtstag: ***27. März 1986***
Land: ***Deutschland***
Länderspiele/Tore: ***124/0***
Vereine: ***FC Schalke 04, FC Bayern München***

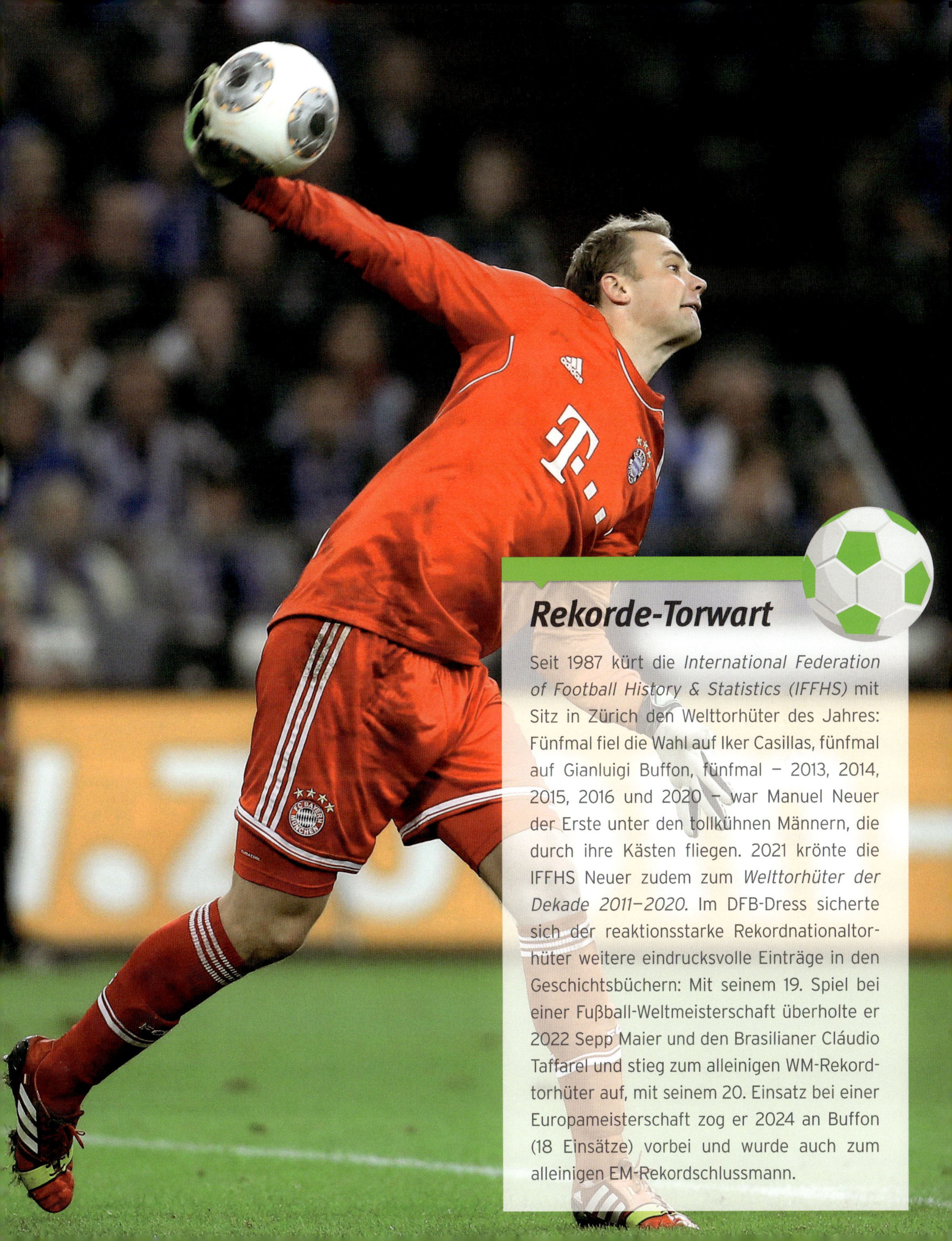

## Rekorde-Torwart

Seit 1987 kürt die *International Federation of Football History & Statistics (IFFHS)* mit Sitz in Zürich den Welttorhüter des Jahres: Fünfmal fiel die Wahl auf Iker Casillas, fünfmal auf Gianluigi Buffon, fünfmal – 2013, 2014, 2015, 2016 und 2020 – war Manuel Neuer der Erste unter den tollkühnen Männern, die durch ihre Kästen fliegen. 2021 krönte die IFFHS Neuer zudem zum *Welttorhüter der Dekade 2011–2020.* Im DFB-Dress sicherte sich der reaktionsstarke Rekordnationaltorhüter weitere eindrucksvolle Einträge in den Geschichtsbüchern: Mit seinem 19. Spiel bei einer Fußball-Weltmeisterschaft überholte er 2022 Sepp Maier und den Brasilianer Cláudio Taffarel und stieg zum alleinigen WM-Rekordtorhüter auf, mit seinem 20. Einsatz bei einer Europameisterschaft zog er 2024 an Buffon (18 Einsätze) vorbei und wurde auch zum alleinigen EM-Rekordschlussmann.

# Neymar

## *Der neueste Pelé*

2014 gastierte der große Fußballzirkus zum zweiten Mal nach 1950 in Brasilien – ausgerechnet, als vom alten Glanz der *Seleção* ein wenig der Lack ab war. Alle Hoffnungen ruhten auf den Schultern von Jungstar Neymar, der längst als „neuer Pelé" gehandelt wurde. Und der Kandidat lieferte: Er war zweifacher Torschütze und Mann der Partien gegen Kroatien und Kamerun, verwandelte den entscheidenden Elfmeter gegen Chile und kämpfte im Viertelfinale Kolumbien nieder – um den Preis einer Verletzung, als Juan Zúñiga unnötig hart einstieg. Ohne ihren Superstar und den gelbgesperrten Abwehrchef Thiago Silva leistete die brasilianische Elf im Halbfinale dann ihren Offenbarungseid.

In Barcelona bildete er mit Lionel Messi und Luis Suárez einen brasilianisch-uruguayisch-argentinischen Traumsturm: In Meisterschaft, Pokal und Königsklasse schoss das Trio in der Saison 2014/15 gigantische 122 Tore und übertraf damit den Rekord des ewigen Konkurrenten Real Madrid. 2017 wechselte er für schwindelerregende 222 Millionen Euro in die französische Hauptstadt, wo er mit Jungstar Kylian Mbappé und Altmeister Lionel Messi von 2021 bis 2023 eines der spektakulärsten Sturmtrios der Fußballgeschichte bildete.

Geburtstag: ***5. Februar 1992***
Land: ***Brasilien***
Länderspiele/Tore: ***128/79***
Vereine: ***FC Santos, FC Barcelona, Paris Saint-Germain, Al-Hilal***

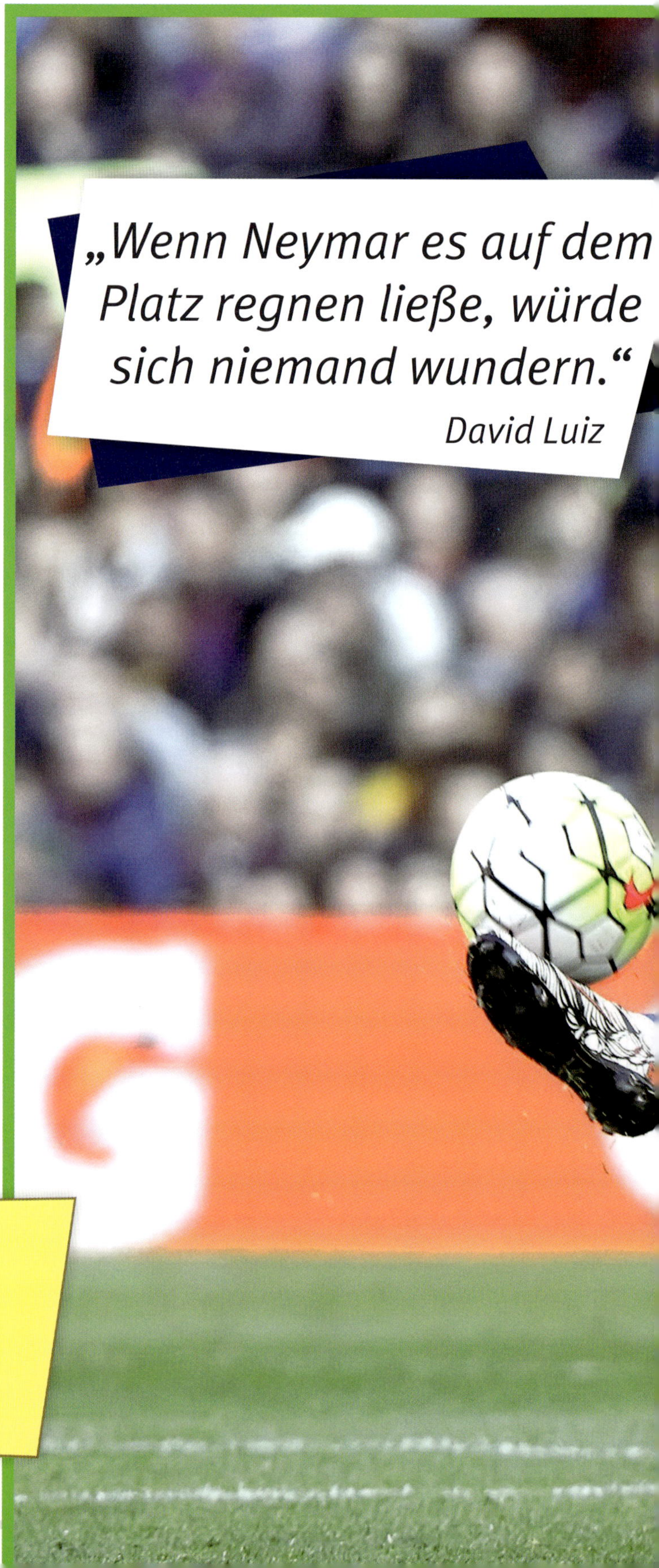

*„Wenn Neymar es auf dem Platz regnen ließe, würde sich niemand wundern."*
*David Luiz*

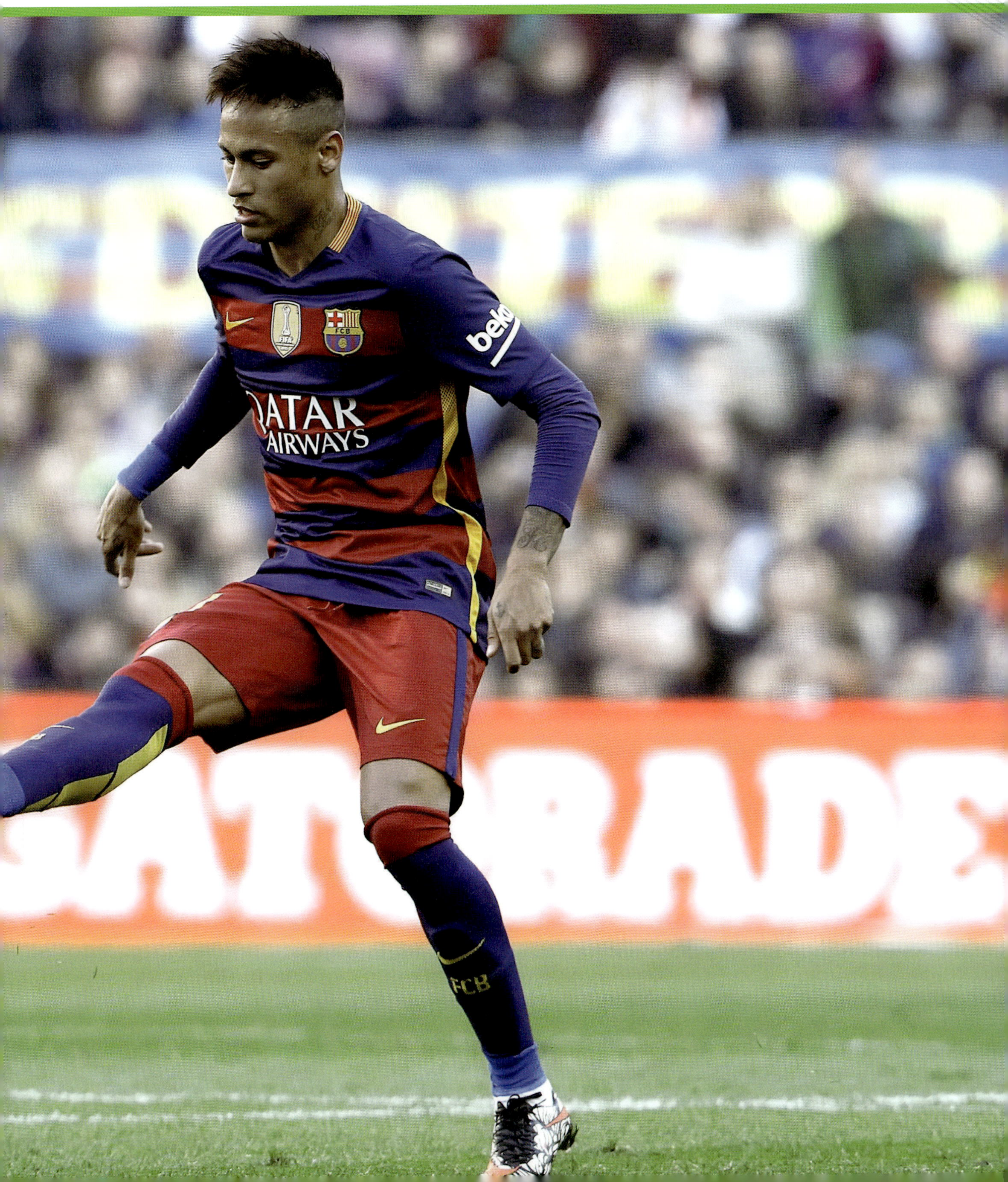
AIRWAYS
FCB

# Ruud van Nistelrooy

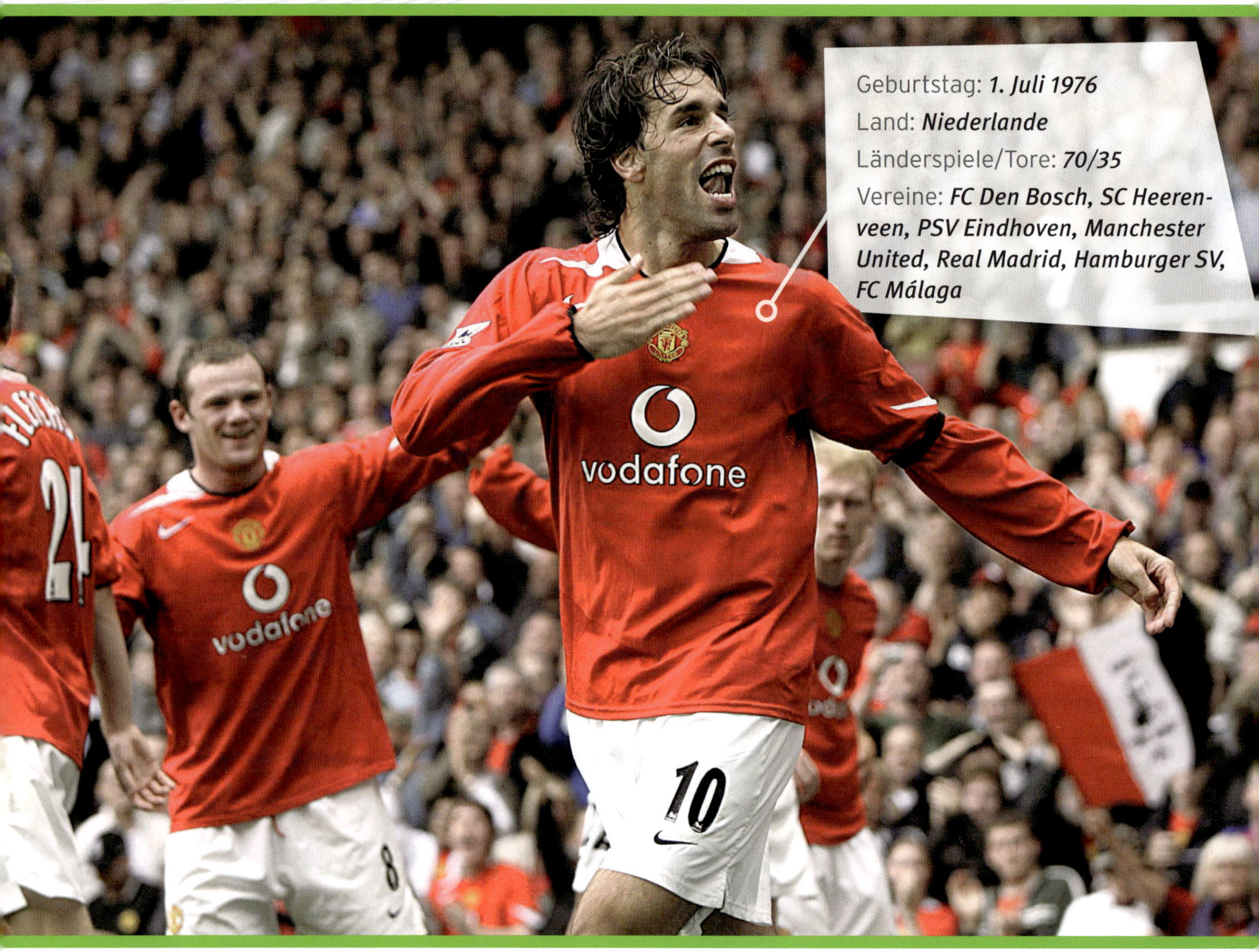


Geburtstag: ***1. Juli 1976***

Land: ***Niederlande***

Länderspiele/Tore: ***70/35***

Vereine: ***FC Den Bosch, SC Heerenveen, PSV Eindhoven, Manchester United, Real Madrid, Hamburger SV, FC Málaga***

## *Van the Man*

Ein Mann wie ein Van, eine Tormaschine mit Gardemaß, der geborene Strafraumstürmer: dem kantigen und durchsetzungsstarken Hünen wollten die gegnerischen Abwehrspieler lieber nicht begegnen. Doch der Holländer hätte nicht viermal in der Eredivisie, Premier League und Primera División sowie dreimal in der Champions League die Torjägerkanone abgeräumt, wäre er bloß eine imposante Erscheinung gewesen. Er war vielmehr nicht nur mit dem Köpfchen eine echte Waffe, sondern auch mit dem Ball am Fuß beeindruckend schnell, beweglich und trickreich. Mit weichen Pässen und harten Schüssen wurde er der erste beste europäische Stürmer des neuen Jahrtausends.

# Victor Osimhen

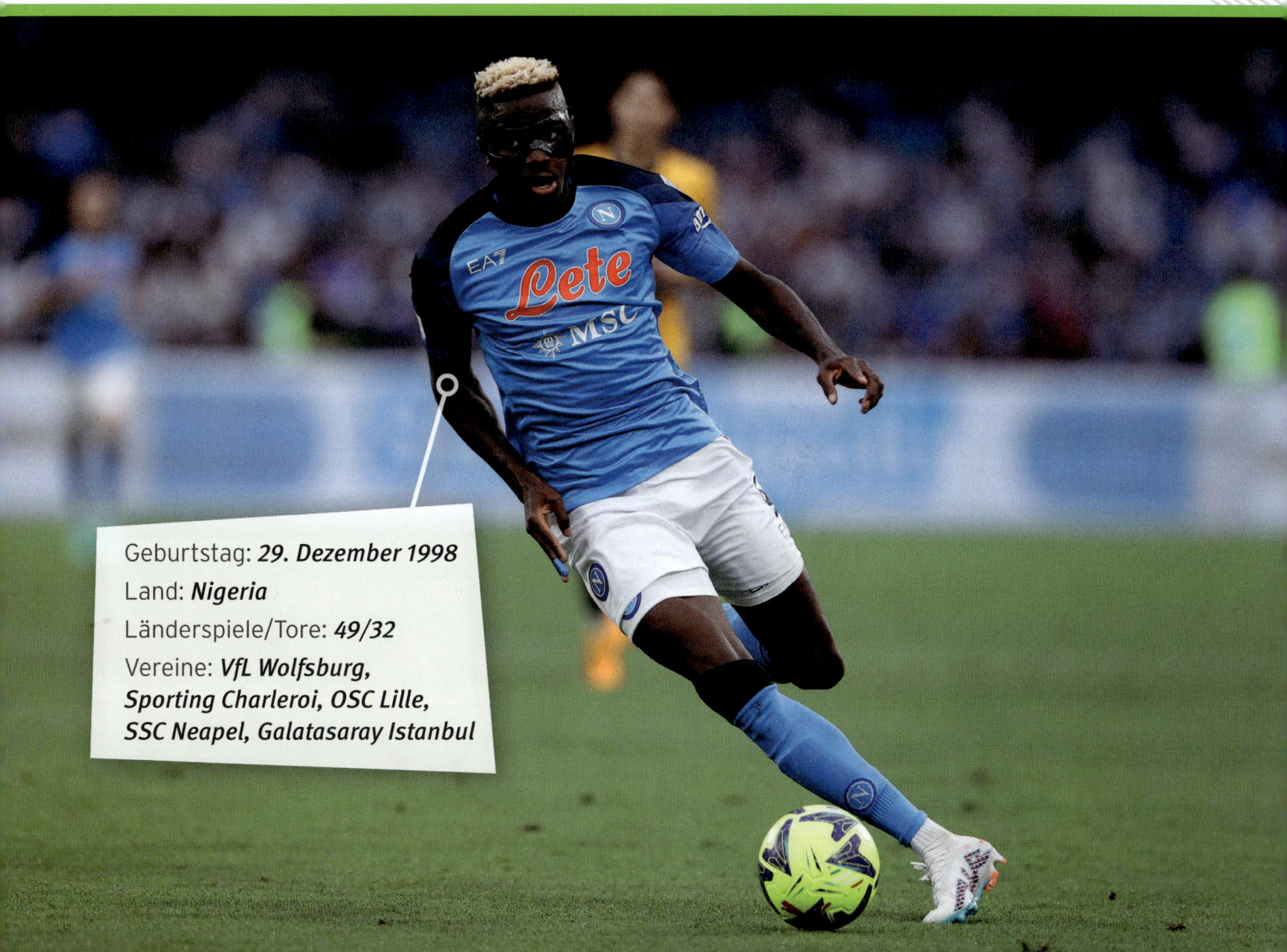

Geburtstag: ***29. Dezember 1998***
Land: ***Nigeria***
Länderspiele/Tore: ***49/32***
Vereine: ***VfL Wolfsburg, Sporting Charleroi, OSC Lille, SSC Neapel, Galatasaray Istanbul***

## *Der maskierte Sturmtank*

Schon bei der U-17-WM 2015 zeigte der Sturmriese sein Ausnahmetalent, als er Nigeria mit zehn Treffern zum Titel schoss – so oft hat kein anderer Spieler bei Weltmeisterschaften in dieser Altersklasse getroffen. Seinen Durchbruch schaffte der athletische, seit einer Kopfverletzung stets maskierte Goalgetter in Lille, sein Meisterstück lieferte er beim SSC Neapel ab, wo er 2022/23 als Torschützenkönig der Serie A 26 Treffer zur erst dritten Meisterschaft der stolzen Süditaliener beisteuerte. 2024 wechselte er zunächst auf Leihbasis zu Galatasaray Istanbul und wurde in der Saison 2024/25 mit 26 Treffern auch in der Süper Lig Torschützenkönig und Meister.

# Mesut Özil

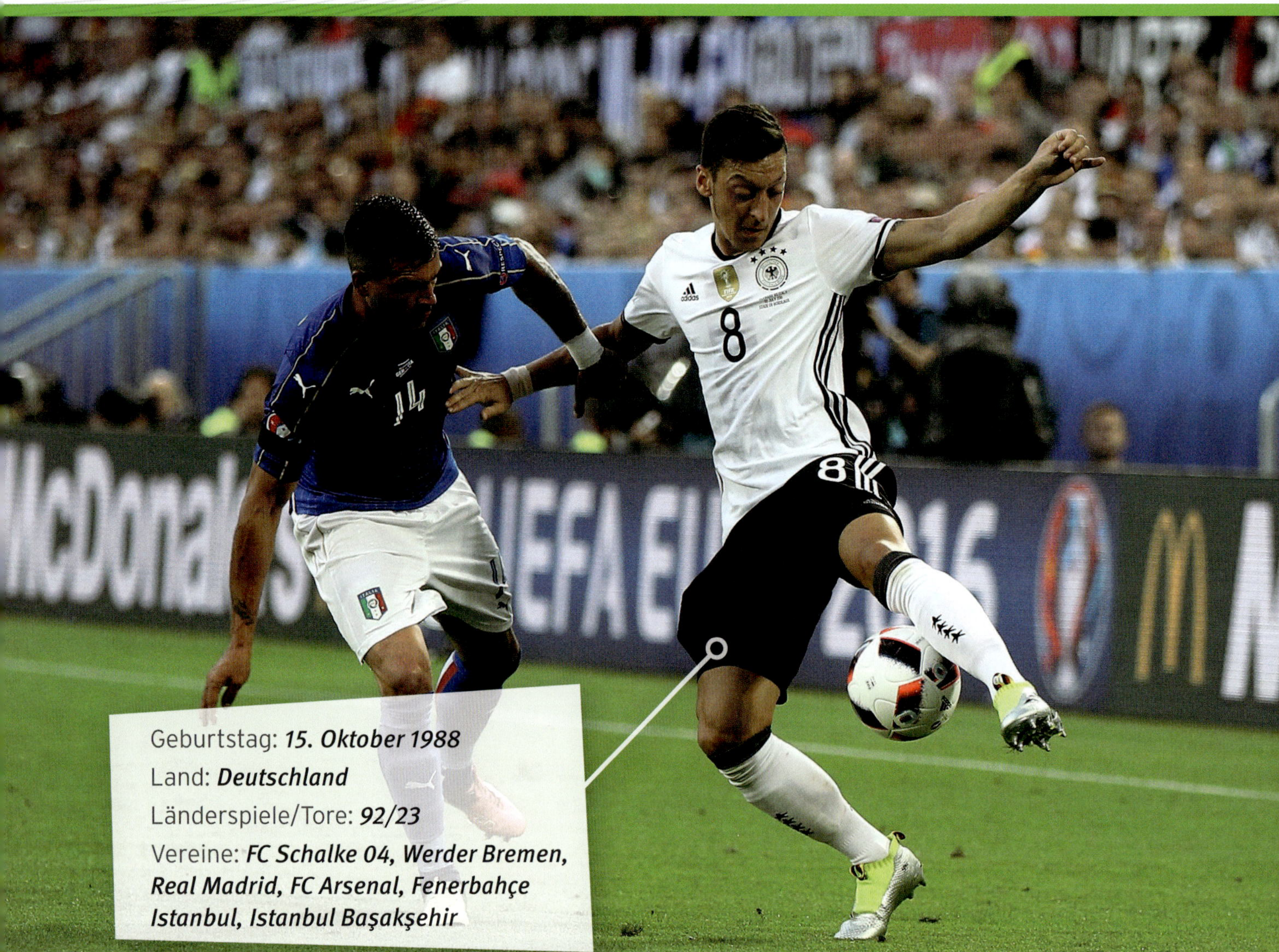

Geburtstag: ***15. Oktober 1988***
Land: ***Deutschland***
Länderspiele/Tore: ***92/23***
Vereine: ***FC Schalke 04, Werder Bremen, Real Madrid, FC Arsenal, Fenerbahçe Istanbul, Istanbul Başakşehir***

## *Der Zauberer aus Gelsenkirchen*

„The Wizard of Özil" nannten sie den deutschen Spielgestalter bei Arsenal, in Anlehnung an das weltbekannte Kinderbuch – wohlweißlich verkennend, dass der Zauberer nicht aus dem magischen Land Oz kommt, sondern aus Gelsenkirchen im Ruhrpott stammt. In Madrid wurde der Edeltechniker zum Top-Vorbereiter, in London endgültig zum Ausnahmespielmacher von Weltklasseformat, doch seinen größten Erfolg feierte er fraglos in Schwarz und Weiß: 63 Tore legte er entweder auf oder verwandelte selbst. Von der WM 2010 bis zur EM 2016 verpasste er kein einziges Turnierspiel und krönte seine Karriere 2014 unter dem Zuckerhut mit dem Lorbeerkranz des Weltmeisters.

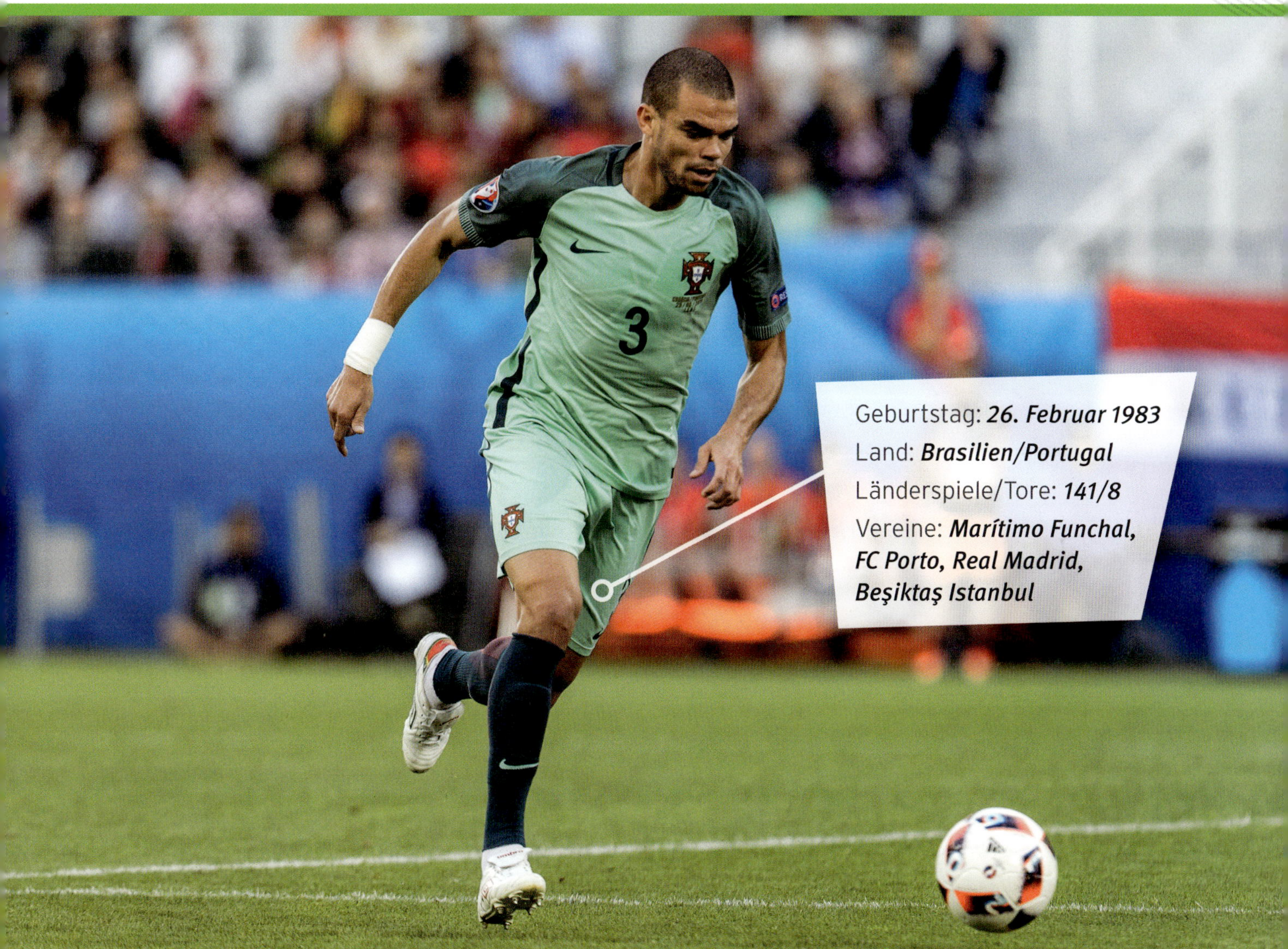


# *Der böse Bube*

Dass Fußball ein Kampfsport ist und bleibt, dafür sorgen böse Buben wie Pepe. Außerhalb des Platzes ein umgänglicher Zeitgenosse, kannte er im Eifer des Gefechts keine Freunde mehr. Immer wieder überschritt der Wahl-Portugiese und Langzeit-Madrilene die Grenze des Erlaubten. Doch nur mit fiesen Tritten, harten Fäusten und versteckten Fouls wird niemand zum langjährigen Rückhalt sowohl in der Abwehr der Königlichen als auch der *Seleção.* Nahezu unbezwingbar in der Luft, atemberaubend schnell am Boden und kompromisslos im Zweikampf gewann Pepe mit Real dreimal die Königsklasse und 2016 sensationell in und gegen Frankreich die Europameisterschaft.

# Robin van Persie

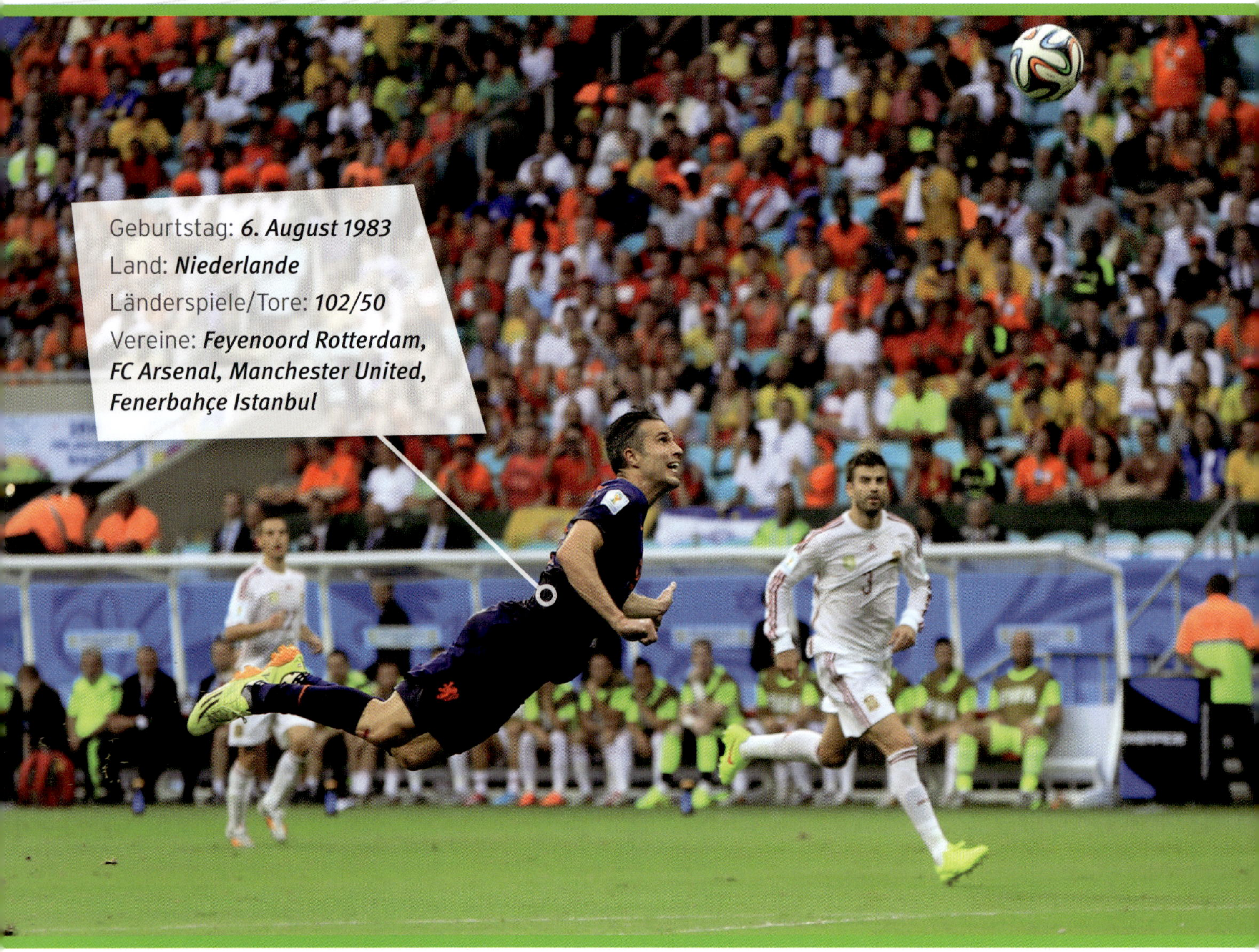


## *Der Künstler*

Die Mutter Malerin, der Vater Bildhauer, die Schwestern Malerin und Modedesignerin – nur Spross Robin geriet auf Abwege und verschmähte die Familientradition. Oder eben nicht, denn in den Adern des Fußballartisten fließt ganz eindeutig Künstlerblut. Ein Meister des harten, aber noch mehr des platzierten Schusses, machte der Stürmer sein spektakulärstes Tor mit viel Köpfchen: Als *Oranje* bei der WM 2014 mit fünf Toren die *Furia Roja* zähmte, traf er nach einer maßgenauen Flanke zum zwischenzeitlichen 1:1 – mit einem unglaublichen Flugkopfballheber von der Strafraumkante. Prädikat: künstlerisch besonders wertvoll.

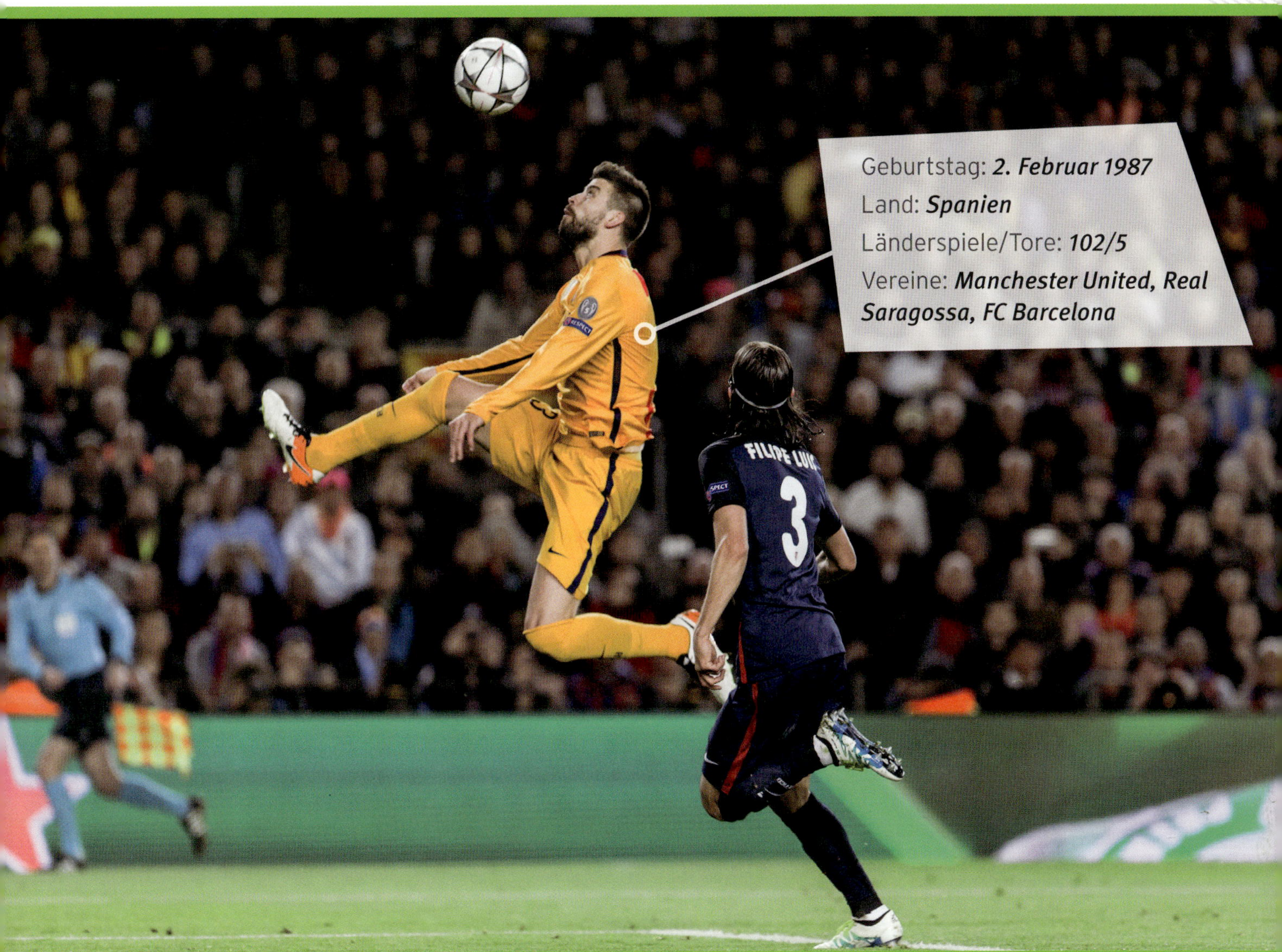


Geburtstag: ***2. Februar 1987***
Land: ***Spanien***
Länderspiele/Tore: ***102/5***
Vereine: ***Manchester United, Real Saragossa, FC Barcelona***

## *Der Waka-Waka-Weltmeister*

Piqué war ein Innenverteidiger modernster Prägung, der fast nie zu unfairen Mittel greifen musste, weil er das Spiel zu lesen verstand, über ein glänzendes Stellungsspiel verfügte und einen gepflegten Ball spielen konnte. Seine Karriere nahm einen märchenhaften Verlauf, als der Jungprofi 2008 mit Manchester United die Champions League gewann, umgehend nach Barcelona zurückkehrte und prompt sein erstes Triple feierte. 2010 machte es nicht nur „Waka Waka" mit Popsternchen Shakira, als die das Video zu ihrem WM-Hit drehte, sondern dem Abwehrstar auch riesig Spaß, in der spanischen Elf zu spielen, die mit nur zwei Gegentoren und zum ersten Mal überhaupt Weltmeister wurde.

# Andrea Pirlo

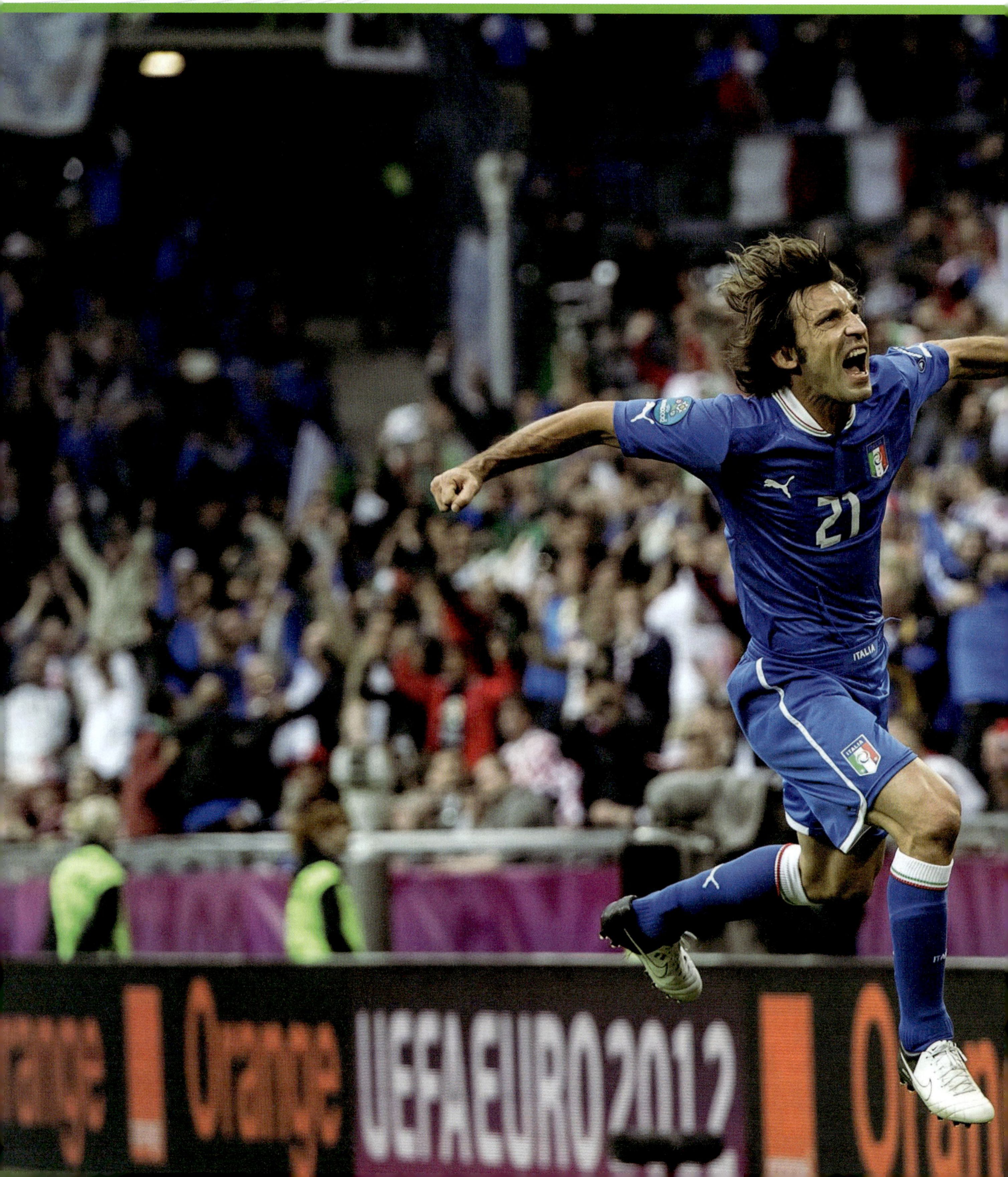

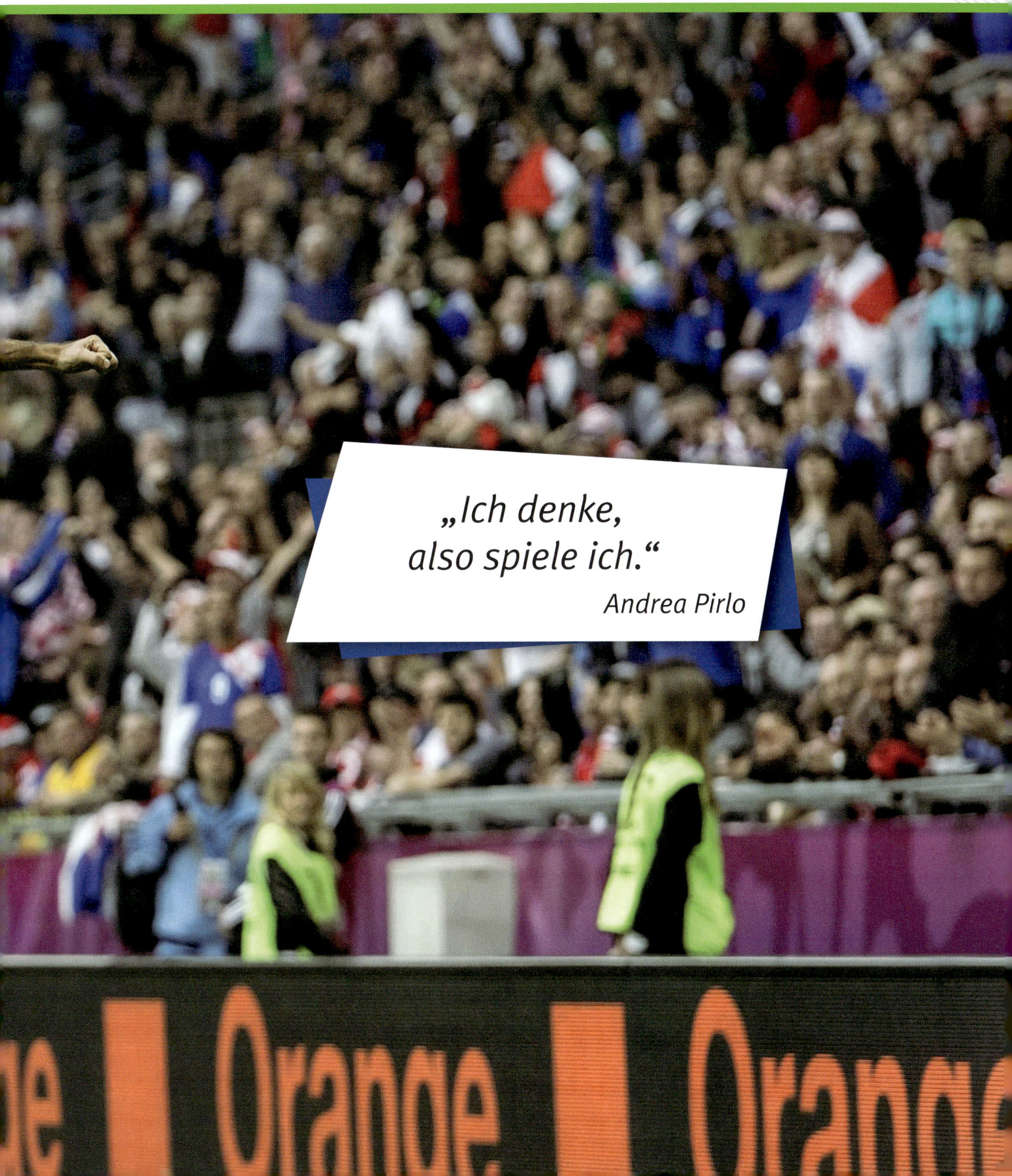


*„Ich denke, also spiele ich."*

*Andrea Pirlo*

# Andrea Pirlo

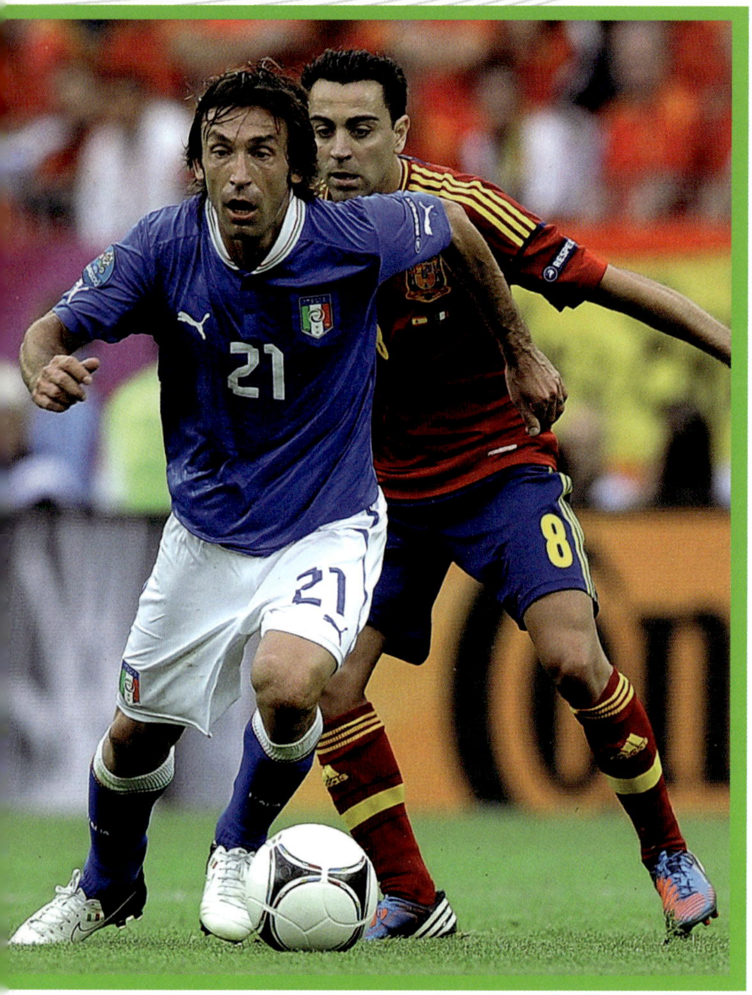

## Der Architekt, Winzer und Philosoph

„Cogito ergo sum" – „Ich denke, also bin ich", schrieb der französische Philosoph René Descartes 1641. „Ich denke, also spiele ich", betitelte Andrea Pirlo, ansonsten ein großer Schweiger, ein paar Jahrhunderte später seine Autobiographie – und traf damit den Nagel auf den Kopf. Denn niemals traf das Wort Spielintelligenz besser zu als auf den Denker und Lenker von Milan und Juve sowie der *Squadra Azzurra.* Seine Mitspieler tauften ihn den „Architekten", denn der begnadete Spielmacher betrat den grünen Rasen nie ohne einen ausgeklügelten Plan. Er interpretierte die Rolle des Dirigenten „tief stehend", nicht hinter den Spitzen, sondern vor der eigenen Abwehr, und hatte damit fast das ganze Spielfeld und damit einen enormen gestalterischen Raum vor sich. Selten, wenn überhaupt, lasteten seine Augen auf dem Leder, stets schweifte sein Blick über das Spielfeld und in die Ferne, um Ausschau nach freien Räumen und startenden Stürmern zu halten. Mit seinem feinen Kurzpassspiel, seinen atemberaubend genauen langen Bälle in die Gassen und genialen Freistößen aus jeder Lage verlieh er dem Spiel seiner Mannschaften statische Stabilität und ermöglichte damit den Offensivkräften alle Freiheiten.

Mit den Jahren reifte er wie guter Wein und wurde immer noch wertvoller – kein Wunder, schließlich stammt er aus einer Winzerfamilie und übernahm 2013 das Weingut der Familie in Flero bei Brescia. Der spielerisch denkende und intelligent spielende Architekt, Winzer und Philosoph wurde auf seine alten Tage 2012, 2013 und 2014 dreimal in Folge Italiens Fußballer des Jahres – eine Ehre, die ihm bis dahin aus unergründlichen Ursachen verwehrt geblieben war.

Geburtstag: ***19. Mai 1979***
Land: ***Italien***
Länderspiele/Tore: ***116/13***
Vereine: ***Brescia Calcio, Inter Mailand, Reggina Calcio, AC Mailand, Juventus Turin, New York City FC***

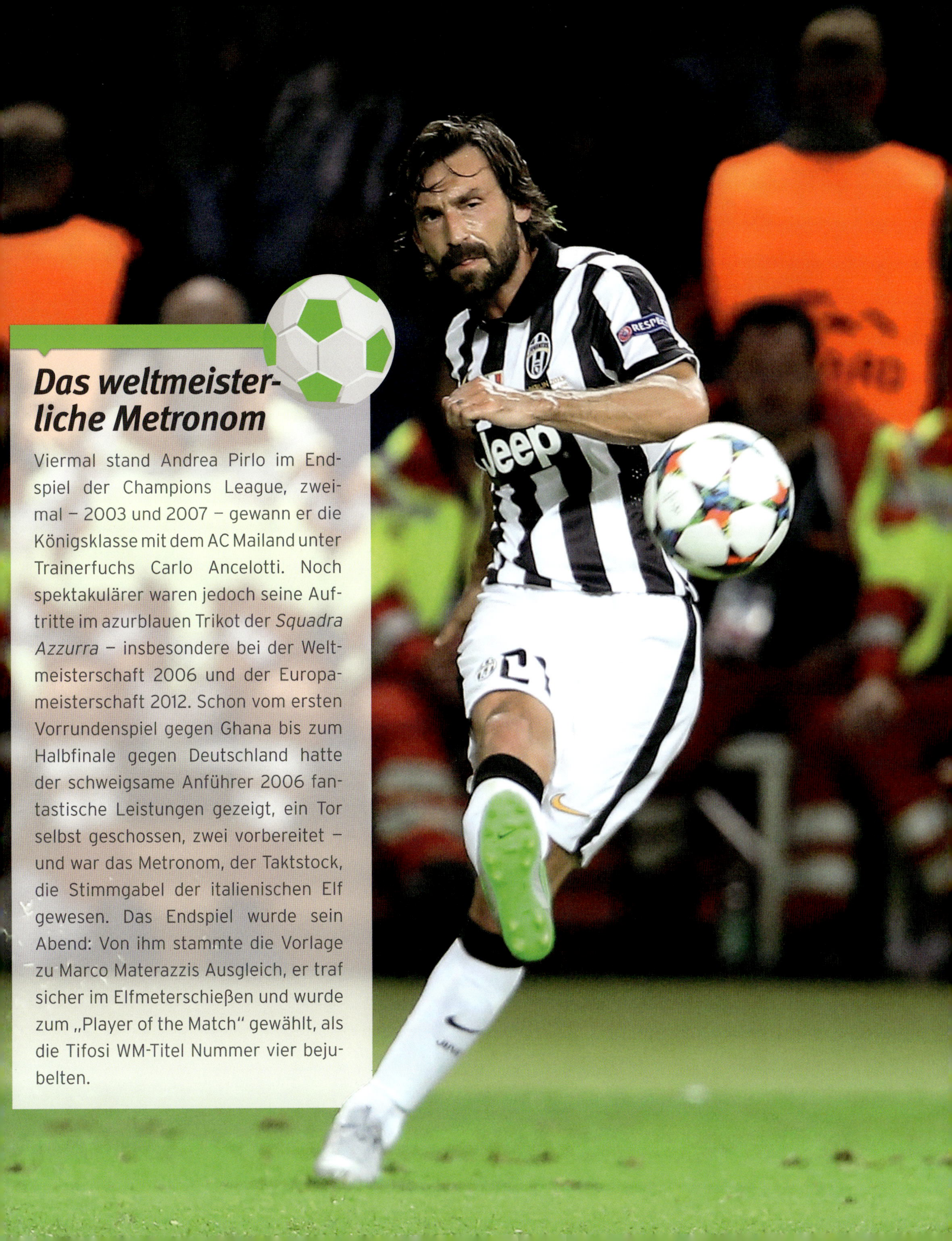


## *Das weltmeisterliche Metronom*

Viermal stand Andrea Pirlo im Endspiel der Champions League, zweimal – 2003 und 2007 – gewann er die Königsklasse mit dem AC Mailand unter Trainerfuchs Carlo Ancelotti. Noch spektakulärer waren jedoch seine Auftritte im azurblauen Trikot der *Squadra Azzurra* – insbesondere bei der Weltmeisterschaft 2006 und der Europameisterschaft 2012. Schon vom ersten Vorrundenspiel gegen Ghana bis zum Halbfinale gegen Deutschland hatte der schweigsame Anführer 2006 fantastische Leistungen gezeigt, ein Tor selbst geschossen, zwei vorbereitet – und war das Metronom, der Taktstock, die Stimmgabel der italienischen Elf gewesen. Das Endspiel wurde sein Abend: Von ihm stammte die Vorlage zu Marco Materazzis Ausgleich, er traf sicher im Elfmeterschießen und wurde zum „Player of the Match" gewählt, als die Tifosi WM-Titel Nummer vier bejubelten.

# Lukas Podolski

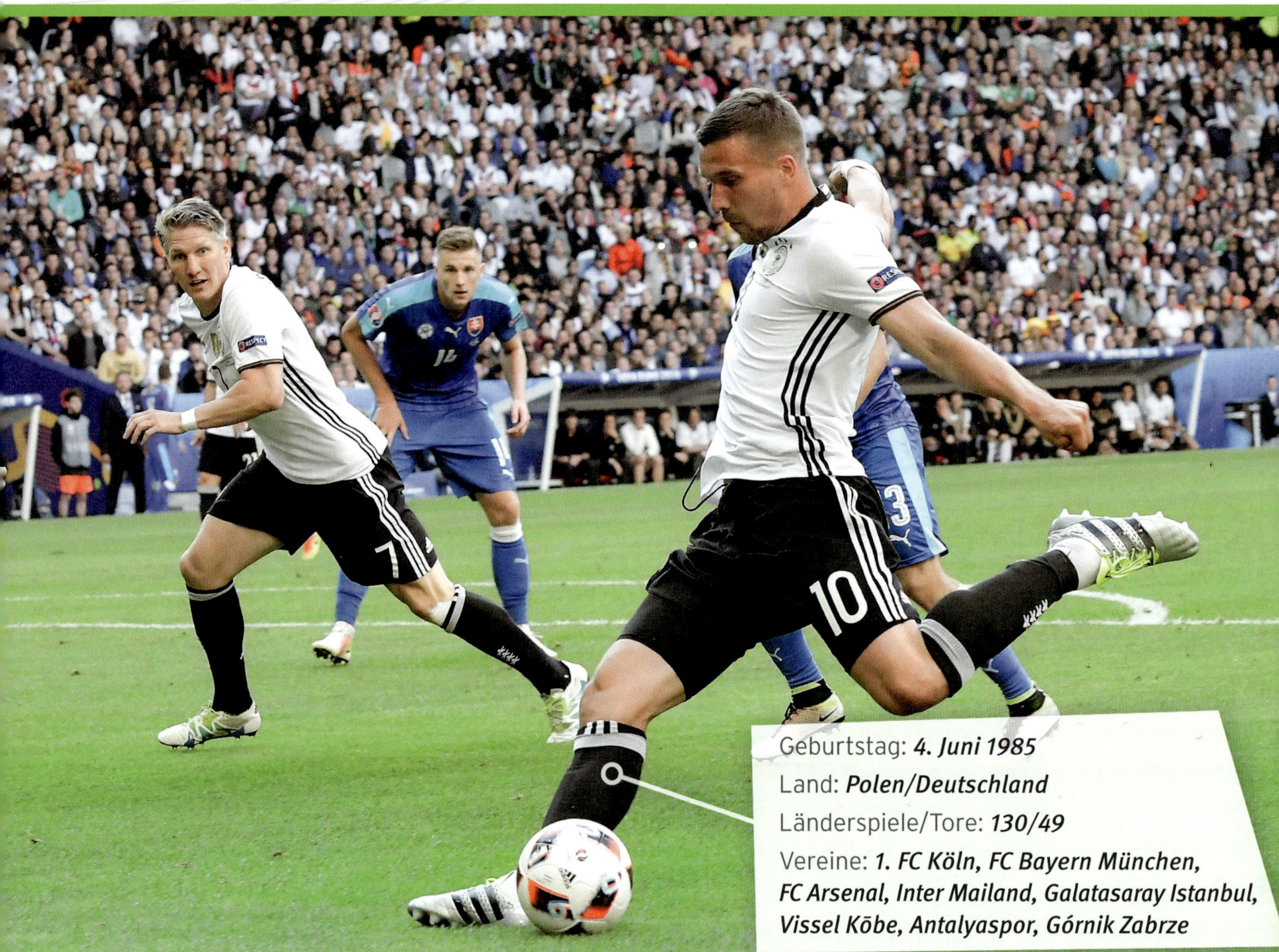

Geburtstag: ***4. Juni 1985***
Land: ***Polen/Deutschland***
Länderspiele/Tore: ***130/49***
Vereine: ***1. FC Köln, FC Bayern München, FC Arsenal, Inter Mailand, Galatasaray Istanbul, Vissel Kōbe, Antalyaspor, Górnik Zabrze***

## *Prinz Poldi*

Tempo aufnehmen, über links Dampf machen, den Gegenspieler stehen lassen und das Ding unwiderstehlich in die Maschen hauen – das ist die Paradedisziplin des kölschen Prinz Poldi. Im Verein fand die rheinische Frohnatur das ganz große Glück nicht, doch in der Nationalmannschaft wurde er zum unverwüstlichen Dauerbrenner. Seit seinem Turnierdebüt 2004 verpasste er bis 2016 keine einzige Welt- oder Europameisterschaft und belegt mit 49 Treffern Platz drei und mit 130 Länderspielen Platz vier in den Bestenlisten des DFB. Und die besten Sprüche hat die Tor- und Stimmungskanone sowieso drauf: „So ist Fußball. Manchmal gewinnt der Bessere.“

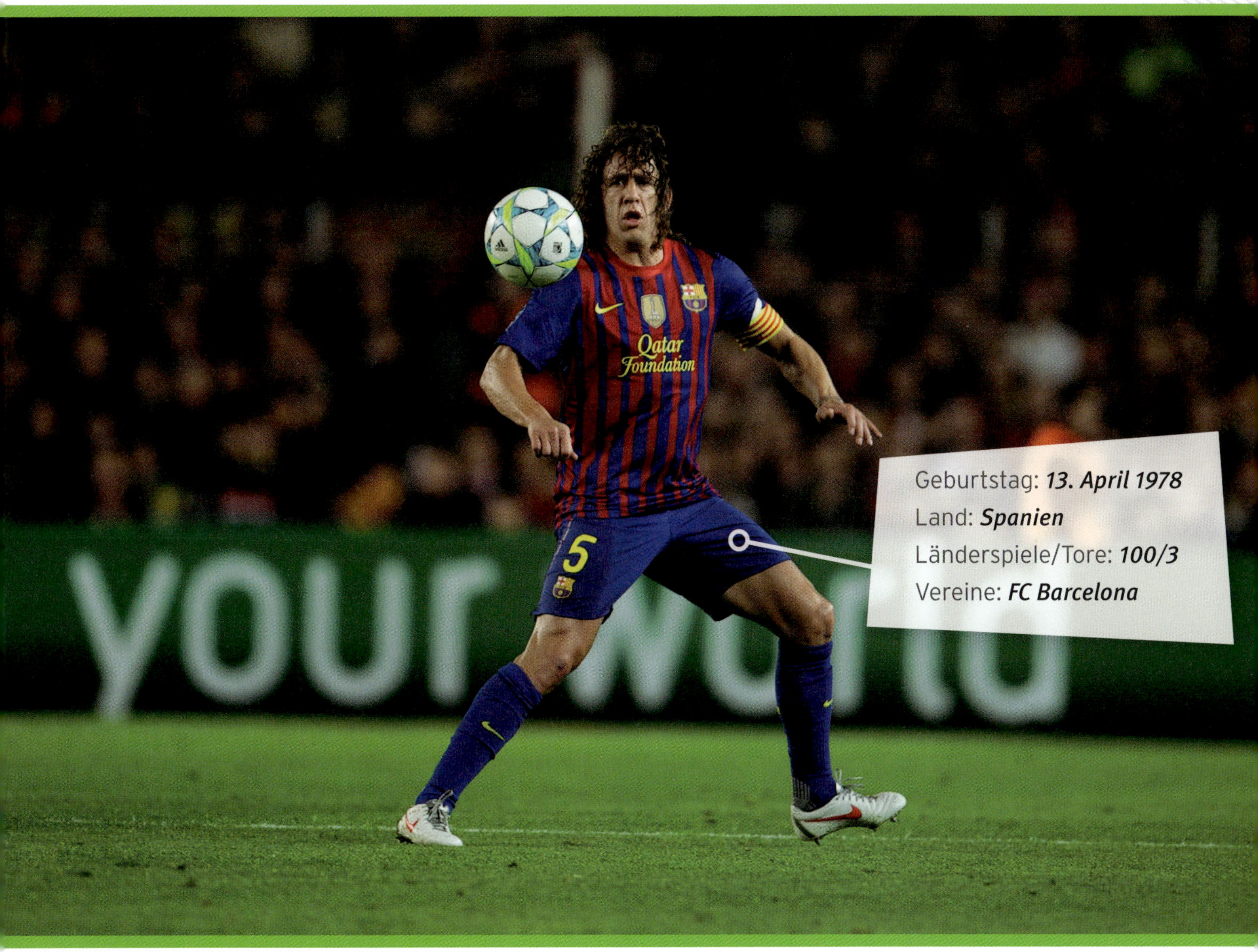


Geburtstag: ***13. April 1978***
Land: ***Spanien***
Länderspiele/Tore: ***100/3***
Vereine: ***FC Barcelona***

## *Hai in voller Lockenpracht*

Ein Leben lang das gleiche Trikot an: Mit 17 Jahren trat das hoffnungsvolle Talent in La Masia, die berühmte Jugendakademie des FC Barcelona, ein. Knapp zwei Jahrzehnte und annähernd 700 Partien später hängte der furchterregende Abwehrrecke die Stiefel an den Nagel, ohne Barça je verlassen zu haben. Fehlende technische Filigrankunst machte „El Tiburón", der Hai, mit Bissigkeit wett, mit eisernem Willen, bedingungslosem Einsatz und beeindruckender Spielintelligenz. Der sechsfache spanische Meister und dreifache Champions-League-Triumphator war der Turm in der Schlacht, als die F*uria Roja* erst Europa und dann die ganze Fußballwelt in Aufruhr versetzte.

# Paul Pogba

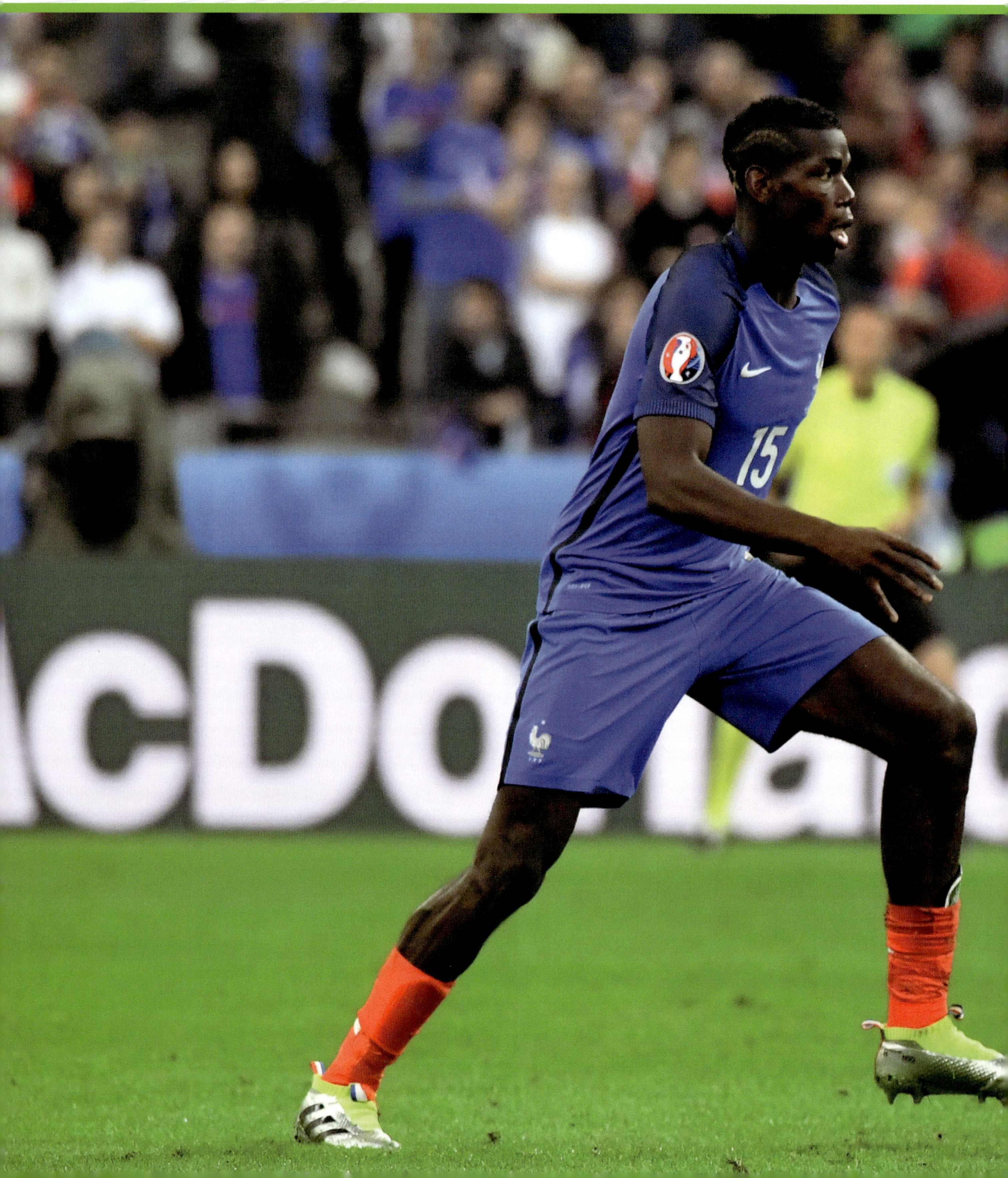

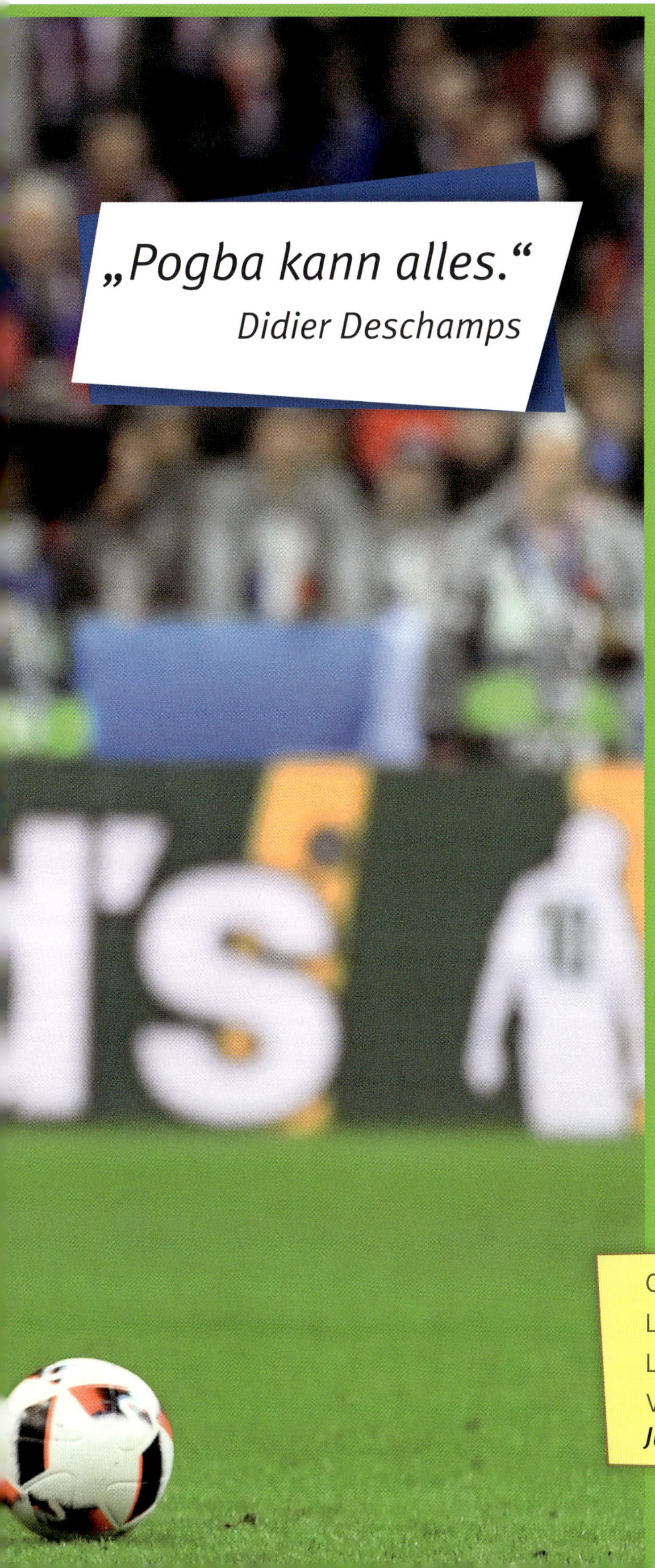

„Pogba kann alles."
*Didier Deschamps*

## Pogboom!

Als der 19-Jährige 2012 nach Turin wechselte, wurde er bald zum Jungbrunnen der „Alten Dame" und von den Tifosi „Polpo Paul" getauft. Der langbeinige Krake hauchte dem Spiel des italienischen Rekordmeisters mit seiner unbändigen Kraft, Schnelligkeit und Explosivität neues Leben ein und führte die Piemonteser 2015 in ihr erstes Champions-League-Endspiel seit zwölf Jahren. Ein Ballmagnet wie Michel Platini oder Zinédine Zidane, ein Charismatiker wie Mario Balotelli oder Zlatan Ibrahimović, legte er die Latte ziemlich hoch, als er frech erklärte, sein Ziel sei kein anderes, als Weltfußballer zu werden. Aber „Pogboom" ließ den Worten Taten folgen und wurde bei seinem WM-Debüt 2014 zum besten Jungspieler gewählt.

Zwei Jahre später gehörte er längst zu den absoluten Stars der Manege, als der Fußballzirkus in Frankreich Station machte, doch obwohl die *Grande Nation* endlich wieder eine *Grande Équipe* stellte, verlor sie das Endspiel unglücklich mit 0:1 gegen Portugal. Zur Krönung kam es dann aber 2018, als Pogba im Endspiel mit dem 3:1 für die Vorentscheidung gegen Überraschungsfinalist Kroatien sorgte und die *Équipe Tricolore* ihren zweiten WM-Titel nach 1998 klarmachte.

Geburtstag: ***15. März 1993***
Land: ***Frankreich***
Länderspiele/Tore: ***91/11***
Vereine: ***Manchester United, Juventus Turin, AS Monaco***

# Sergio Ramos

## Der andalusische Stier

*Derbi madrileño* im Finale der Champions League 2014: 90 Minuten waren im Lissaboner Estádio da Luz längst abgelaufen, und beinahe eine Stunde lief Real dem 0:1-Rückstand gegen Atlético bereits verzweifelt hinterher, als Luka Modrić eine allerletzte Ecke scharf vor das Tor der *Rojiblancos* schlug, Sergio Ramos sich am Elfmeterpunkt mustergültig in die Höhe schraubte und das Leder perfekt traf. In der Verlängerung machten die Königlichen dann „La Decima" perfekt, den langersehnten zehnten Titel in der Königsklasse, und Ramos war endgültig zur Vereinslegende geworden.

Der heißblütige andalusische Edelmann mit dem Faible für Flamenco und Stierkampf ging als Kind auf Torjagd, wurde in der Jugend zum Rechtsverteidiger umgeschult, wechselte später immer öfter und dann endgültig in die Innenverteidigung – und mit zunehmendem Alter wurde der Hitzkopf cooler und die Roten Karten nahmen langsam, aber sicher ab. Bei vier Welt- und drei Europameisterschaften lief der spanische Rekordinternationale auf und gehörte mit seiner Zweikampfhärte, Schnelligkeit und Kopfballstärke zu den Garanten des Titel-Hattricks der *Roten Furie* zwischen 2008 und 2012.

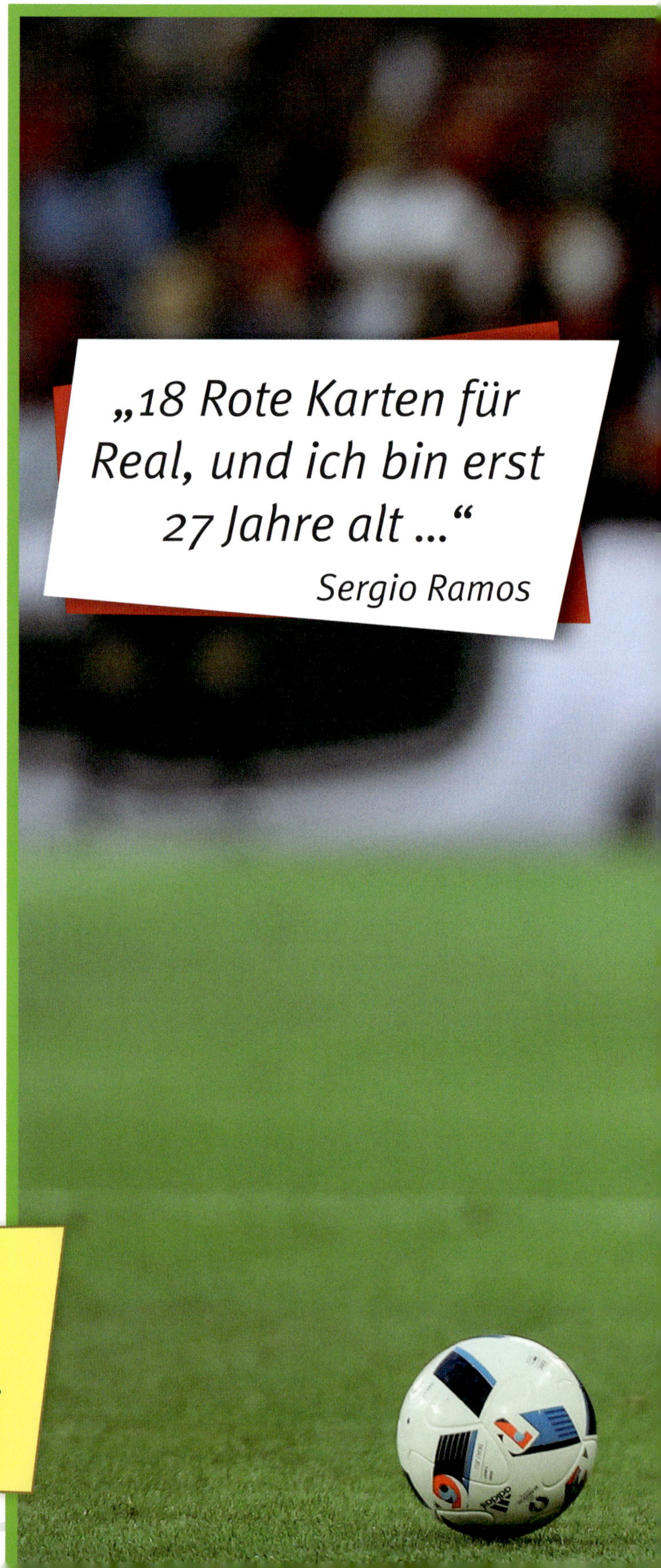

*„18 Rote Karten für Real, und ich bin erst 27 Jahre alt …"*

*Sergio Ramos*

Geburtstag: ***30. März 1986***
Land: ***Spanien***
Länderspiele/Tore: ***180/23***
Vereine: ***Sevilla Atlético, FC Sevilla, Real Madrid, Paris Saint-Germain, CF Monterrey***

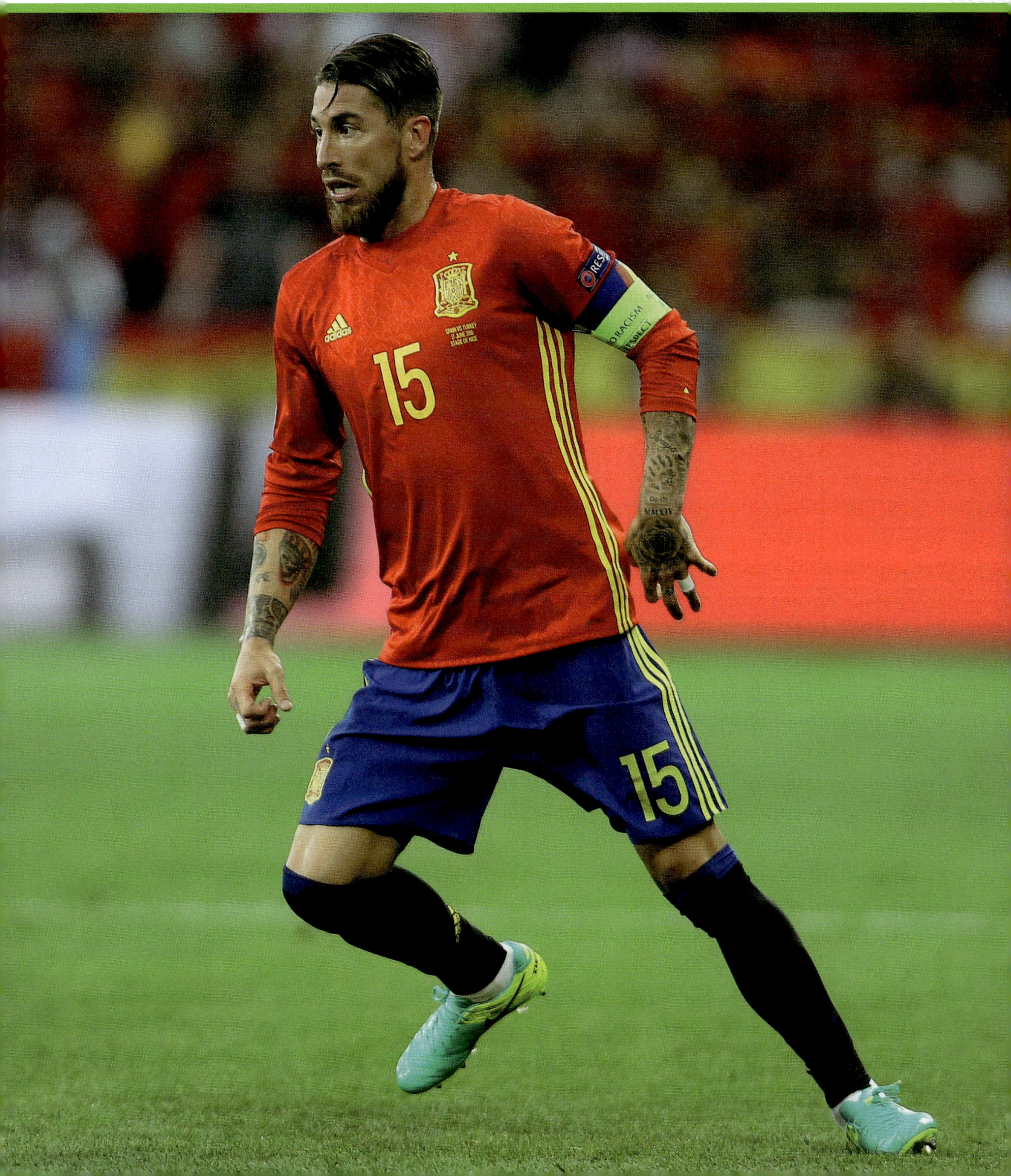
adidas
15
15

# Raúl

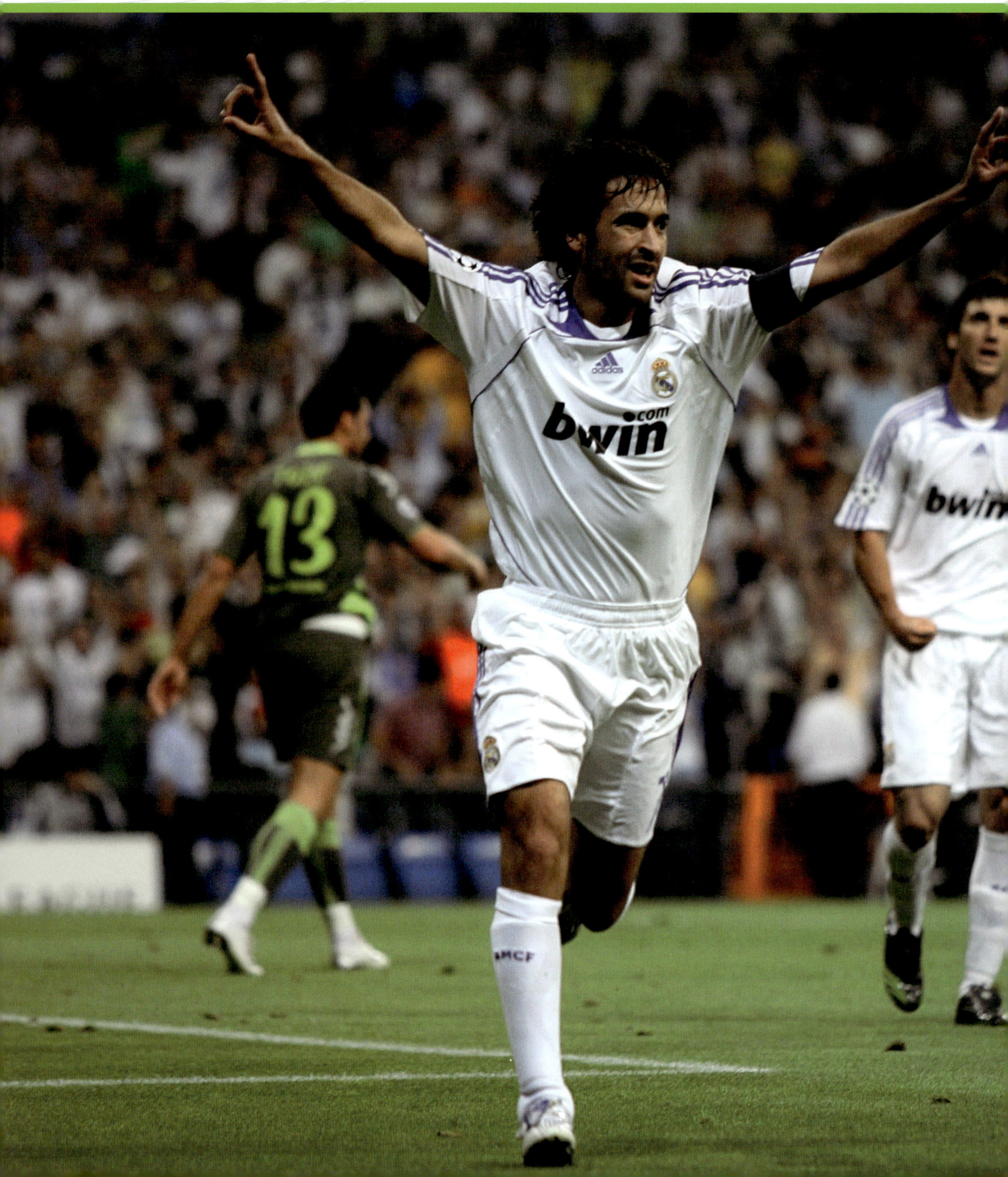

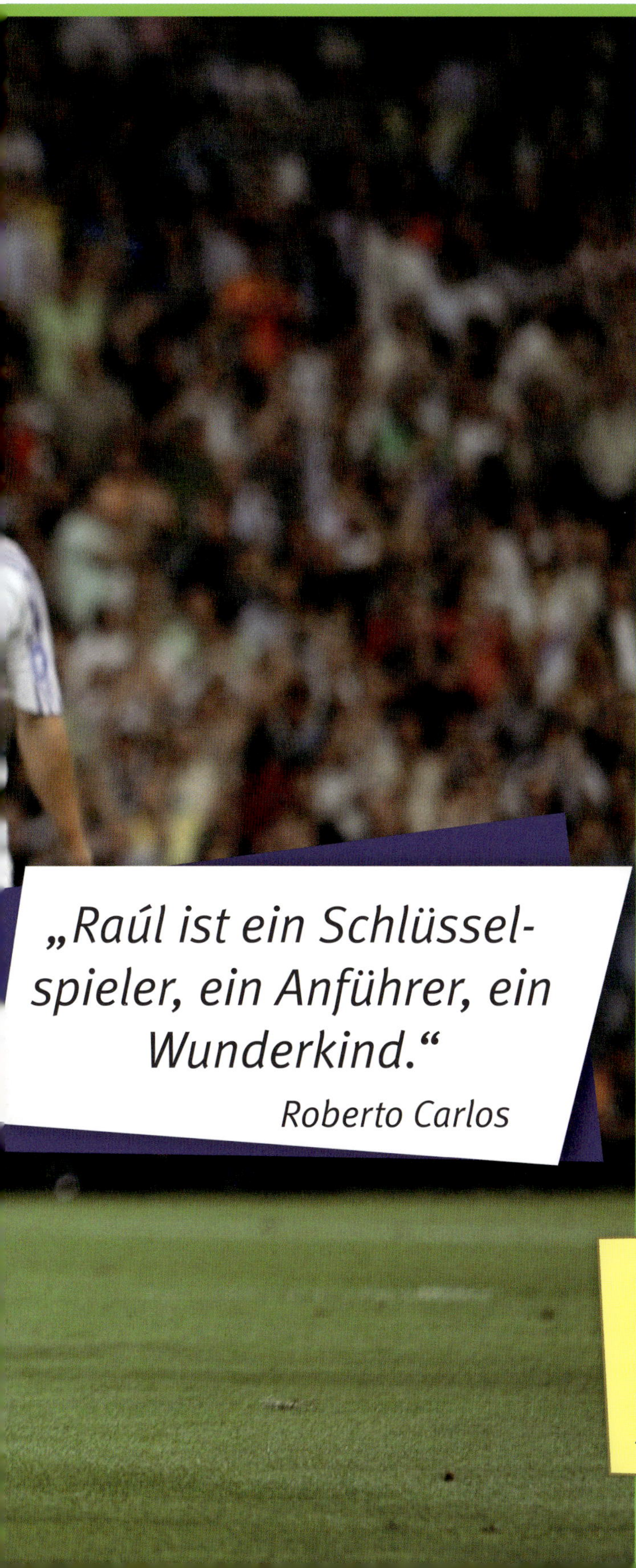

„Raúl ist ein Schlüsselspieler, ein Anführer, ein Wunderkind."

Roberto Carlos

# Der Engel von Madrid

Gerade 17 Jahre alt, gab Raúl 1994 sein Debüt im weißen Trikot. Auf seinem Rücken prangte bald die Nummer sieben, die zuvor Klublegende Emilio Butragueño getragen hatte, und als „El Siete" wurde der gebürtige Madrilene selbst zum Mythos. 2010 endete eine Ära, als „El ángel de Madrid", der Engel von Madrid, seinen Abschied bekanntgab. 550 Ligaspiele und 741 Partien insgesamt absolvierte der langjährige Kapitän für die Königlichen. Sechs Meisterschaften und drei Triumphe in der Champions League – 1998 gegen Juventus Turin, 2000 gegen FC Valencia und 2002 gegen Bayer 04 Leverkusen – gehen auf sein Konto.

In der spanischen *Selección* lief der pfeilschnelle, technisch versierte und abschlussstarke Stürmer dagegen den eigenen Ansprüchen hinterher. Bei den Welt- und Europameisterschaften von 1998 bis 2006 gehörten Raúl und Co. stets zu den Favoriten, kamen aber nie über das Viertelfinale hinaus. In der Qualifikation zur EM 2008, als die neue, Goldene Generation das Zepter übernahm, war für den Altmeister plötzlich kein Platz mehr, und der vielleicht größte spanische Stürmer aller Zeiten ging titellos in die Nationalmannschaftshistorie ein.

Geburtstag: ***27. Juni 1977***
Land: ***Spanien***
Länderspiele/Tore: ***102/44***
Vereine: ***Real Madrid, FC Schalke 04, al-Sadd Sport Club, New York Cosmos***

# Franck Ribéry

## *Der rasende Gallier*

Im dunkelblauen Trikot mit dem gallischen Hahn hatte der rasende Gallier, der seine Gegner im TGV-Tempo auszuspielen beliebte, nicht immer gut lachen. Kurz vor der WM 2006 in den Kader der *Équipe tricolore* gerutscht, avancierte er zum Shooting-Star und wurde Vizeweltmeister. Danach gelang es ihm jedoch nie, in die übergroßen Fußstapfen Zidanes zu treten, und man sah ihn selten glücklich im Nationaltrikot.

In Lederhosen, wo er mit Arjen Robben als „Robbery" eine der gefürchtetsten Flügelzangen des Weltfußballs bildete, lief es besser. In der Saison 2012/13 versprühte sein Spiel nicht nur Glanz, sondern erntete endlich auch Gloria: Nicht nur gewannen die Bayern mit dem besten Ribéry aller Zeiten mit sagenhaften 25 Punkten Vorsprung die Meisterschaft, sondern auch ungefährdet den Pokal. Der krönende Abschluss einer perfekten Spielzeit war freilich das Endspiel der Königsklasse, in dem er Arjen Robben in höchster Bedrängnis per Hackentrick zum Siegtreffer bediente. Der gerechte Lohn für das Triple: Am Ende des Jahres wurde er zu Europas Fußballer des Jahres gewählt – vor Lionel Messi und Cristiano Ronaldo.

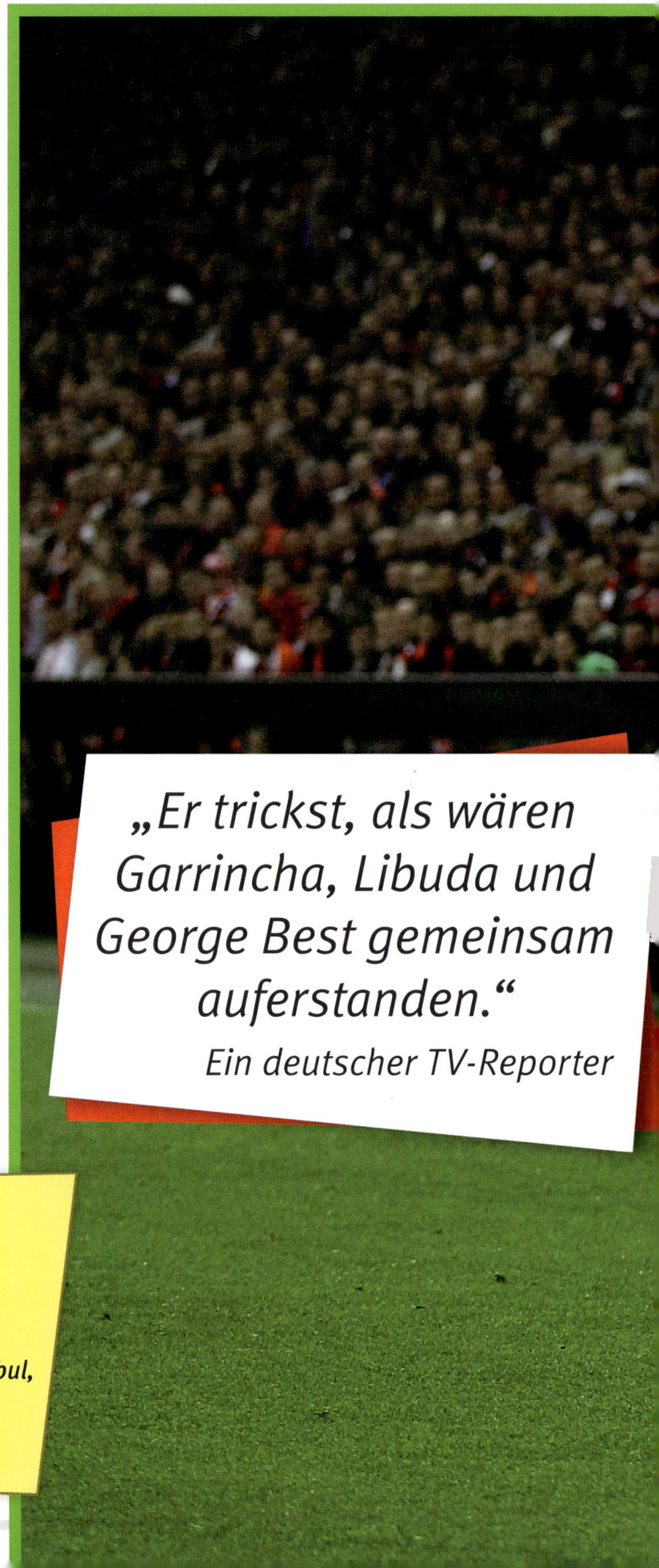

*„Er trickst, als wären Garrincha, Libuda und George Best gemeinsam auferstanden."*
*Ein deutscher TV-Reporter*

Geburtstag: ***7. April 1983***
Land: ***Frankreich***
Länderspiele/Tore: ***81/16***
Vereine: ***US Boulogne, Olympique Alès, Stade Brestois, FC Metz, Galatasaray Istanbul, Olympique Marseille, FC Bayern München, AC Florenz, US Salernitana***

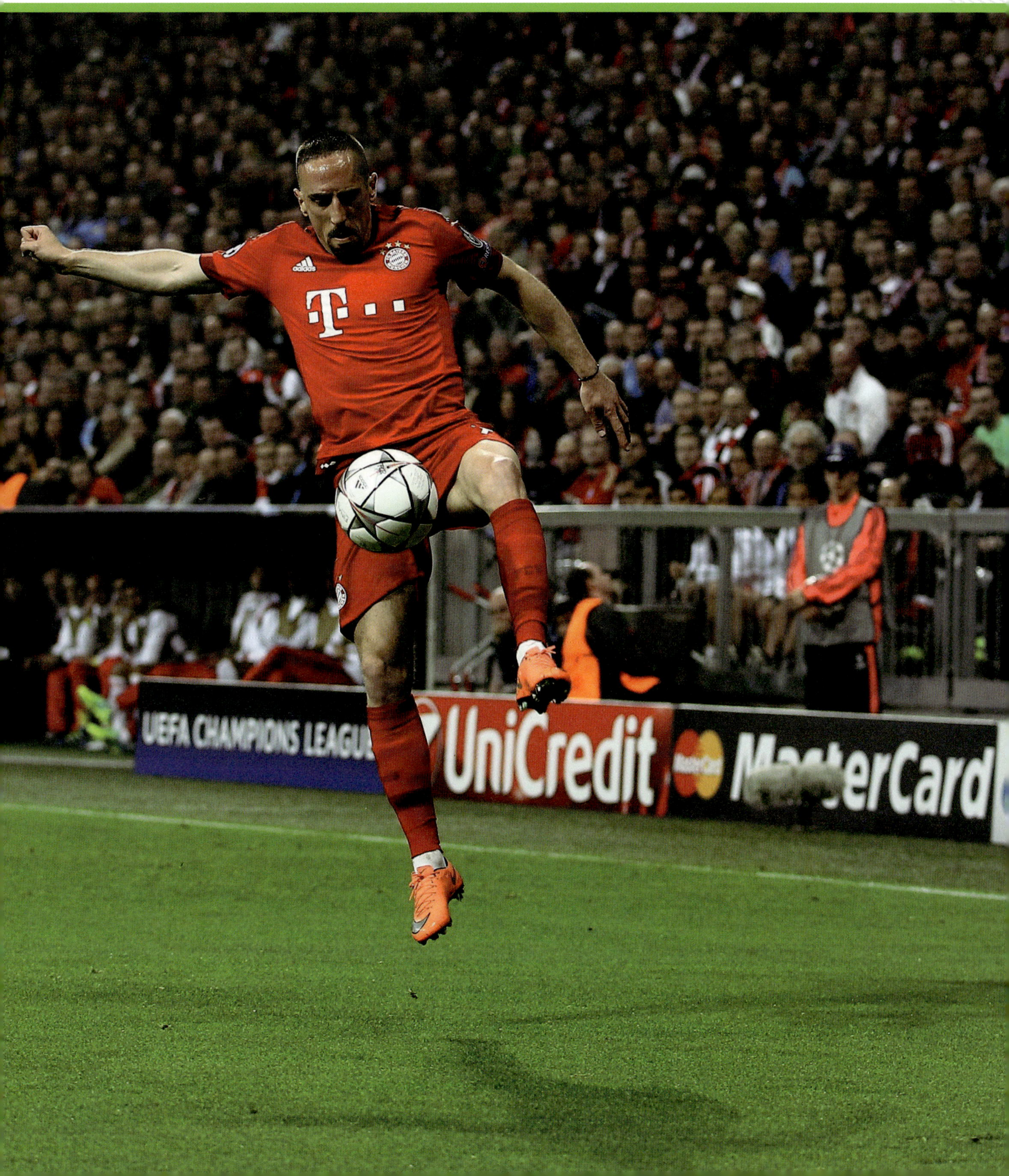
UEFA CHAMPIONS LEAGUE
UniCredit

# Arjen Robben

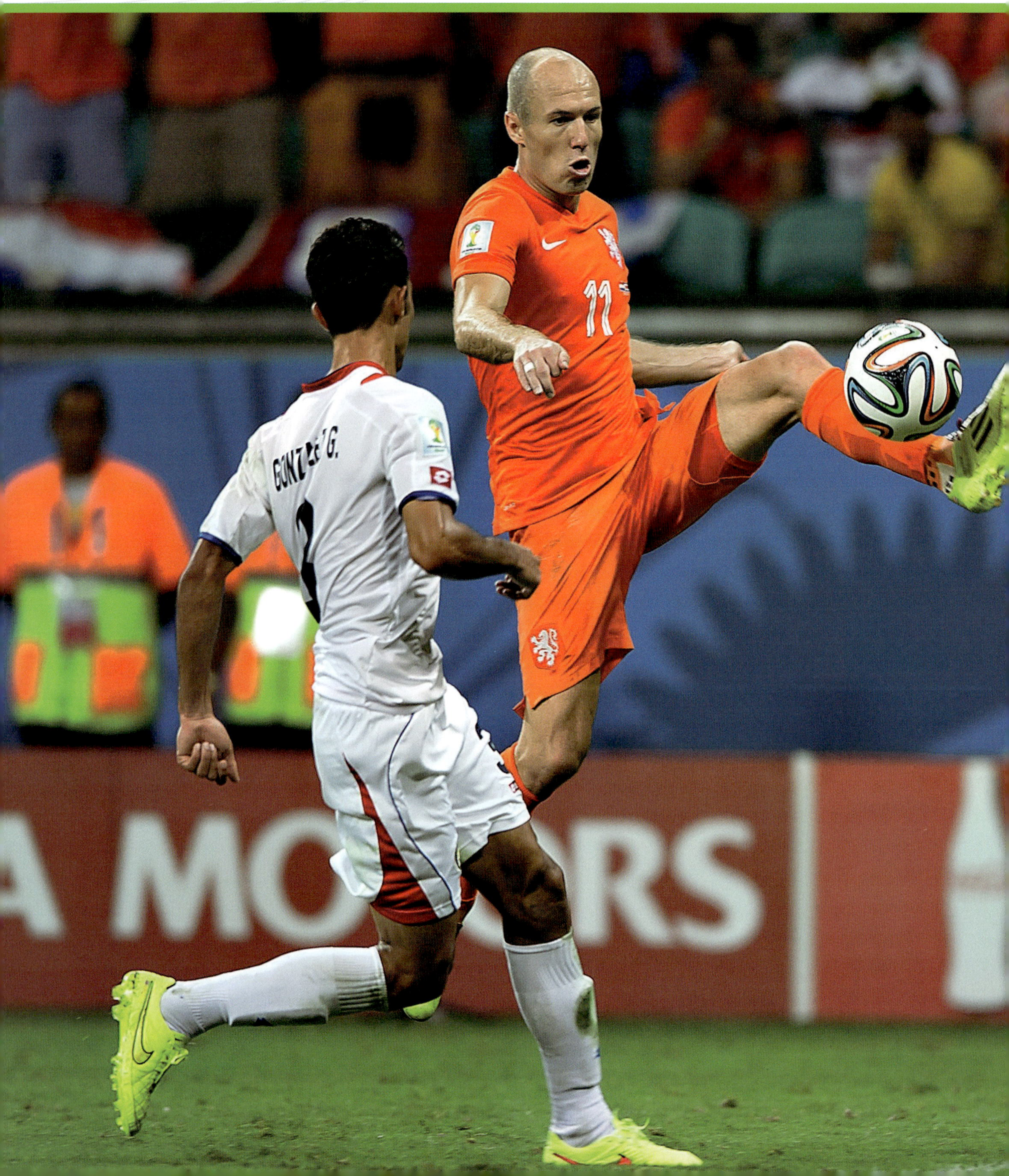

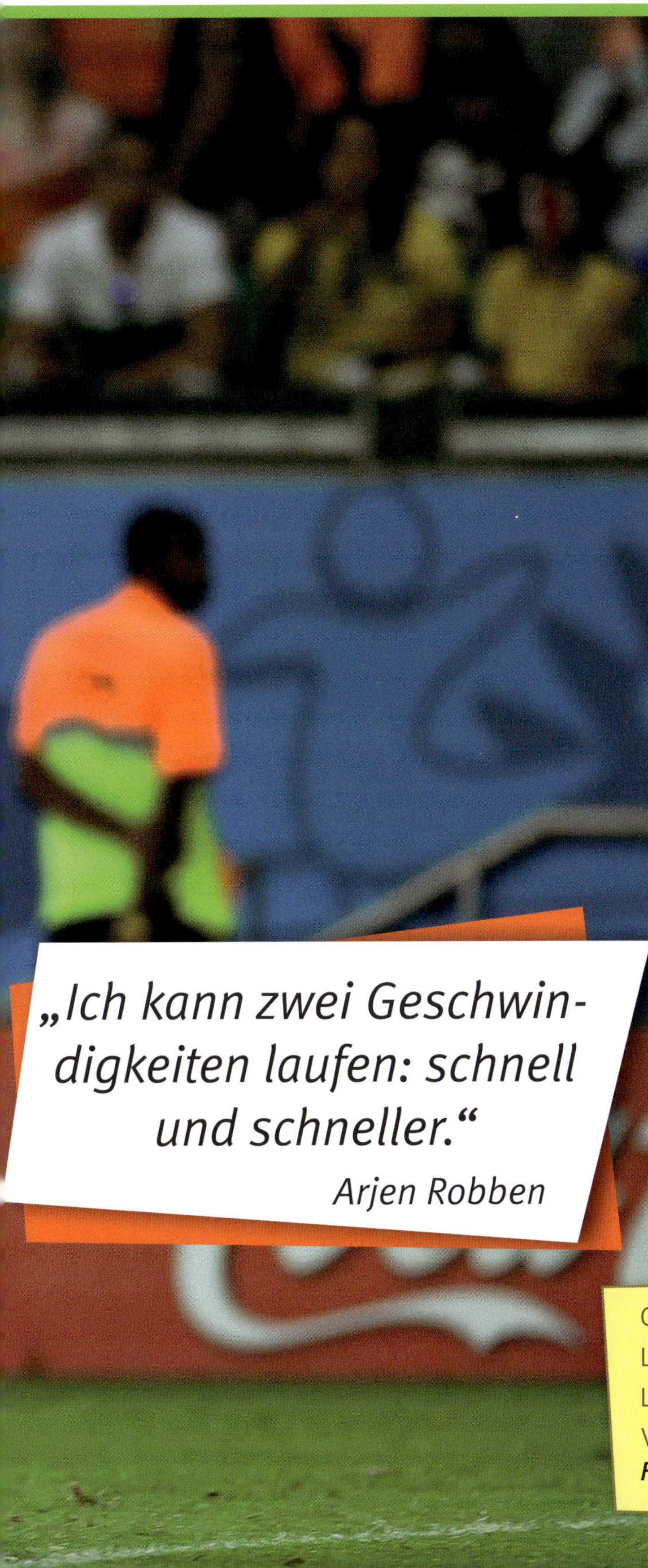

„Ich kann zwei Geschwindigkeiten laufen: schnell und schneller."

Arjen Robben

## Der dribbelnde Holländer

Drei dunkle Jahre musste Arjen Robben überstehen, allzu oft war er die Asche, aber endlich auch der helle Schein: Nachdem die Bayern 2010 das Triple im Champions-League-Endspiel gegen Inter Mailand vergeigt hatten, stand Robben nur wenige Wochen später wieder in einem großen Endspiel: Im Duell *Tiqui-taca* gegen den *Oranje-Express* hatte er völlig freistehend vor Casillas den WM-Titel auf dem Fuß, vergab aber kläglich, und das Verhängnis nahm seinen Lauf. Zwei Jahre später ein doppelter Niederschlag für Robben und die Bayern: Im Spitzenspiel gegen Borussia Dortmund vergab der sonst so eiskalte Schütze aus elf Metern und verspielte die Meisterschaft; bald darauf versemmelte er im „Finale dahoam" gegen den FC Chelsea erneut vom Punkt und damit die zweite große Chance auf den Titel in der Königsklasse.

Aber aller guten Dinge sind bekanntlich drei: 2013 gegen den BVB ließ sich der pfeilschnelle Flügelflitzer den Titel nicht noch einmal vom Fuß nehmen. Schon lief alles auf die Verlängerung hinaus, als Franck Ribéry mit der Hacke auflegte, der dribbelnde Holländer schier durch den gegnerischen Strafraum flog und aus kurzer Distanz einschob – das Triple. Endlich!

Geburtstag: ***23. Januar 1984***
Land: ***Niederlande***
Länderspiele/Tore: ***96/37***
Vereine: ***FC Groningen, PSV Eindhoven, FC Chelsea, Real Madrid, FC Bayern München***

# Roberto Carlos

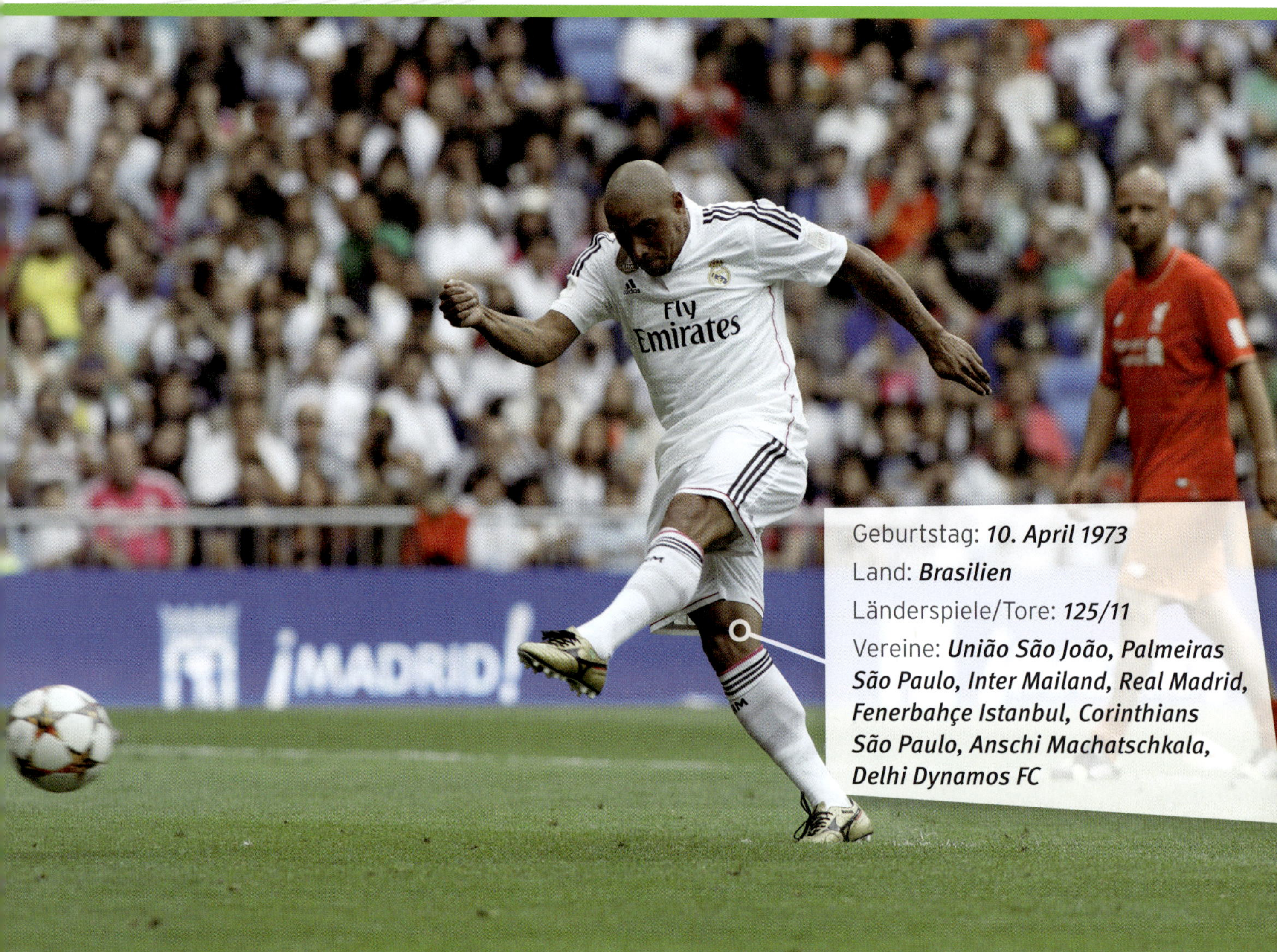


Geburtstag: ***10. April 1973***
Land: ***Brasilien***
Länderspiele/Tore: ***125/11***
Vereine: ***União São João, Palmeiras São Paulo, Inter Mailand, Real Madrid, Fenerbahçe Istanbul, Corinthians São Paulo, Anschi Machatschkala, Delhi Dynamos FC***

## *Die lebende Kanonenkugel*

Nicht nur Ronaldo, auch Roberto Carlos war ein Phänomen: Der Linksverteidiger, dessen Oberschenkel in besten Zeiten angeblich einen Umfang von 58 Zentimetern hatten, gehört zu den spektakulärsten Distanzschützen der Fußballgeschichte. Aus 20, 30 oder gar 40 Metern zimmerte der Weltmeister von 2002 das Leder mit immer neuen Rekordgeschwindigkeiten auf die gegnerischen Kästen. 202 Stundenkilometer wurden einmal gemessen – ungefähr so schnell wie ein wirklich guter Aufschlag beim Tennis. Kein Wunder, dass es manchmal so schien, als wollten Torhüter erst gar nicht versuchen, seine Geschosse zu parieren, um ihre Gesundheit nicht zu gefährden.

# James Rodríguez

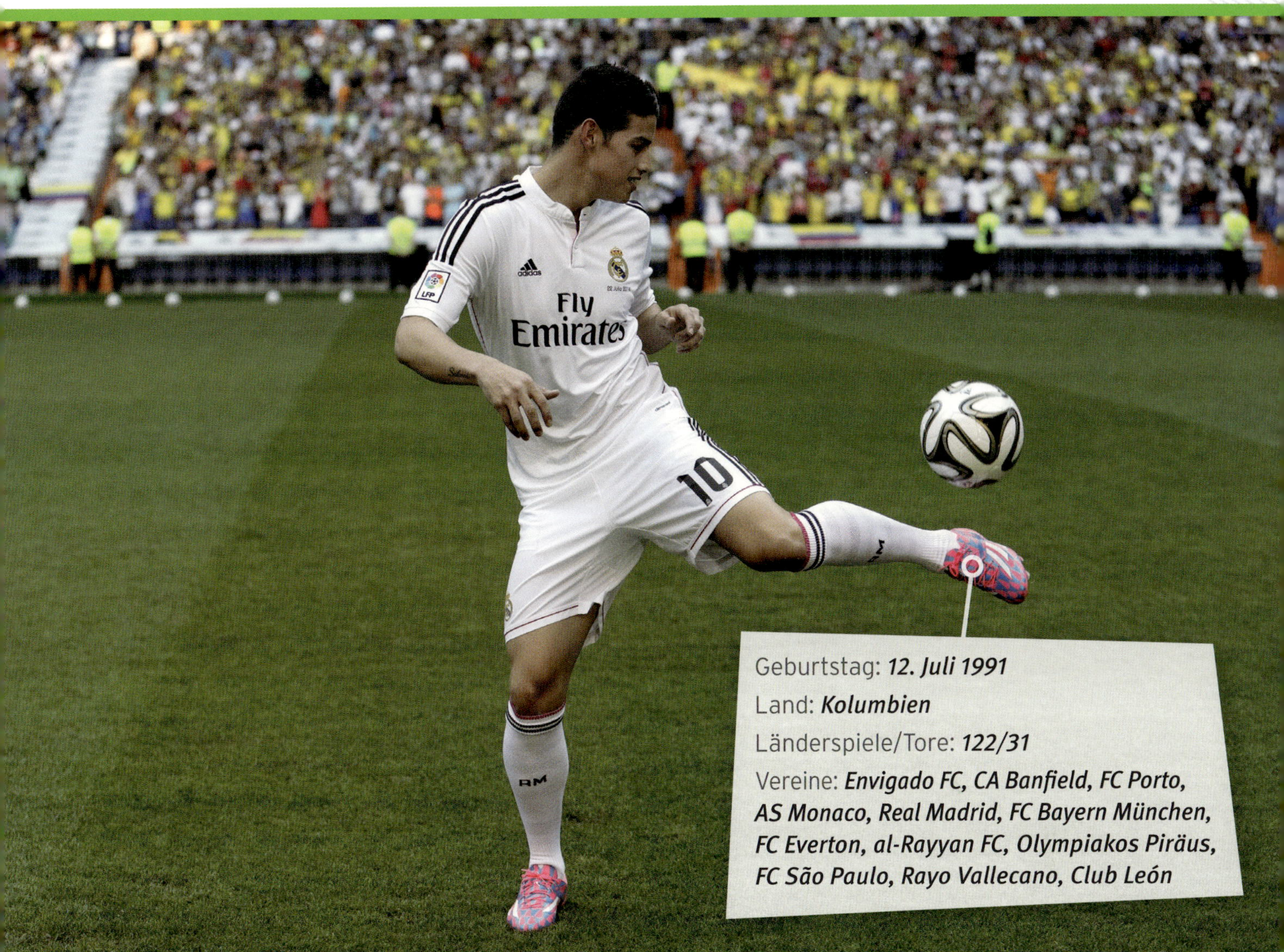

Geburtstag: ***12. Juli 1991***

Land: ***Kolumbien***

Länderspiele/Tore: ***122/31***

Vereine: ***Envigado FC, CA Banfield, FC Porto, AS Monaco, Real Madrid, FC Bayern München, FC Everton, al-Rayyan FC, Olympiakos Piräus, FC São Paulo, Rayo Vallecano, Club León***

## *Der kolumbianische Edeltechniker*

Kein Stern ging bei der Weltmeisterschaft 2014 heller auf als der des kolumbianischen Edeltechnikers. Im Vorfeld hatte sich Torgarant Radamel Falcao schwer verletzt, und nun lag alle Last auf den Schultern des Jungstars. Eine Last, die nicht zur Bürde wurde, sondern ihn beflügelte. In fünf Spielen war er dreimal „Man of the Match", traf sechsmal ins Schwarze und wurde Torschützenkönig des Turniers. Mindestens ebenso imposant wie seine Treffer waren freilich seine Spielmacherqualitäten, beidfüßigen Dribblings und Konterattacken über die Flügel, denen die Griechen, Ivorer, Japaner und Uruguayer nichts entgegenzusetzen hatten und die auch Brasilien in Bedrängnis brachten.

# Ronaldinho

> „Der Ball ist meine Freundin.“
> *Ronaldinho*

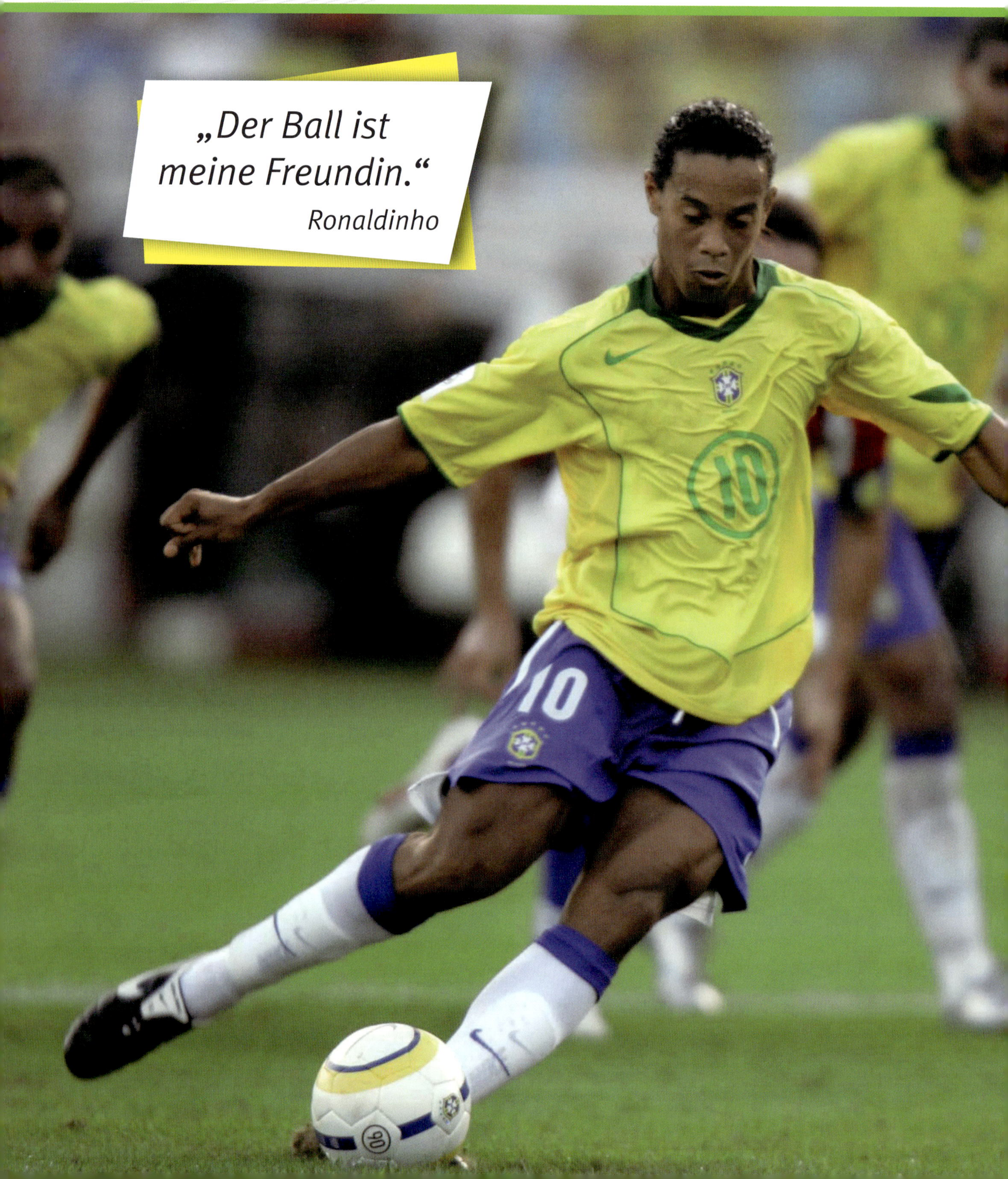

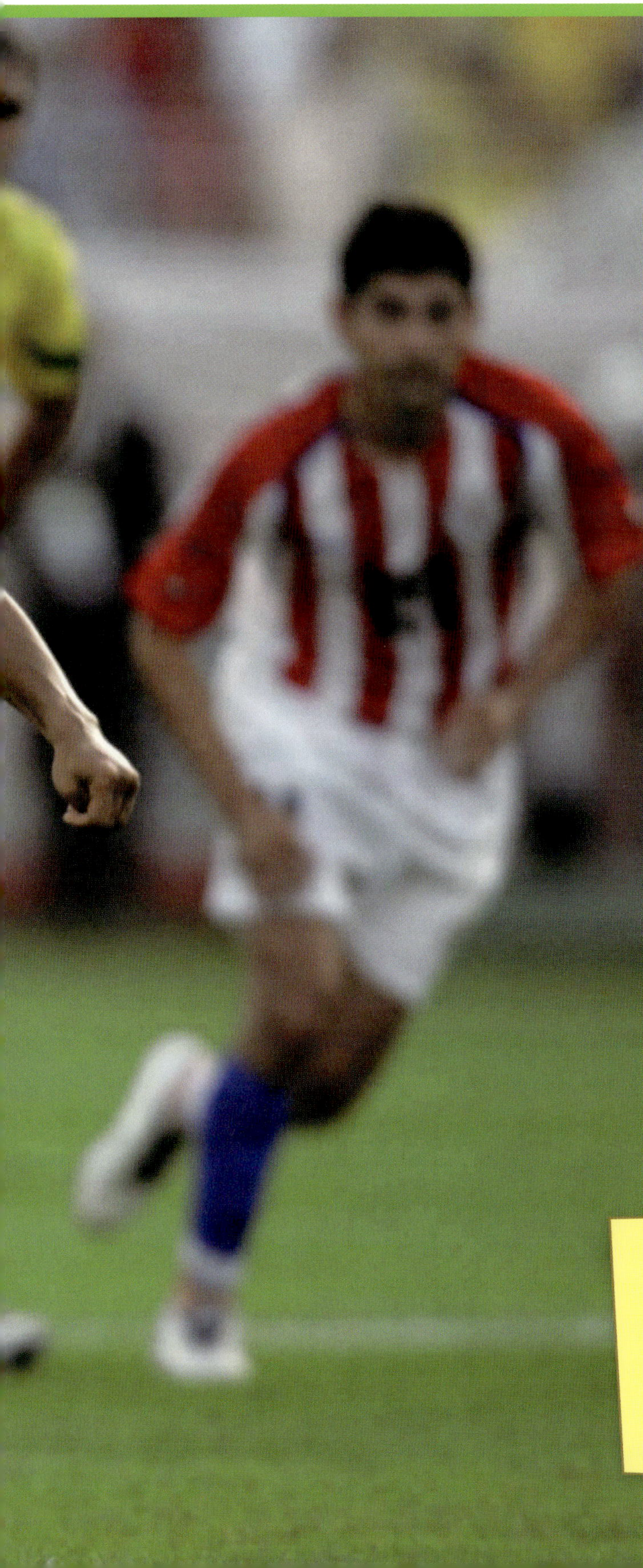

## Der Ballzauberer

In guten wie in schlechten Zeiten – nie sah man Ronaldinho ohne ein Lächeln auf dem Gesicht. Und wenn es je einen Fußballer gab, auf den das Wort Spielfreude maßgeschneidert passte, dann auf den gewitzten Ballzauberer. Mit unzähligen Übersteigern, Finten und technischen Kabinettstückchen narrte er die gegnerischen Defensivreihen und brachte einen Abwehrrecken nach dem anderen zur Verzweiflung.

Doch nicht immer hatte der Straßenfußballer, Tempodribbler und Ballartist gut lachen. Bei der WM 2002 wurde der Nachwuchsstar etwas überraschend zur ganz großen Nummer im Fußballzirkus und gewann mit 22 Jahren den Titel. Im Jahr darauf wechselte er zu Barça, wo er Superstar eines neuen Teams unter Frank Rijkaard wurde. In der Blüte seines Könnens wählte man ihn 2004 zur Europas Fußballer, 2004 und 2005 zum Weltfußballer. Und er steuerte 2006 sieben Tore bei, als die Katalanen die Königsklasse gewannen – erstmals seit 14 Jahren. Nachdem ihm in der Folge nicht mehr viel gelang, ging er zurück nach Brasilien, wo sich in viel Schatten auch Licht mischte: 2013 gewann er nicht nur die Copa Libertadores, sondern wurde auch als Südamerikas Fußballer des Jahres geehrt.

Geburtstag: ***21. März 1980***
Land: ***Brasilien***
Länderspiele/Tore: ***97/33***
Vereine: ***Grêmio FBPA, Paris Saint-Germain, FC Barcelona, AC Mailand, CR Flamengo, Atlético Mineiro, Querétaro Fútbol Club, Fluminense Rio de Janeiro***

# Ronaldo

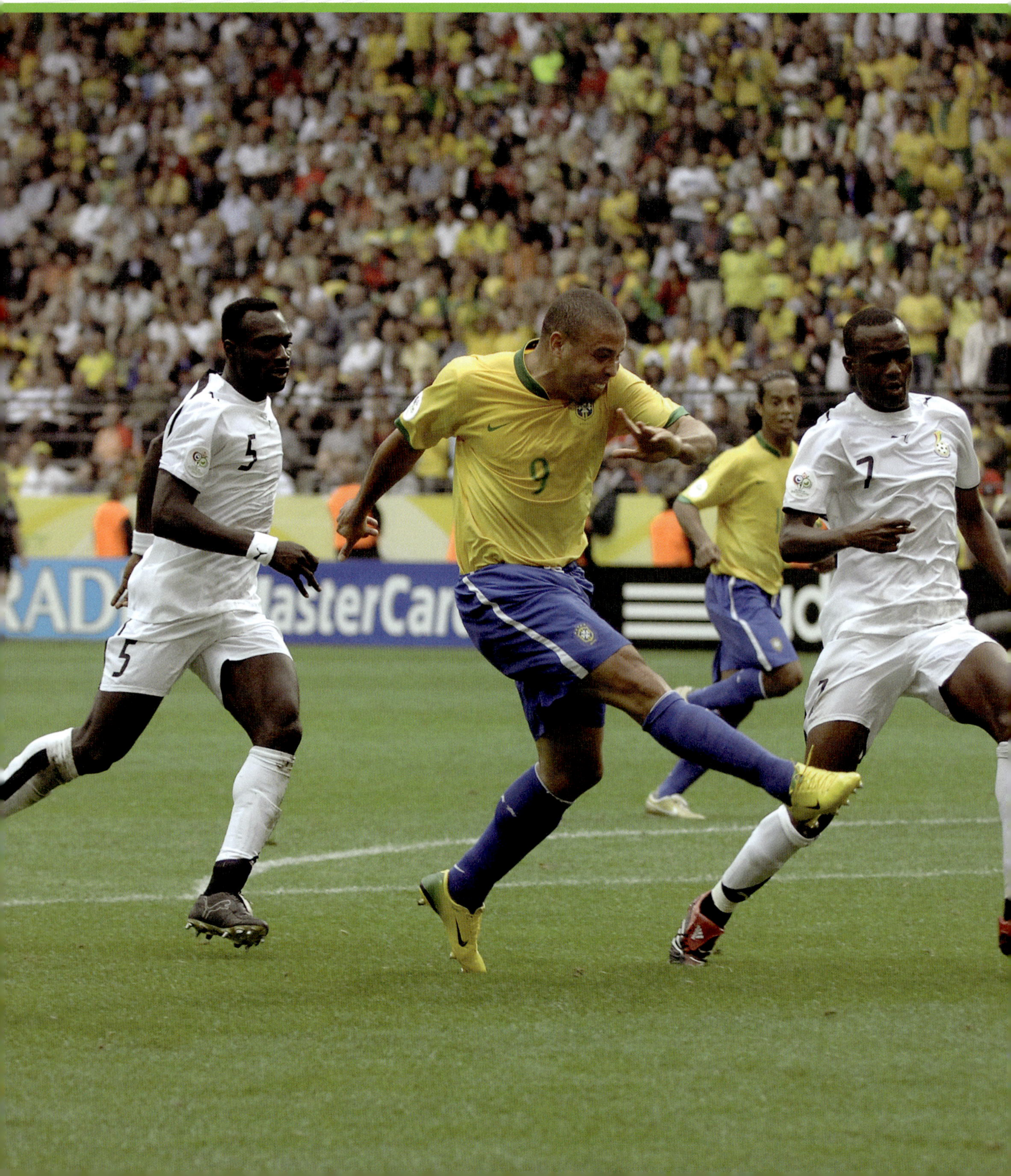

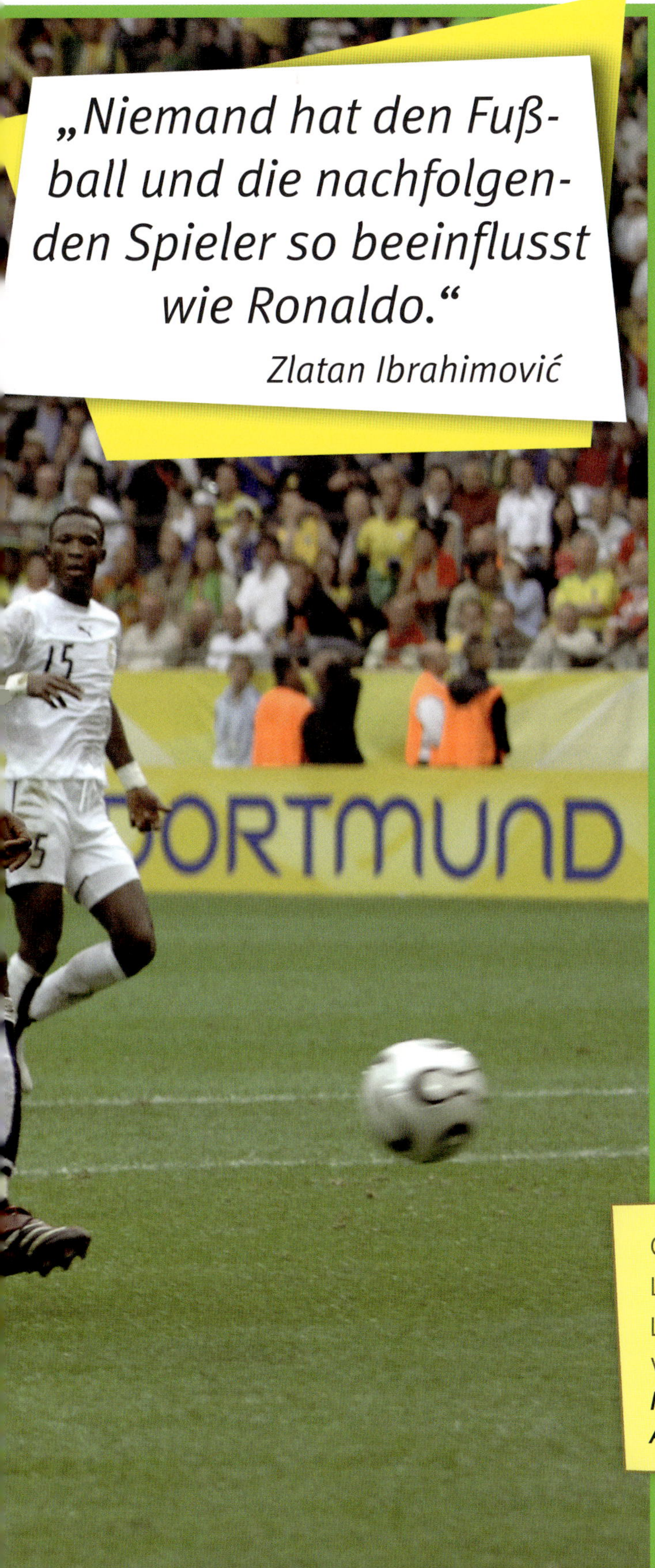

> „Niemand hat den Fußball und die nachfolgenden Spieler so beeinflusst wie Ronaldo.“
>
> Zlatan Ibrahimović

## Das Phänomen

„Il Fenômeno“ – das Phänomen – taufte ihn die italienische Presse, als er 1997 zu Inter Mailand wechselte. Bei der PSV Eindhoven war das brasilianische Wunderkind kometenhaft aufgestiegen, hatte eine gigantische Saison in Barcelona gespielt und war anfangs auch bei den *Nerazzurri* nicht zu stoppen. Doch früh begannen die Verletzungen, und der Weltfußballer von 1996, 1997 und 2002 konnte später nicht mehr an die außerirdische Form seiner frühen Jahre anschließen.

1994, mit 17 Jahren, fuhr Ronaldo mit der *Seleção* zur WM, blieb zwar ohne Einsatz, wurde aber trotzdem Weltmeister. Vor dem Endspiel von 1998 erlitt er einen ominösen Anfall und machte das schlechteste Spiel seiner Karriere. 2002 bildete er mit Ronaldinho und Rivaldo ein unwiderstehliches *Trio infernale,* traf in der Manier eines klassischen Mittelstürmers sagenhafte achtmal in sieben Spielen, schoss den zuvor schier unüberwindlichen Titan Kahn im Endspiel mit zwei Toren ab und war schon wieder Weltmeister. Mit 15 Toren führte Ronaldo die WM-Torschützenliste ab 2006 an – bis Miro Klose seinen „Rekord für die Ewigkeit“ 2014 nach nicht einmal einem Jahrzehnt übertrumpfte.

Geburtstag: ***22. September 1976***
Land: ***Brasilien***
Länderspiele/Tore: ***98/62***
Vereine: ***Cruzeiro Belo Horizonte, PSV Eindhoven, FC Barcelona, Inter Mailand, Real Madrid, AC Mailand, Corinthians São Paulo***

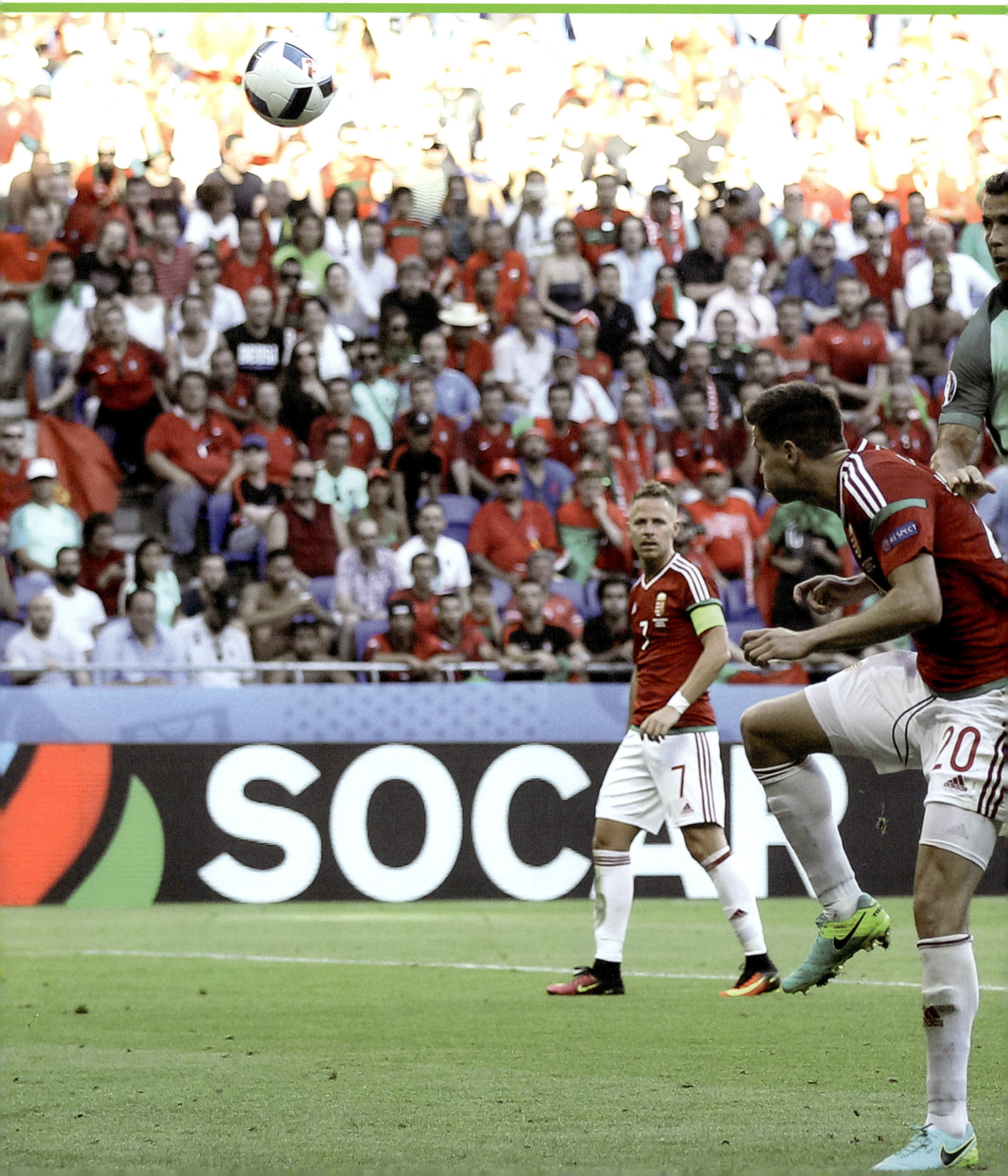
SOCAR

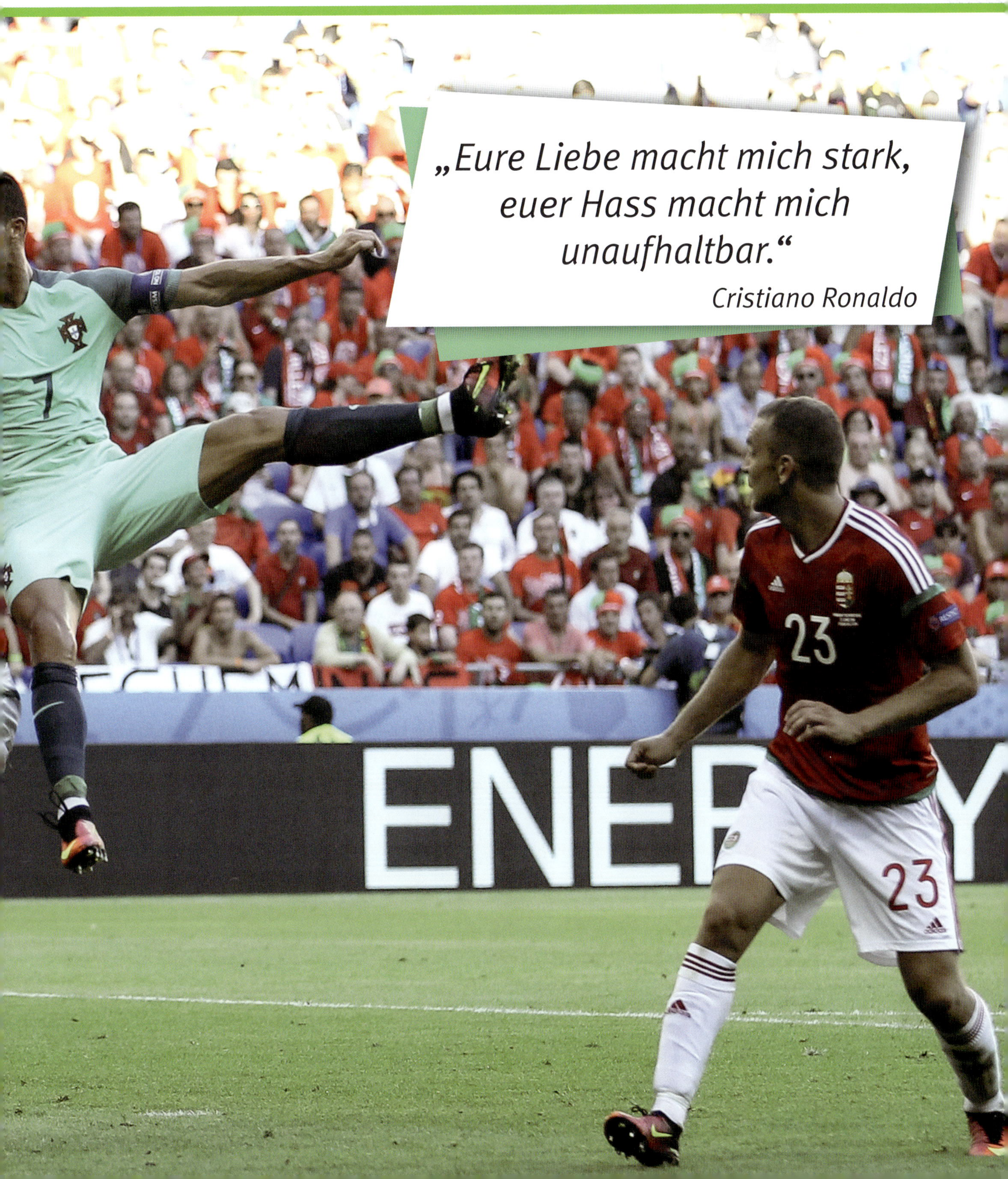

*„Eure Liebe macht mich stark, euer Hass macht mich unaufhaltbar.“*

*Cristiano Ronaldo*

# Cristiano Ronaldo

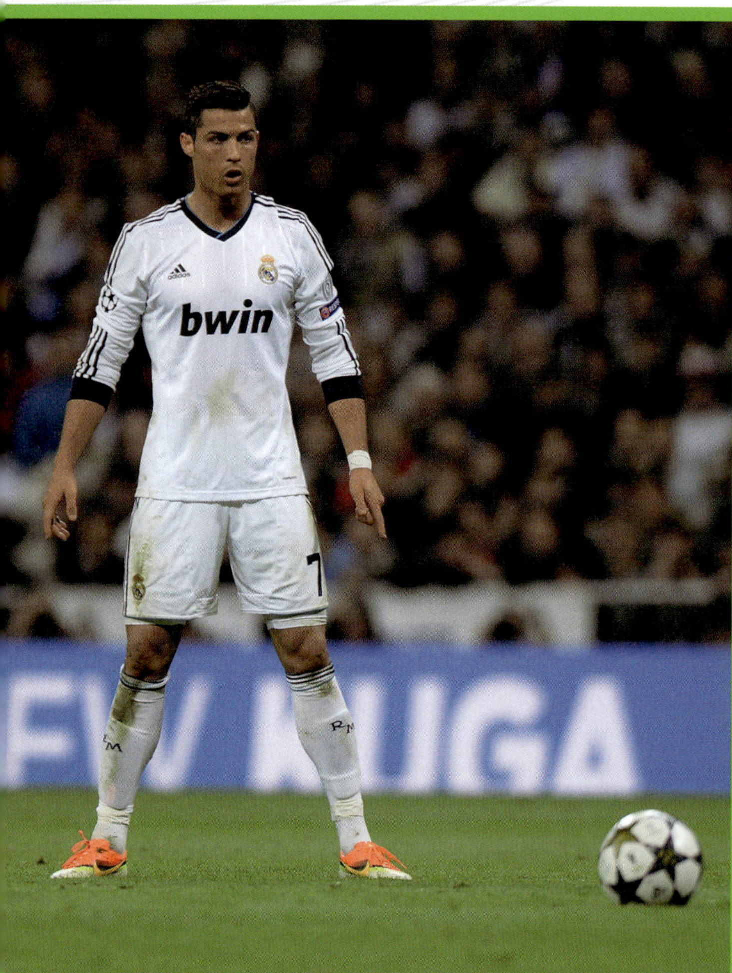


## *Narziss und Goldfuß*

Die Pfeife des Schiedsrichters ertönt – Freistoß für ManU, Real, Juve oder die *Seleção das Quinas.* Klare Sache, Cristiano Ronaldo übernimmt. Er fixiert das Tor, geht mit theatralischen Stechschritten rückwärts und baut sich betont breitbeinig auf, ganz Wildwest-Revolverheld beim letzten Showdown. Treffer oder nicht, alle seine Aktionen kommentiert er mit der exaltierten Mimik dessen, der die Sonne ist, um die alles kreist. Mancher Fußballfan sieht in ihm einen selbstverliebten Schönling, eine unwirkliche Comicfigur, einen maßlos übertreibenden Schauspieler; andere den besten, spektakulärsten, anbetungswürdigsten Fußballer seit Erfindung des Lederballs – und vergöttern CR7 so fanatisch, wie es das seit den besten Tagen von D1OS alias Diego Maradona nicht mehr gegeben hat. Keine Frage, die Phrase „Entweder man liebt oder man hasst ihn" passt auf keinen Fußballer besser. Fraglos ist der Mann von der Blumeninsel Madeira beides: Narziss und Goldfuß. Da es nur einen geben kann, einen besten Ballartisten des Planeten, war er regelmäßig gekränkt, wenn Lionel Messi zum Weltfußballer gewählt wurde. Ab 2008 machten die beiden ewigen Kontrahenten die höchste individuelle Auszeichnung fast unter sich aus und trieben sich gegenseitig zu immer gigantischeren Bestleistungen an. Ronaldo ist der ewige Rekordtorschütze der Königlichen, hat die beste Trefferquote der Primera División zu Buche stehen und mit 140 Toren in 183 Partien alle Torrekorde der Champions League pulverisiert. Und selbstverständlich hat er im Trikot der *Seleção* alle Spieler weltweit sowohl nach Spielen als auch nach Toren hinter sich gelassen – und ist mit 14 Treffern Rekordtorschütze der EM-Geschichte.

Geburtstag: ***5. Februar 1985***
Land: ***Portugal***
Länderspiele/Tore: ***226/143***
Vereine: ***Sporting Lissabon, Manchester United, Real Madrid, Juventus Turin, al-Nassr FC***

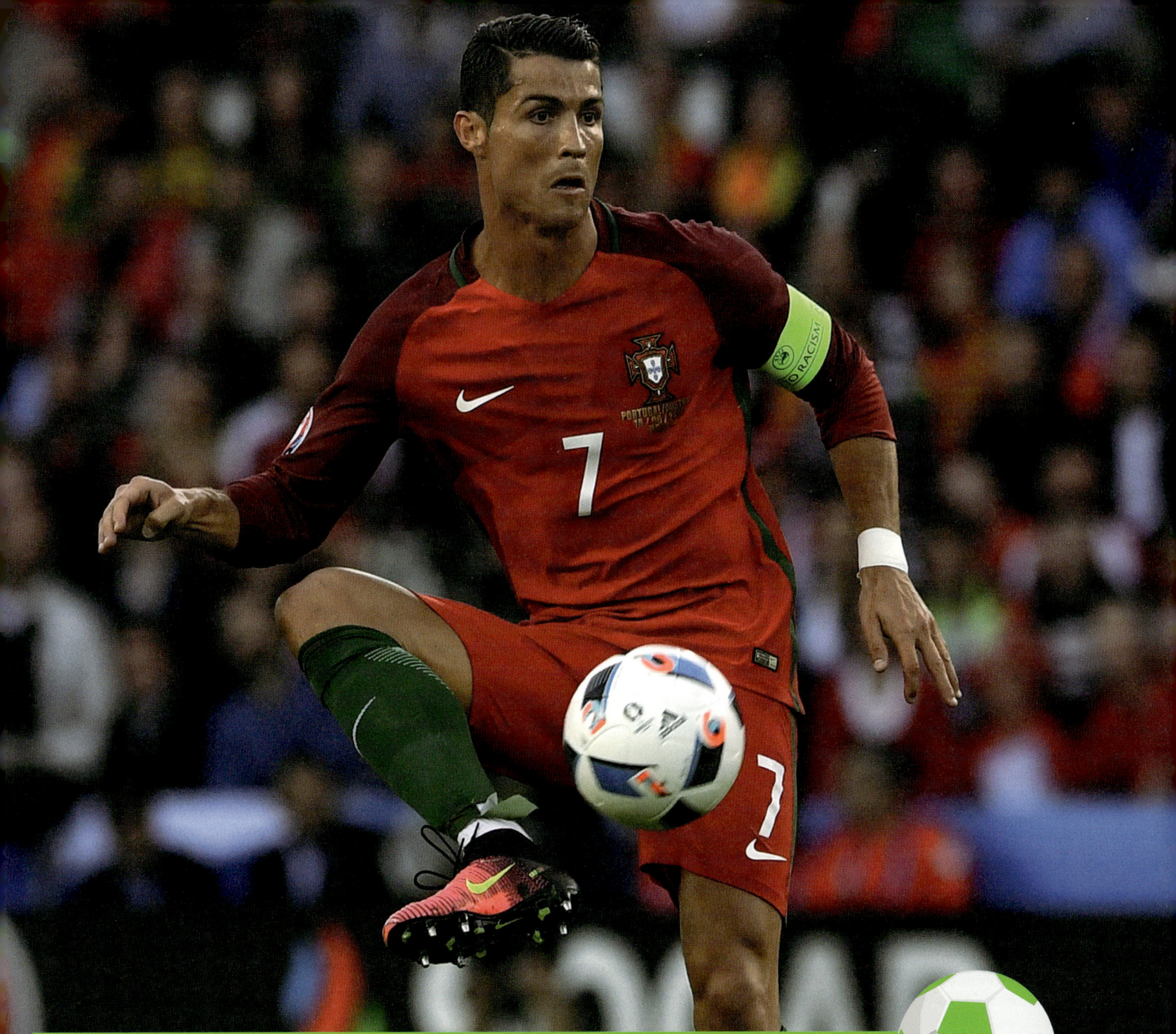

## La Decima und A Primeira

In seinen Anfängen ein brotloser Schönspieler, entwickelte sich Ronaldo im kampfbetonten englischen Fußball zum gnadenlosen Vollstrecker. 2013/14 stellte er mit 17 Toren einen neuen Fabelrekord in der Königsklasse auf, als Real „La Decima", Titel Nummer zehn, gewann. Und auch im Trikot der portugiesischen Elf trug er sich in die Geschichtsbücher ein: CR7 der Jüngere musste sich 2004 vor heimischen Rängen bei seinem Turnierdebüt noch mit Silber begnügen. 2016, als schon kaum jemand mehr damit rechnete, fuhr CR7 der Ältere die Ernte ein: Ohne Torrausch-Glanz und Hacke-Spitze-Gloria, aber mit dem unbändigen Willen nach „A Primeira", Titel Nummer eins, überstand die *Seleção* Runde um Runde. Verletzt übernahm der Megastar im Finale die Rolle des Co-Trainers, und der Jubel kannte keine Grenzen, als das Wunder in der Verlängerung wahr wurde.

# Wayne Rooney

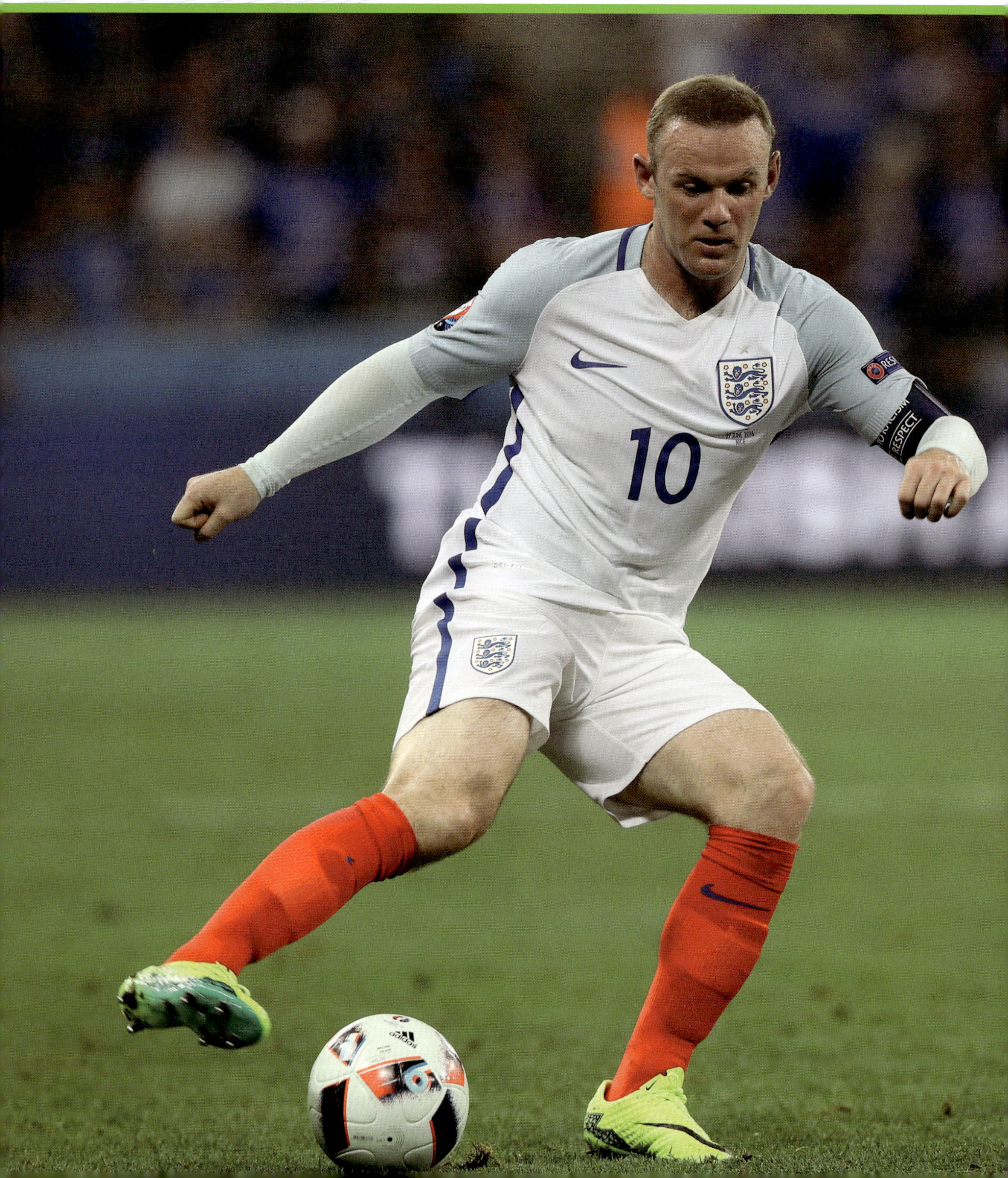

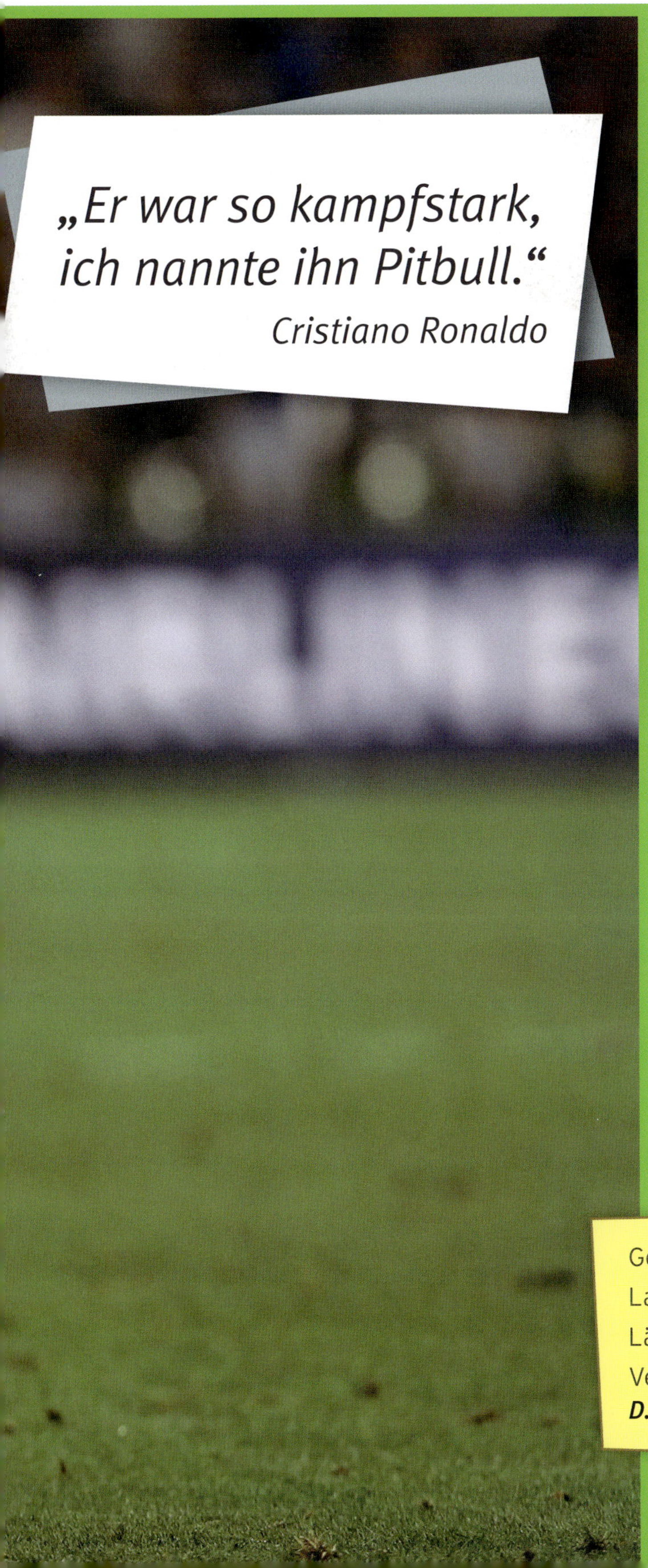

*„Er war so kampfstark, ich nannte ihn Pitbull.“*

*Cristiano Ronaldo*

# Der treffsichere Boxer

Der Sohn eines Amateurboxers irischer Abstammung betrat den Ring beizeiten: Mit neun Jahren erzielte der Frühreife in einer Spielzeit 99 Tore. Mit 16 Jahren und 360 Tagen traf Rooney erstmals in der Premier League. Mit 17 Jahren und 111 Tagen war er zwischenzeitlich der jüngste Nationalspieler der englischen Fußballgeschichte, mit 17 Jahren und 317 Tagen wurde er der jüngste Torschütze der *Three Lions,* mit 18 Jahren und 237 Tagen kurzzeitig zum jüngsten Torschützen einer Europameisterschaft – und mit vier Toren bei der EM 2004 endgültig zum Superstar von der Insel.

Schon in seinen jungen Tagen verfügte der Boxer über einen harten, treffsicheren Punch, wurde für seine bissige Aggressivität an vorderster Front gefürchtet, und sein energiegeladenes, temporeiches Spiel baute auf einer imposant bulligen Physis auf. Mit den Jahren rückte nicht nur der Haaransatz nach hinten, sondern auch Rooney, der sich von einer echten Neun in einen vielseitigen Offensivakteur mit Spielmacherqualitäten verwandelte. Wo das Tor steht, vergaß er freilich nie und war mit 53 Toren in 120 Partien für England bis 2023, als er von Harry Kane überholt wurde, Rekordschütze der *Three Lions.*

Geburtstag: ***24. Oktober 1985***
Land: ***England***
Länderspiele/Tore: ***120/53***
Vereine: ***FC Everton, Manchester United, D.C. United, Derby County***

# Mohamed Salah

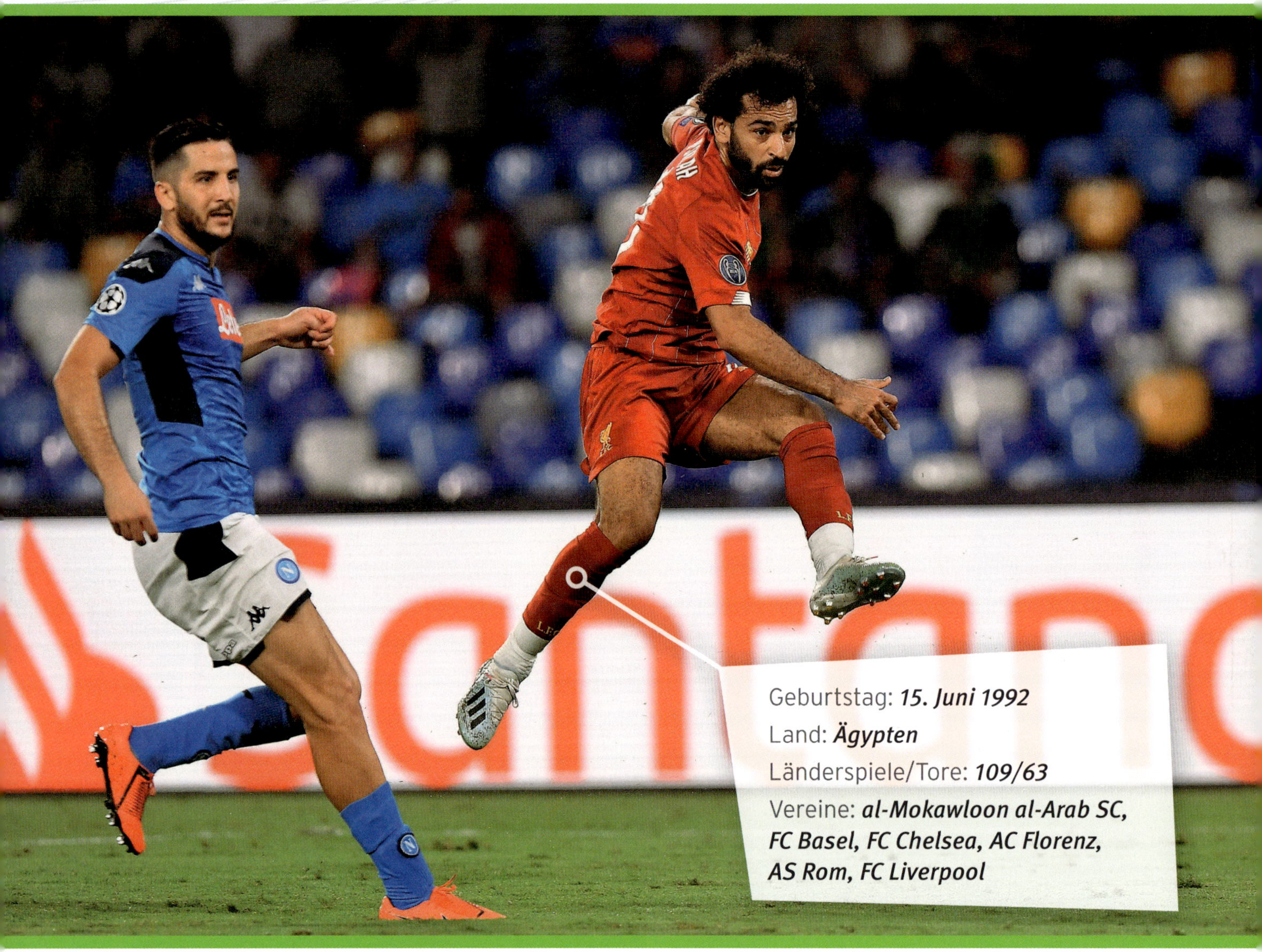

Geburtstag: ***15. Juni 1992***
Land: ***Ägypten***
Länderspiele/Tore: ***109/63***
Vereine: ***al-Mokawloon al-Arab SC, FC Basel, FC Chelsea, AC Florenz, AS Rom, FC Liverpool***

## *Der Pharao von Liverpool*

Nachdem seine Karriere bis dahin ein einziges Auf und Ab gewesen war, wechselte „Mo" Salah 2017, längst im besten Fußballeralter, zum FC Liverpool – und bei den *Reds* ging es dann nur noch in eine Richtung: steil aufwärts. Mit dem Senegalesen Sadio Mané auf dem linken Flügel und dem Brasilianer Roberto Firmino im Zentrum bildete der spätberufene Weltklasserechtsaußen über Jahre ein brandgefährliches Sturmtrio. 2018 scheiterten sie im Endspiel der Champions League noch an den Königlichen aus Madrid, 2019 waren sie dann nicht mehr zu stoppen: Salah machte beim 2:0 im Finale die Führung gegen die Heißsporne aus Tottenham und krönte sich zum Pharao von Liverpool.

# Edwin van der Sar

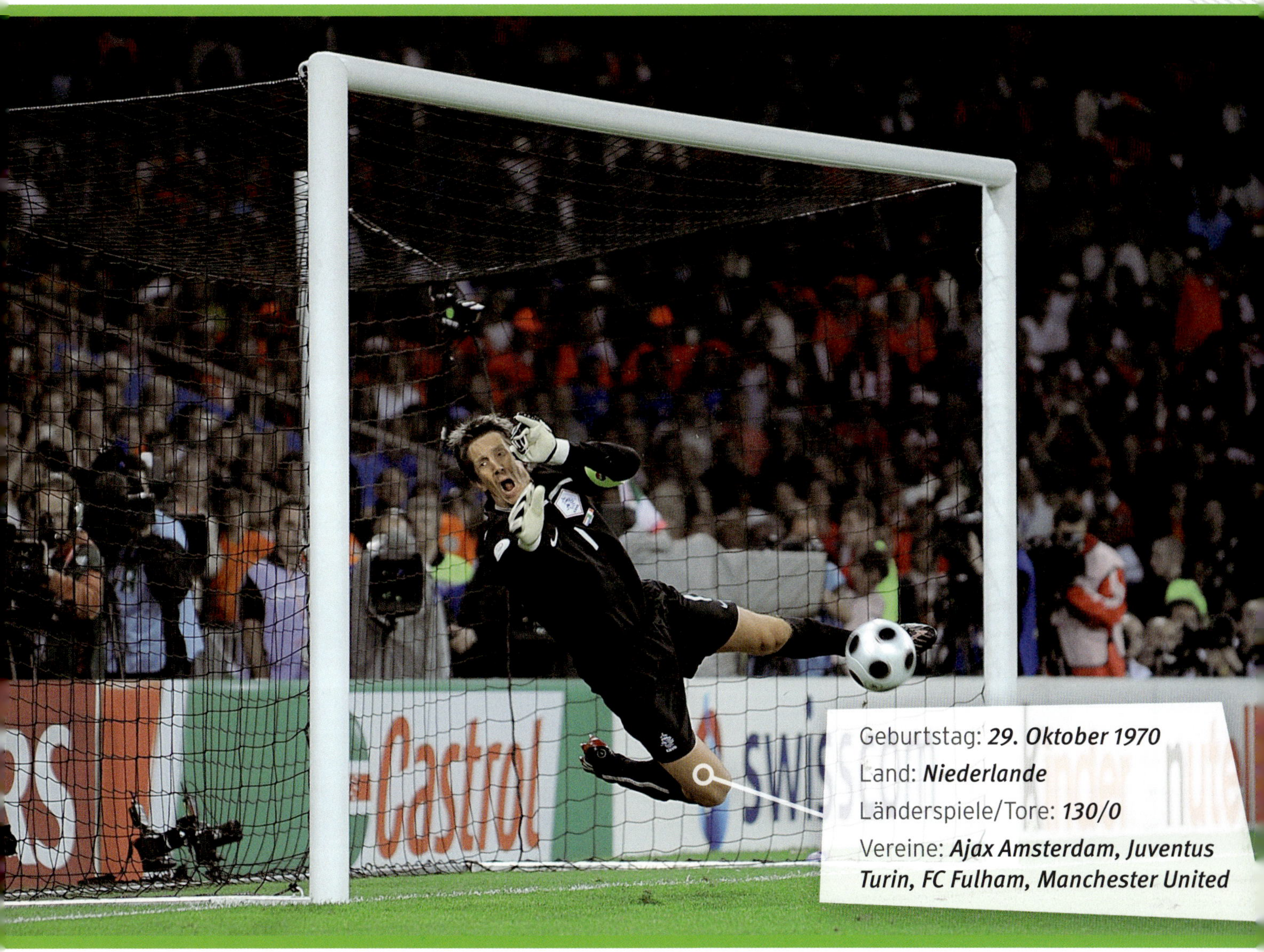


Geburtstag: ***29. Oktober 1970***
Land: ***Niederlande***
Länderspiele/Tore: ***130/0***
Vereine: ***Ajax Amsterdam, Juventus Turin, FC Fulham, Manchester United***

## *Der fliegende Holländer*

Kein Spieler ist wohl so gut als Bindeglied zwischen dem alten und dem neuen Fußballjahrhundert geeignet wie der fliegende Holländer. 1992 übernahm er den Kasten von Ajax und gewann 1995 gegen den AC Mailand die Champions League. Sage und schreibe 13 Jahre später triumphierte er zum zweiten Mal in der Königsklasse, diesmal im Trikot von Manchester United und gegen den FC Chelsea. Der „mitspielende" Torhüter, der zur Not auch den Libero geben konnte, hütete bei sechs Welt- und Europameisterschaften das Tor von *Oranje,* stand dreimal im Halbfinale, doch Brasilien machte 1998, Italien 2000 und Portugal 2004 alle holländischen Titelträume zunichte.

# Andrij Schewtschenko

Geburtstag: ***29. September 1976***
Land: ***Sowjetunion/Ukraine***
Länderspiele/Tore: ***111/48***
Vereine: ***Dynamo Kiew, AC Mailand, FC Chelsea***

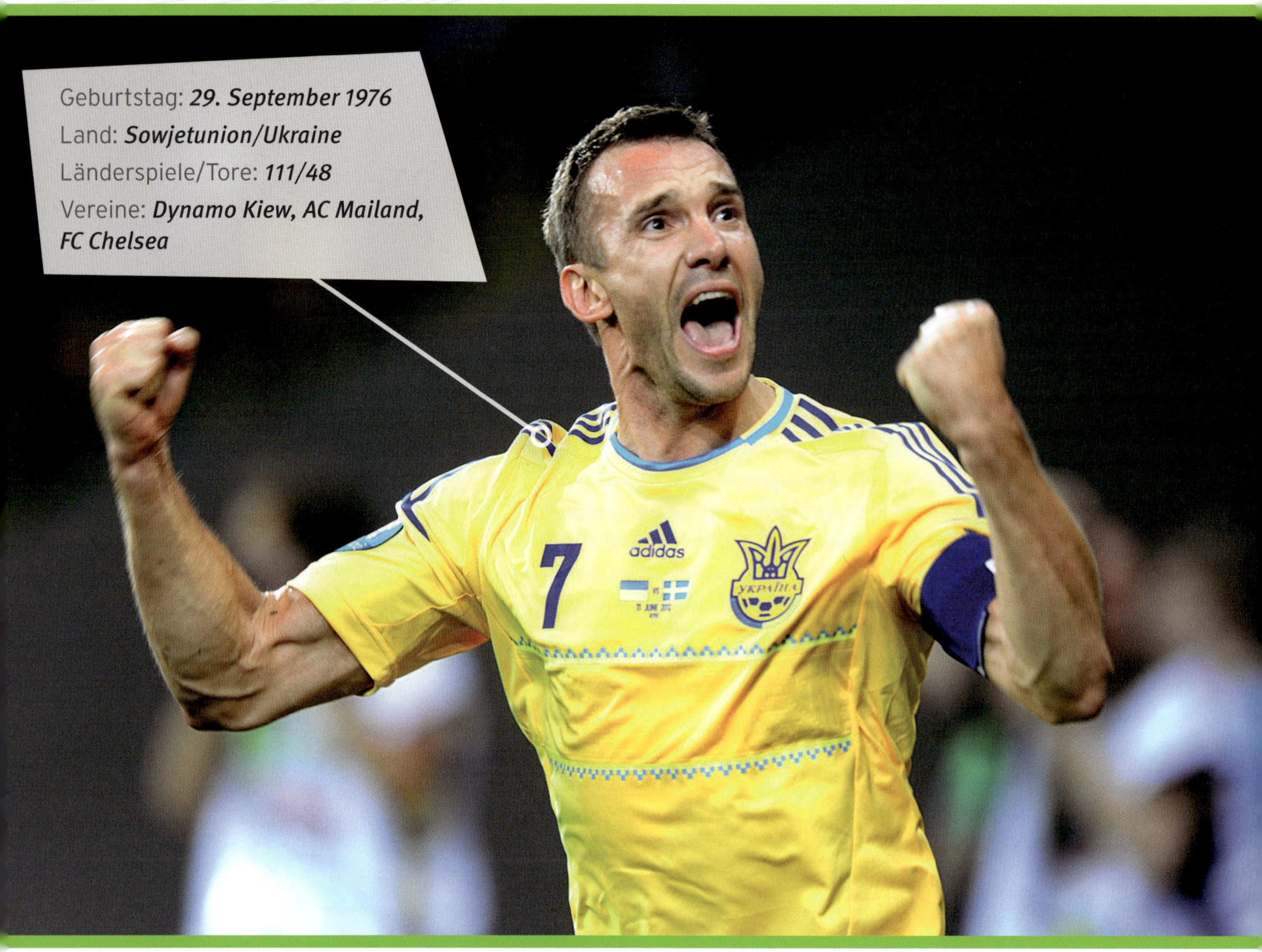


## *Die gelb-blaue Legende*

Kraftvoll, dynamisch, schnörkellos und mit einem gewaltigen Schuss gesegnet – wenn Andrij Schewtschenko das Leder bekam, wurde jeder Angriff zum atemberaubenden Sturmlauf. In zwölf Champions-League-Spielzeiten lief der beste ukrainische Kicker seit Oleg Blochin 100 Mal für Dynamo Kiew, den AC Mailand und FC Chelsea auf und versenkte 48 Mal das Runde im Eckigen. Zweimal war der Vollblutstürmer Torschützenkönig der Königsklasse, 2003 gewann er mit den *Rossoneri* den Henkelpott. Längst eine lebende Legende in der einstigen Sowjetrepublik, traf er doppelt, als die Gelb-Blauen 2006 ihr WM-Debüt feierten, und wieder doppelt, als die EM 2012 vor heimischen Rängen stattfand.

# Paul Scholes

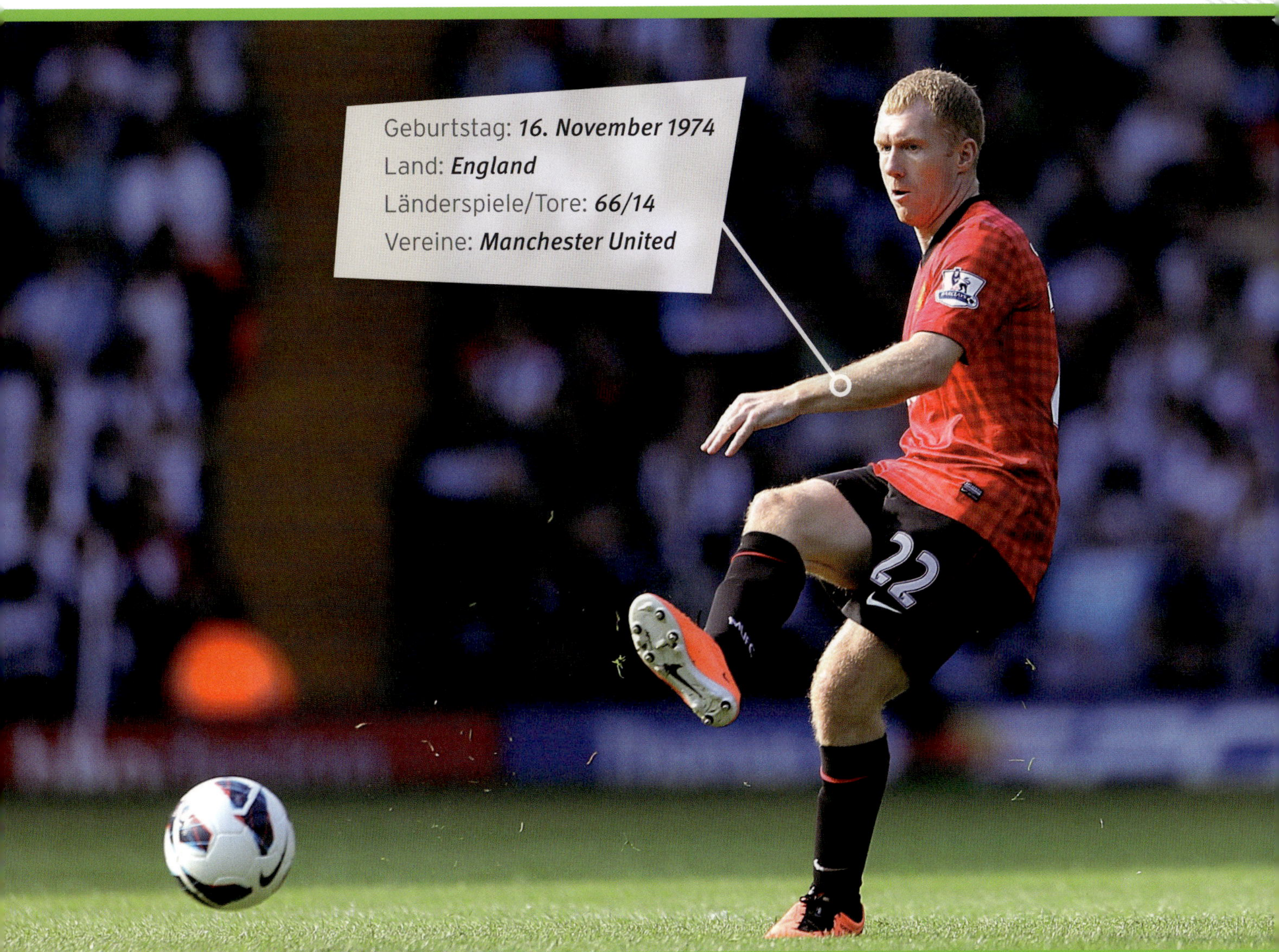


## *Der Klassensprecher*

In Greater Manchester geboren, gehörte der Rotschopf mit irischen Wurzeln zu Uniteds „Class of 92", in der auch David Beckham, Nicky Butt, Ryan Giggs, Gary und Phil Neville die hohe englische Fußballschule durchliefen. Der Strippenzieher in der Schaltzentrale sowohl der *Red Devils* als auch der *Three Lions* wurde in 718 Einsätzen für ManU und mit elf Meisterschaften zur Vereinslegende, nicht nur wegen seiner Übersicht und seines Passspiels, sondern auch wegen seines bedingungslosen Einsatzes – der ihn freilich auch zum König der Kartensammler machte. Im Endspiel der Champions League 1999 fehlte er gelbgesperrt, 2008 hatte er sich im Griff und gewann zum zweiten Mal die Königsklasse.

# Bastian Schweinsteiger

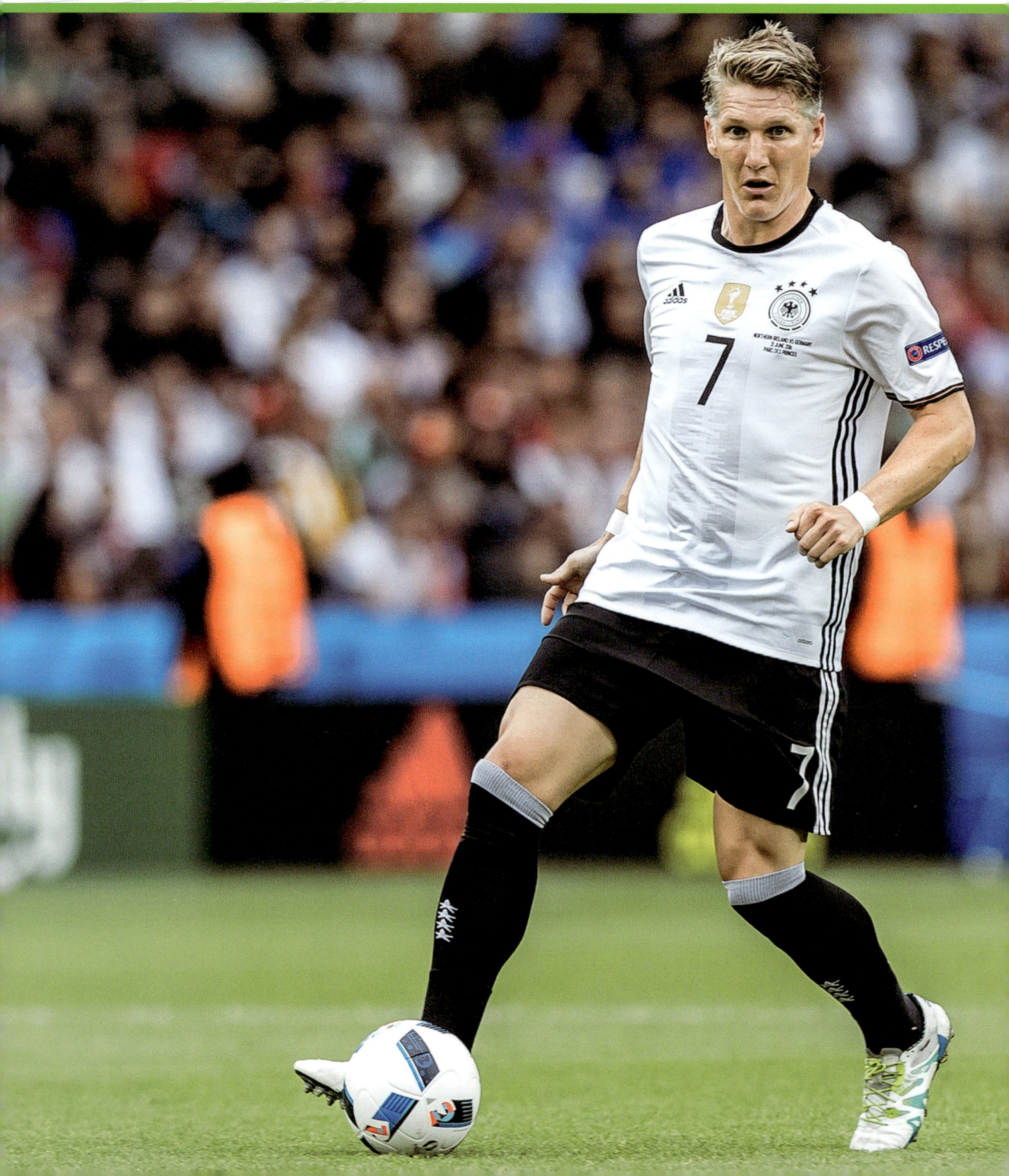

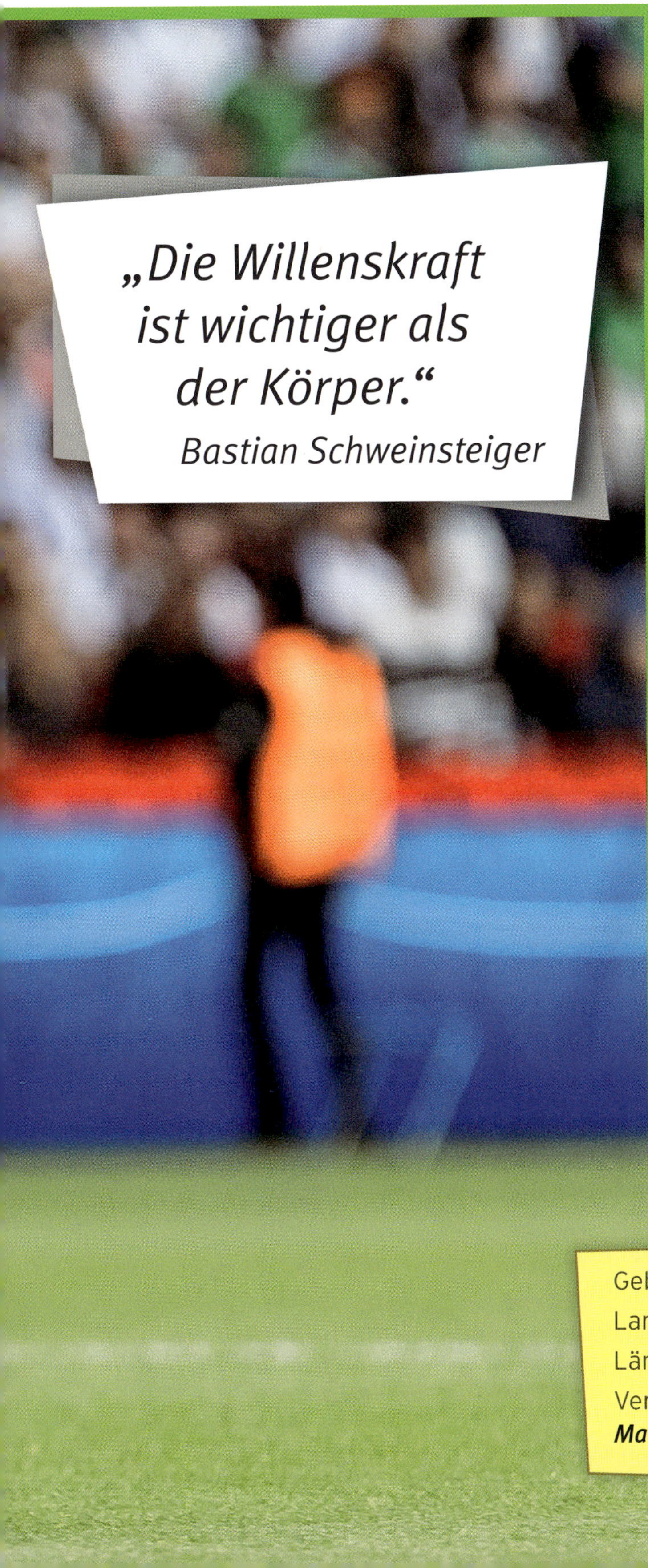

*„Die Willenskraft ist wichtiger als der Körper."*
*Bastian Schweinsteiger*

## Der Ironman von der Isar

Von 2002 bis 2015 bestritt der Oberbayer 13 Spielzeiten im Trikot des deutschen Rekordmeisters, zwischen 2004 und 2016 nahm er an sieben Welt- und Europameisterschaften in Folge teil. Und er führte nicht nur eins, sondern gleich zwei Fußballerleben: In der ersten Hälfte seiner epischen Karriere graste er wechselweise im linken oder rechten Mittelfeld und fraß bevorzugt Kilometer und Seitenauslinienkreide. Als die Bayern dann mit der Flügelzange Franck Ribéry/Arjen Robben auf Titeljagd gingen, beorderte ihn Trainer Louis van Gaal in die Zentrale. Mit großem Erfolg, denn in der neuen Rolle als Abfangjäger vor der Abwehr und strategisch kluger Ballverteiler bewies er sein Weltklasseformat noch eindrücklicher und entwickelte sich zum absoluten Führungsspieler.

2013 zeigte er sich auf der Höhe seines Könnens, als der FC Bayern das erste Triple der deutschen Fußballgeschichte gewann. Im WM-Finale entschärfte er in einer wahren Schlacht Lionel Messi, trieb das Spiel unermüdlich nach vorn, kämpfte bis zur völligen Entkräftung und wurde, von Krämpfen geschüttelt und blutend wie ein angezählter Boxer, zum Ironman des deutschen Triumphs 2014 unter dem Zuckerhut.

Geburtstag: ***1. August 1984***
Land: ***Deutschland***
Länderspiele/Tore: ***121/24***
Vereine: ***FC Bayern München, Manchester United, Chicago Fire***

# David Silva

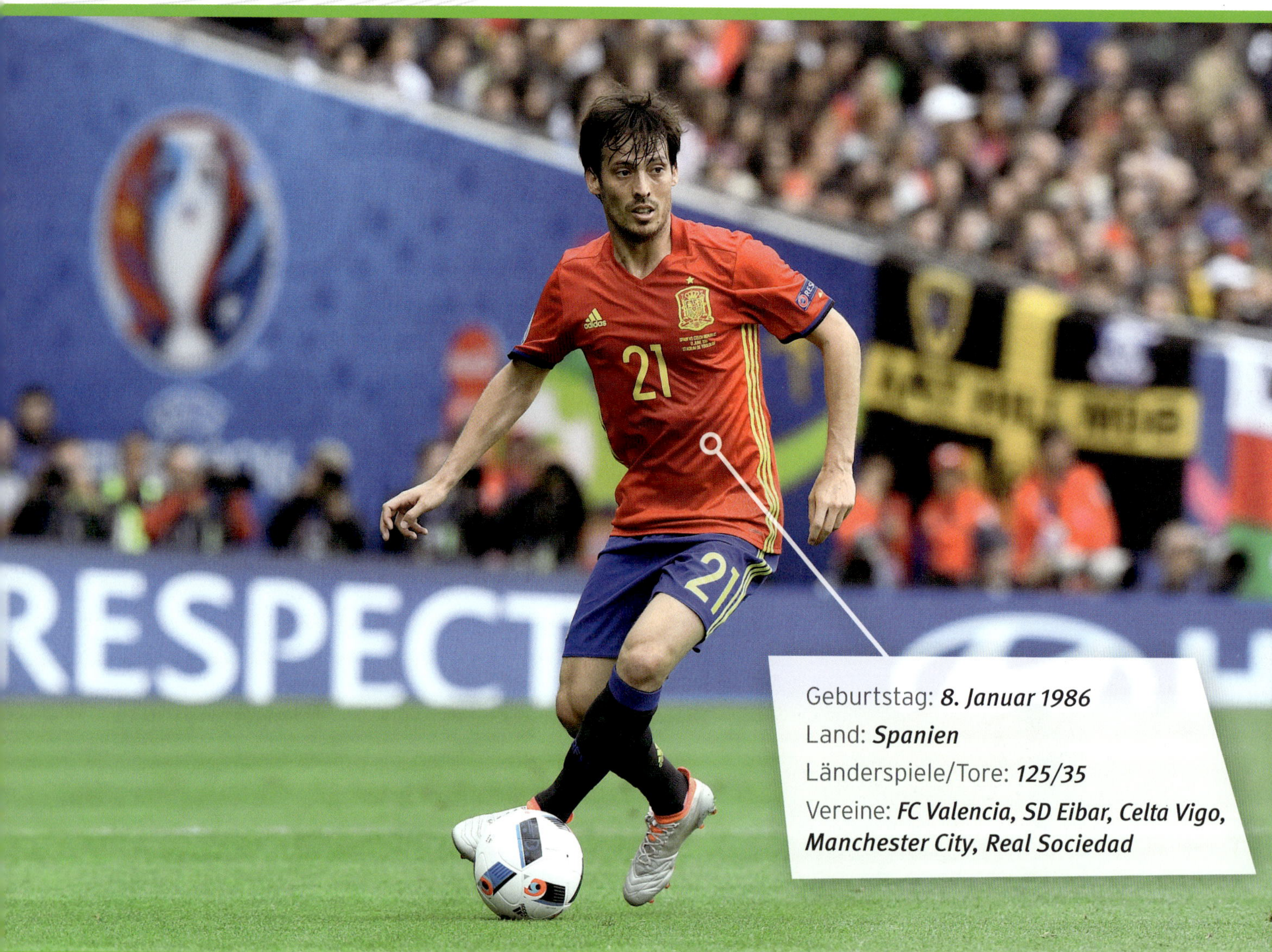


Geburtstag: ***8. Januar 1986***
Land: ***Spanien***
Länderspiele/Tore: ***125/35***
Vereine: ***FC Valencia, SD Eibar, Celta Vigo, Manchester City, Real Sociedad***

## *Der europäische Großmeister*

Cesc Fàbregas wühlte sich über Rechts bis zur Torauslinie durch und flankte scharf in die Mitte, wo der drahtige, aber nicht gerade hoch aufgeschossene Offensivallrounder, dessen Stärken im Dribbling, Passspiel und Distanzschuss lagen, mit dem Kopf zur Stelle war und den Torreigen des EM-Endspiels 2012 gegen Italien eröffnete. Es war schon sein viertes europäisches Endspiel – nach 2003 mit der U17, 2004 mit der U19 und 2008, als der kontinentale Raubzug der *Furia Roja* begann. 2016 war er einer von fünf Doppeleuropameistern, die nach Frankreich fuhren, um den Titel erneut zu verteidigen – aber diesmal zerschellte das in die Jahre gekommene *Tiqui-taca* an italienischem Granit.

# Thiago Silva

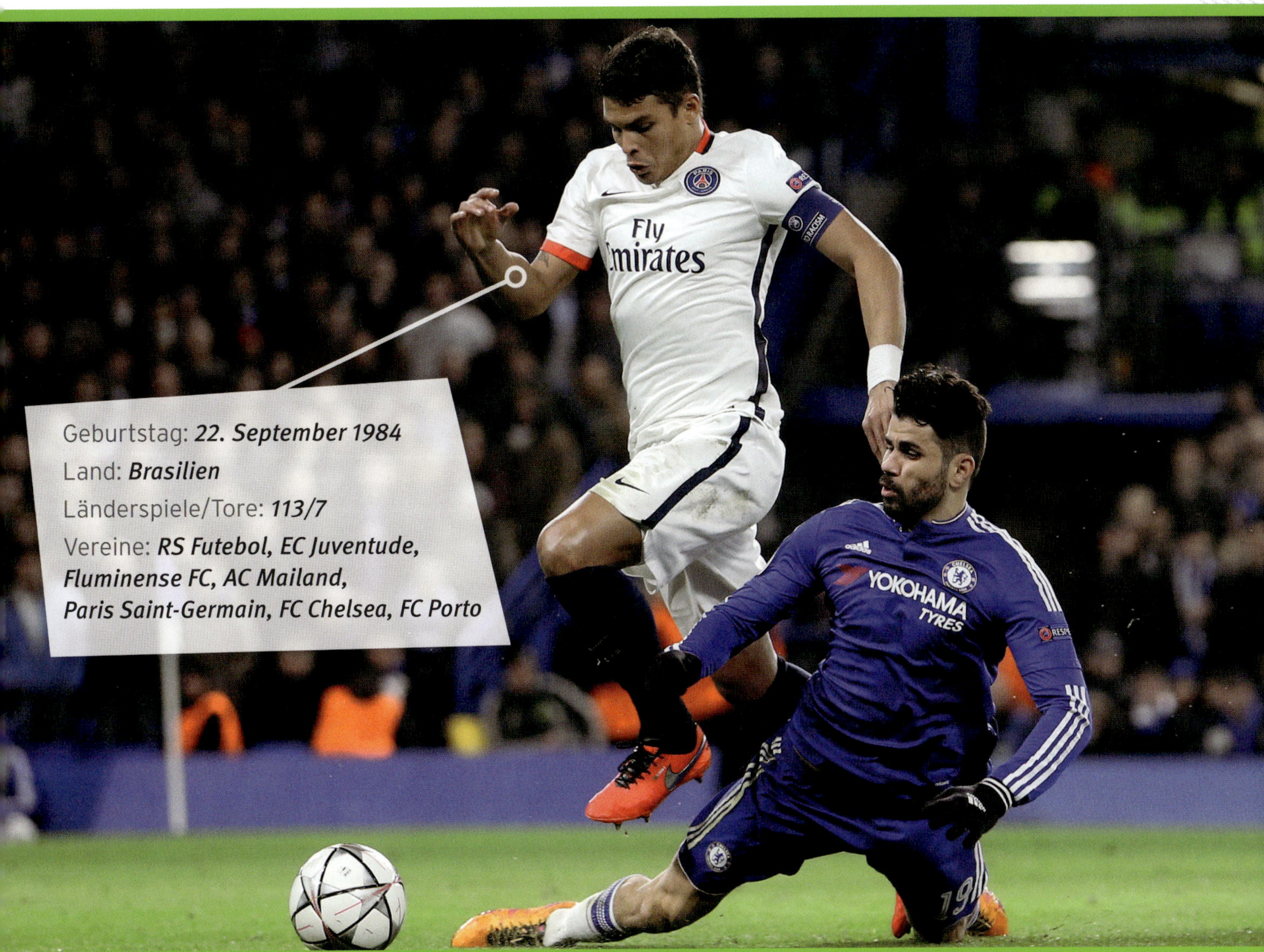

Geburtstag: ***22. September 1984***
Land: ***Brasilien***
Länderspiele/Tore: ***113/7***
Vereine: ***RS Futebol, EC Juventude, Fluminense FC, AC Mailand, Paris Saint-Germain, FC Chelsea, FC Porto***

## *Das Monster vom Zuckerhut*

Thiago Silvas erster Sprung über den großen Teich endete im Desaster: An Tuberkulose erkrankt, machte er kein einziges Spiel, weder für den FC Porto noch für Dynamo Moskau. Trotzdem wagte „O Monstro", wie man ihn unter dem Zuckerhut ehrfürchtig nennt, 2009 einen neuen Anlauf, und diesmal mit Erfolg: An der Seite von Alessandro Nesta reifte er bei den *Rossoneri* zum kompletten Innenverteidiger ohne Schwächen, um dann ab 2012 in Paris zum unumschränkten Abwehrchef zu werden. Mit seinen Qualitäten als Leader dirigierte er die brasilianische Elf bei der Heim-WM 2014 brillant, als er im Halbfinale ebenso fehlte wie Superstar Neymar, zerstieben alle Hoffnungen zu nichts.

# Wesley Sneijder

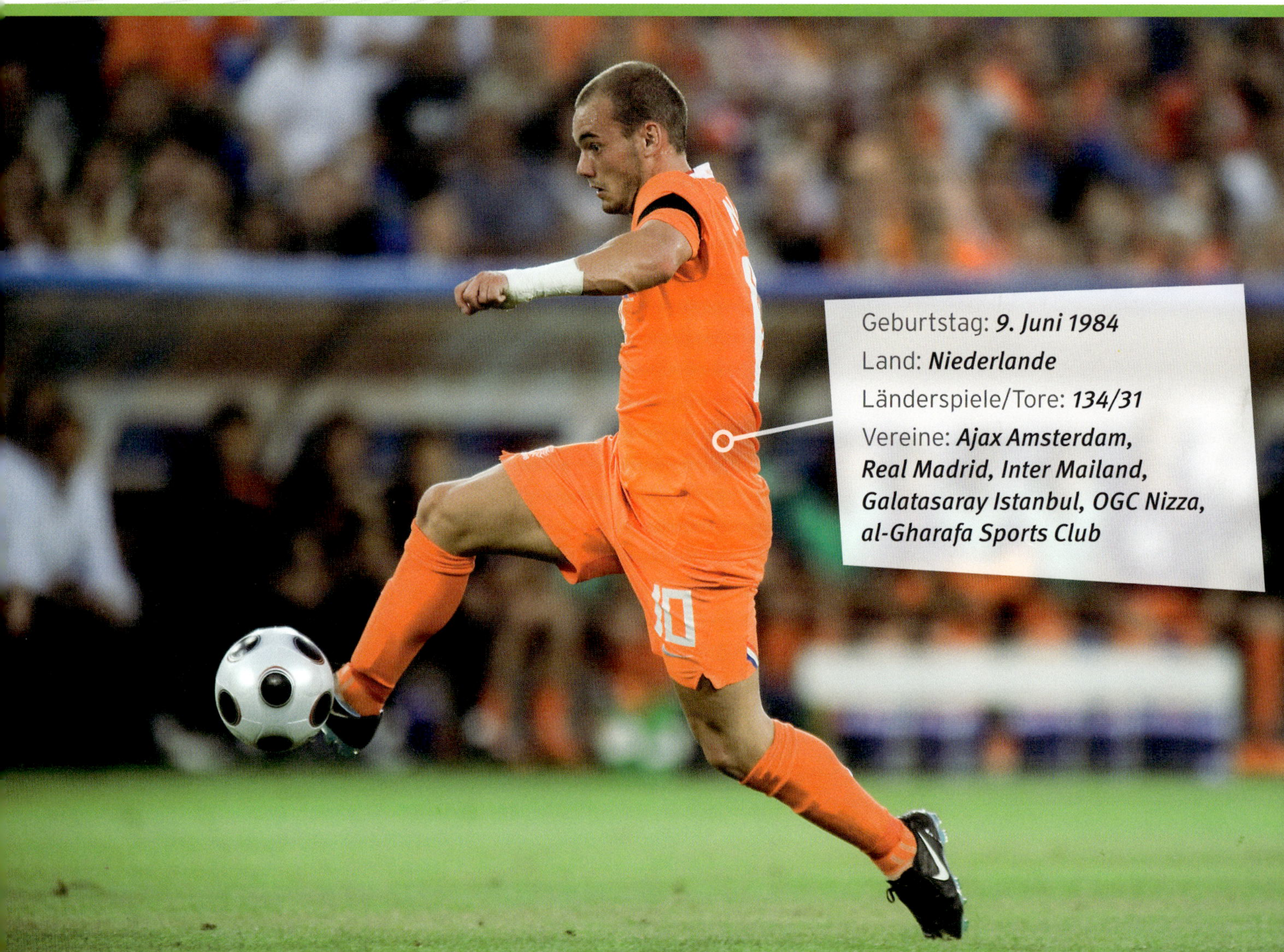

Geburtstag: ***9. Juni 1984***
Land: ***Niederlande***
Länderspiele/Tore: ***134/31***
Vereine: ***Ajax Amsterdam, Real Madrid, Inter Mailand, Galatasaray Istanbul, OGC Nizza, al-Gharafa Sports Club***

## *Das tapfere Sneijderlein*

2010 war das große Jahr des torgefährlichen Spielmachers. Der Meister des ruhenden Balls, wegen seiner Schussgewalt, -technik und -präzision „Sniper", Scharfschütze, genannt, stieß mit dem Champions-League-Titel im Gepäck zur *Nederlands Elftal,* um endlich den Fluch des ewigen Zweiten zu besiegen. Und der Robben-Sneijder-Express schnitt wie das Messer durch die Butter, das tapfere Sneijderlein wurde in fünf von sieben Partien zum „Man of the Match" gewählt und traf fünfmal ins Schwarze. Im mit erbitterter Härte geführten Endspiel bediente er Arjen Robben mit einem genialen Steilpass, doch der vergab frei vor Iker Casillas – und außer Spesen war wieder mal nichts gewesen.

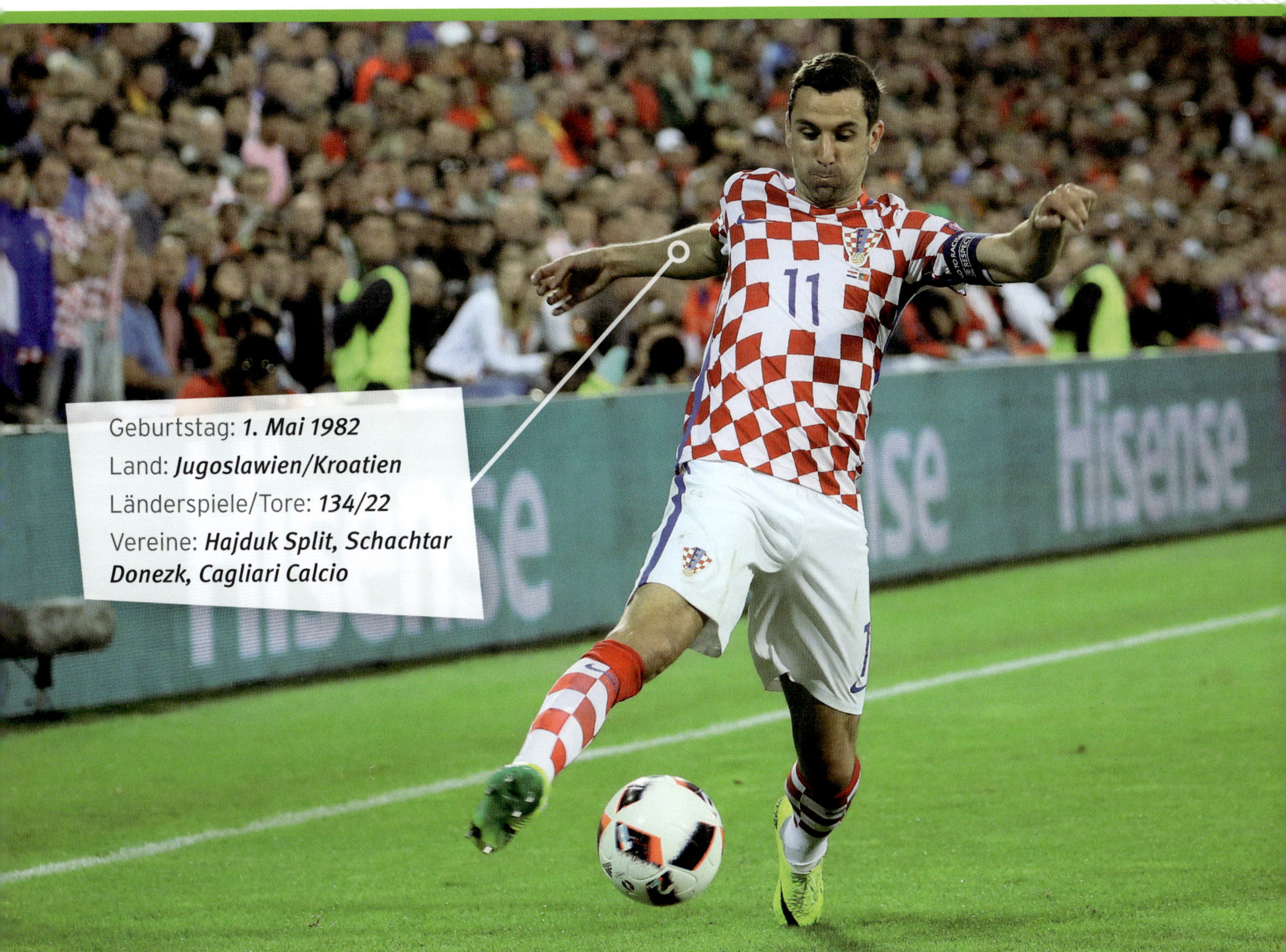


## Der ukrainische Dauerbrenner

Bayern München, FC Chelsea, Real Madrid – alles, was im europäischen Fußball Rang und Namen hat, war irgendwann einmal an dem hochklassigen Außenverteidiger interessiert. Doch der kroatische Rekordinternationale blieb dem Bergarbeiterklub aus dem Donbass treu – von 2003 bis 2018, in guten wie in schlechten Zeiten und sogar, als Donezk ab 2014 ins Epizentrum des Ukraine-Konflikts geriet und Schachtar ins galizische Lemberg umziehen musste. Srna war stets mehr als ein defensiv brillanter Rechtsverteidiger. Gefürchtet wegen seiner Freistöße, entwickelte er auf seinem Flügel immer wieder spielgestalterische Qualitäten und strahlte, vor allem im rot-weiß karierten Nationaltrikot, enorme Torgefahr aus.

# Luis Suárez

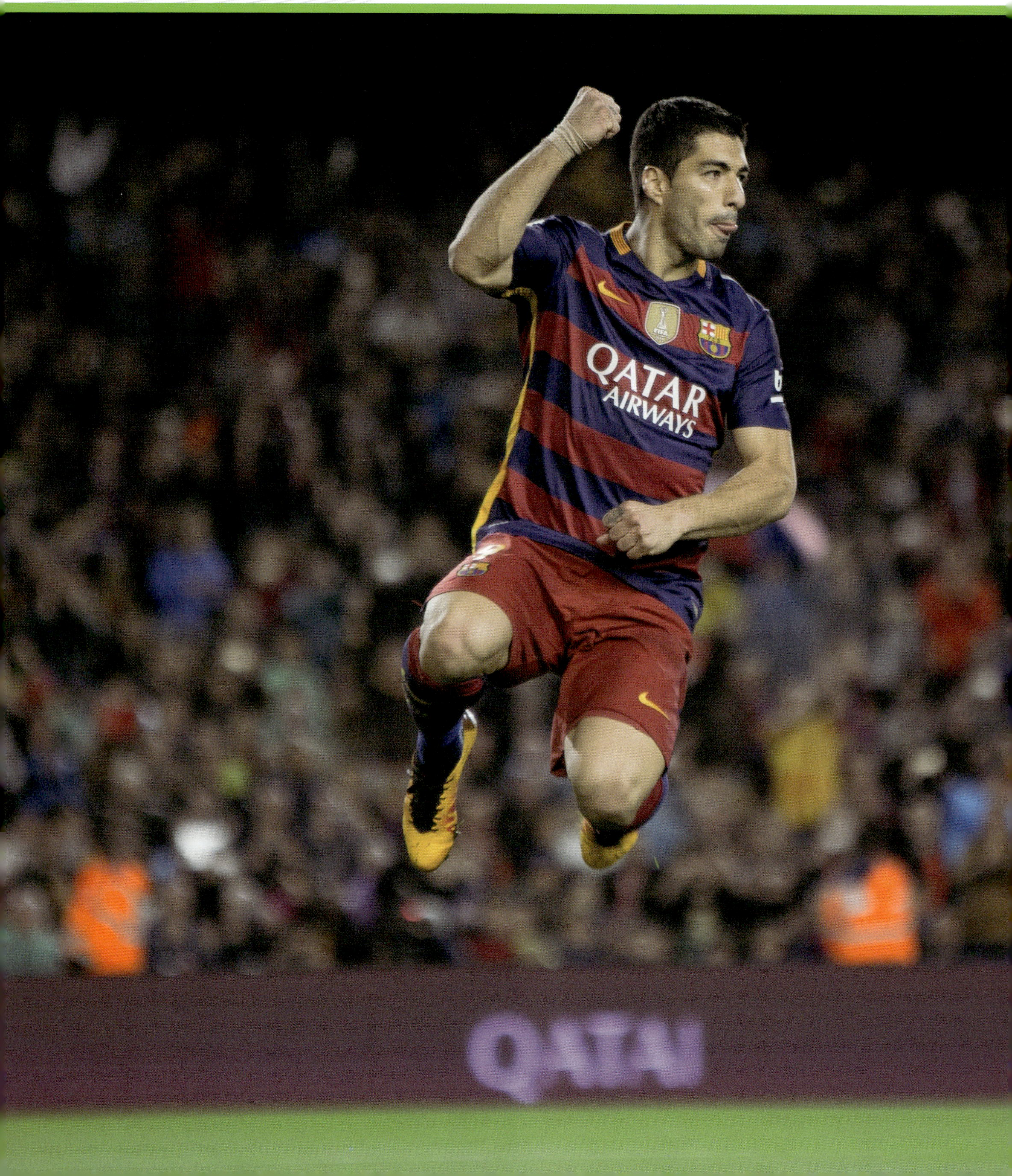

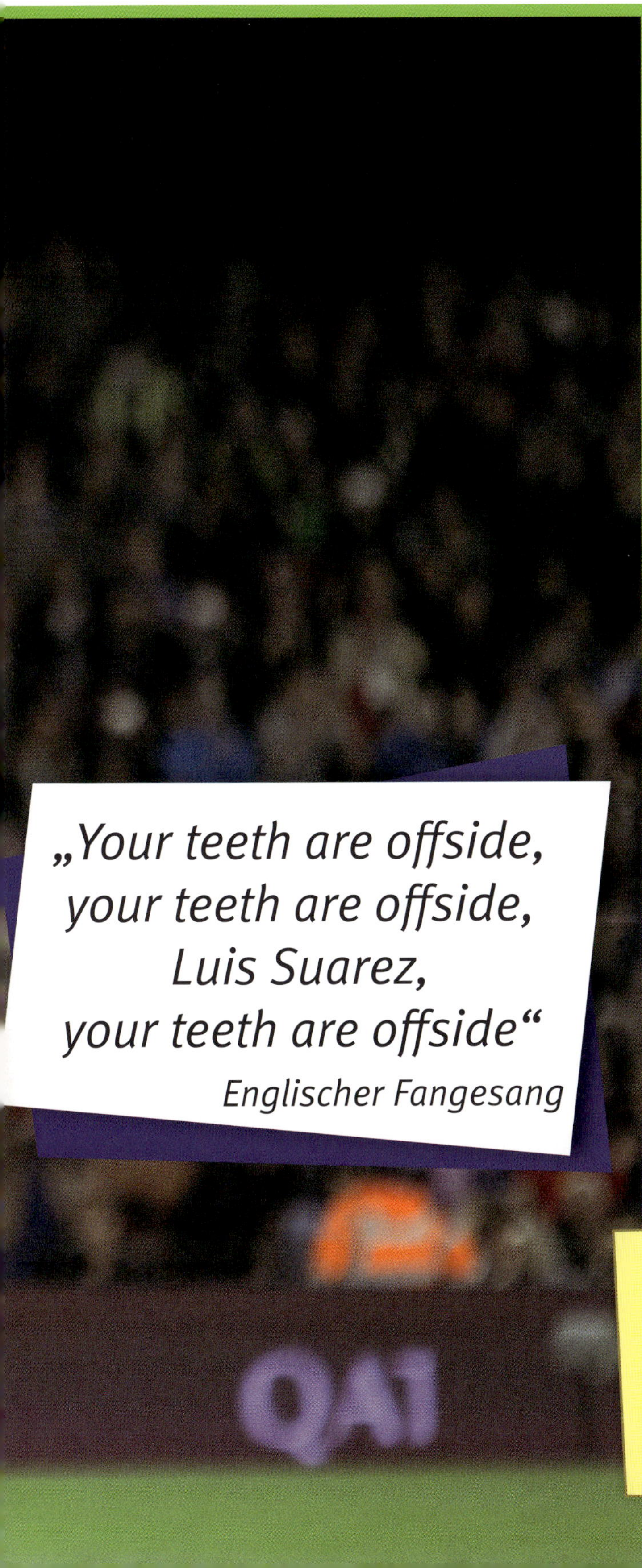

„*Your teeth are offside, your teeth are offside, Luis Suarez, your teeth are offside*“

*Englischer Fangesang*

# *Der Beißer*

Der skandalträchtigste Fußballer der neueren Geschichte hatte es wieder getan. Und diesmal vor den Augen der gesamten Fußballwelt. Live und in Farbe bekam der Italiener Giorgio Chiellini im WM-Vorrundenspiel die Zähne von Suárez zu spüren – und da 2010 bereits Otman Bakkal von der PSV Eindhoven und 2013 Branislav Ivanović vom FC Chelsea Opfer des Beißers geworden waren, gab es keine Chance auf Bewährung. Der Wiederholungstäter wurde für neun Spiele aus der Nationalmannschaft verbannt und zu einer weltweiten Sperre von vier Monaten verurteilt.

Trotzdem verpflichtete ihn kurz darauf der FC Barcelona, wo das Enfant terrible mit dem Brasilianer Neymar und dem Argentinier Messi den ebenso südamerikanischen wie außerirdischen Sturmdreizack bildete, der die Katalanen 2014/15 mit sagenhaften 122 Toren zum Triple schoss. Zwar war „El Pistolero“ in den Niederlanden und England Torschützenkönig gewesen, ohne aber viele Titel abgeräumt zu haben. Seinen ruhmreichsten Auftritt im Trikot der *Celeste* hatte der gnadenlose Vollstecker bei der Copa América 2011, als er die zweitmeisten Tore schoss, der beste Spieler war und Uruguay die Trophäe zum 15. Mal gewann.

Geburtstag: ***24. Januar 1987***
Land: ***Uruguay***
Länderspiele/Tore: ***143/69***
Vereine: ***Nacional Montevideo, FC Groningen, Ajax Amsterdam, FC Liverpool, FC Barcelona, Atlético Madrid, Nacional Montevideo, Grêmio Porto Alegre, Inter Miami***

# John Terry

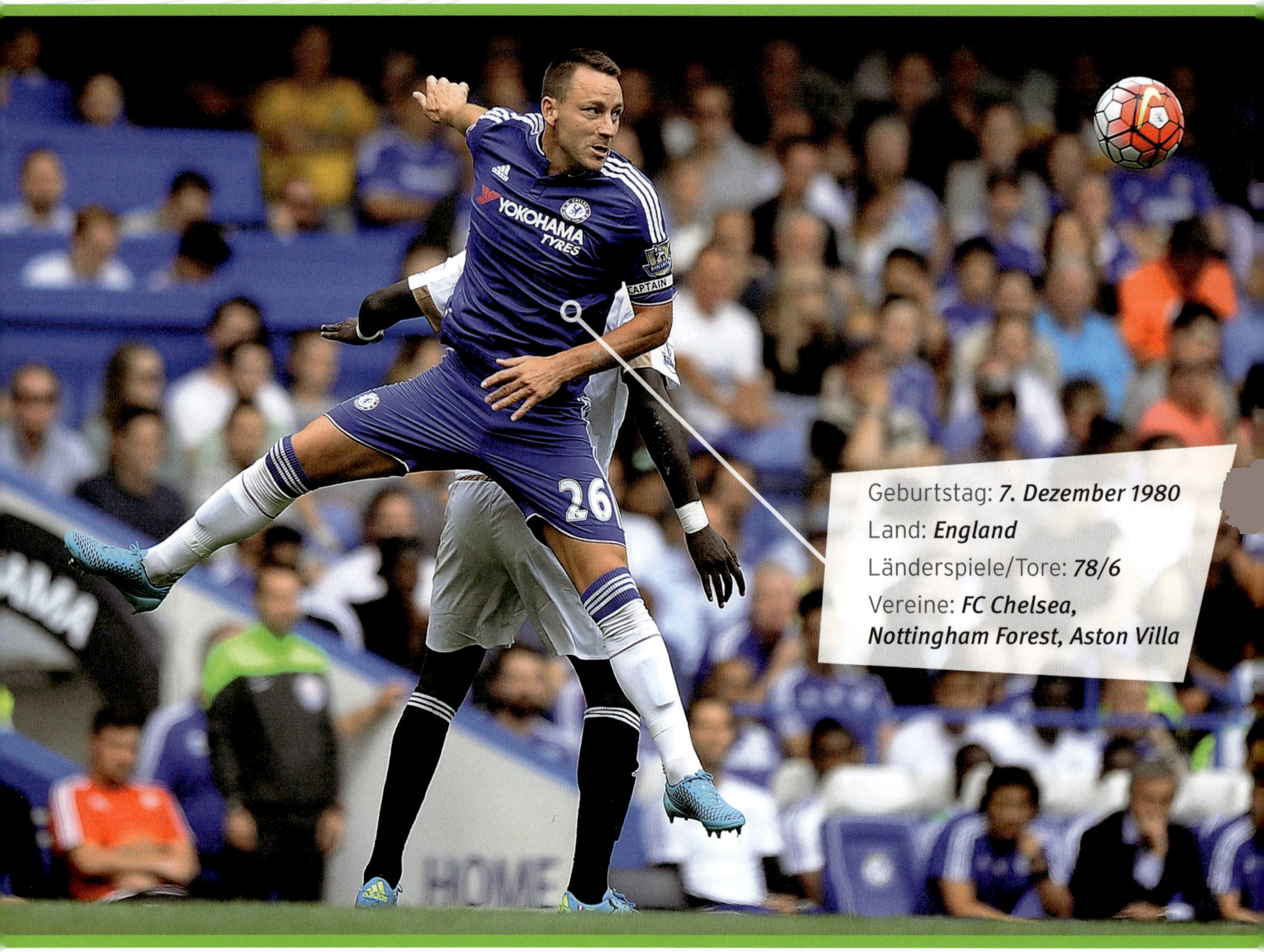


Geburtstag: ***7. Dezember 1980***
Land: ***England***
Länderspiele/Tore: ***78/6***
Vereine: ***FC Chelsea, Nottingham Forest, Aston Villa***

## *Captain Marvel*

Ein Fußballerleben in Blau: 1994, mit gerade einmal 14 Jahren, stieß John Terry zur Jugend des FC Chelsea. Und abgesehen von einem Kurzausflug zu Nottingham Forest im Frühjahr 2000 blieb er den *Blues* bis 2017 treu – in guten wie in schlechten Zeiten: „Chelsea ist mein Leben. Die besten Momente habe ich in diesem Stadion erlebt", resümierte er.

Der langjährige Kapitän sowohl der *Blues* als auch der *Three Lions,* der seine Autobiographie „Captain Marvel" betitelte, bestach durch seine Zweikampfführung, Kopfballstärke und Führungsqualitäten. Unter seiner Schirmherrschaft stieg der FC Chelsea zum europäischen Spitzenverein auf und gewann 2012 die Champions League.

# Carlos Tévez

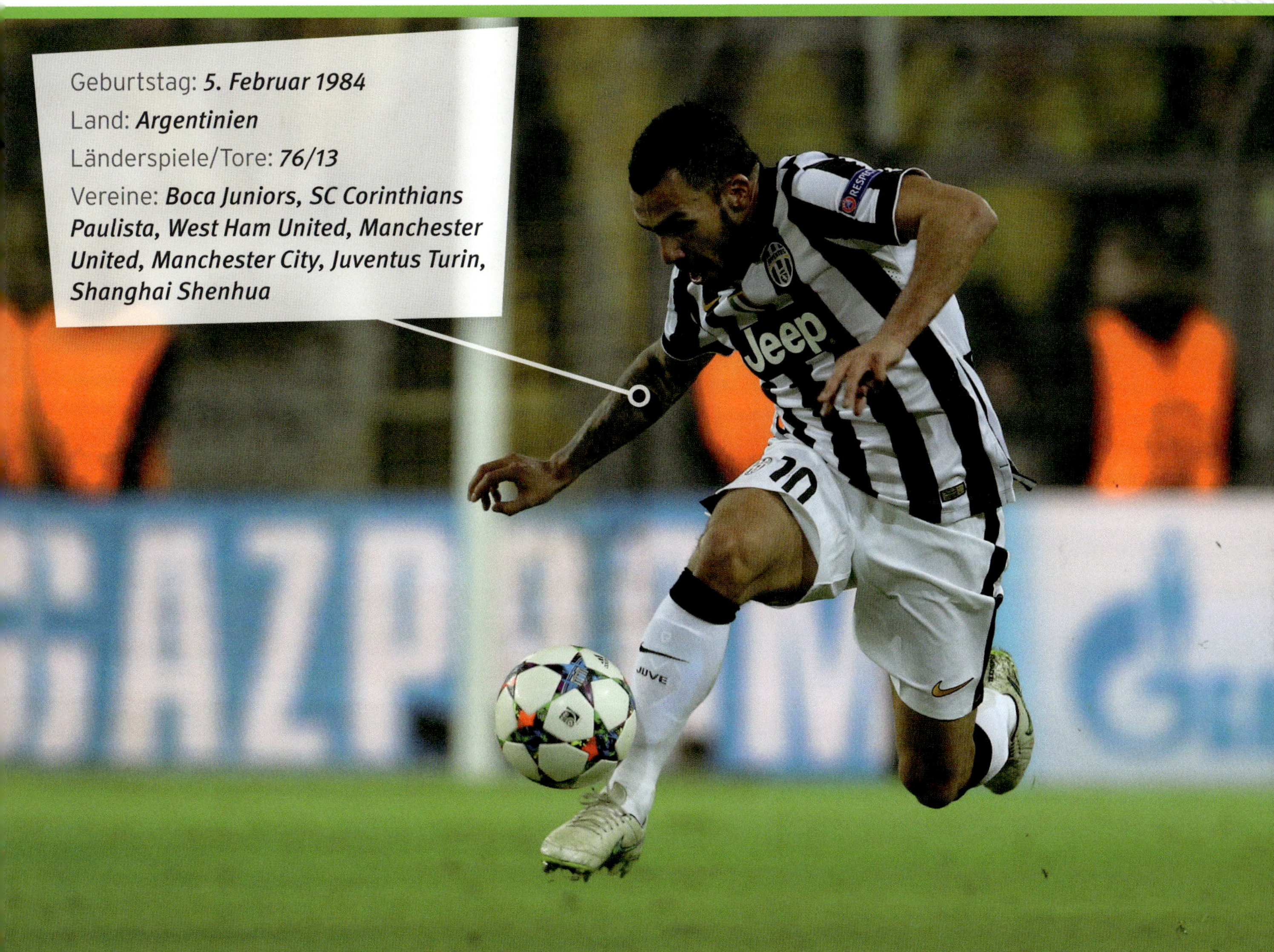

Geburtstag: ***5. Februar 1984***
Land: ***Argentinien***
Länderspiele/Tore: ***76/13***
Vereine: ***Boca Juniors, SC Corinthians Paulista, West Ham United, Manchester United, Manchester City, Juventus Turin, Shanghai Shenhua***

## *In der Pralinenschachtel*

Mit 13 Jahren schnürte Carlitos die Schuhe für die legendären Boca Juniors, lief mit 17 Jahren in der ersten Mannschaft auf und hatte mit 20 Jahren alles gewonnen: zweimal die Meisterschaft, Copa Libertadores und Weltpokal. Dann zog er hinaus in die große Welt und gewann weiter Titel um Titel, sechs Meisterschaften in drei Ländern und 2008 auch die europäische Königsklasse. 2015 kam er zurück, um endlich wieder in „La Bombonera", der Pralinenschachtel der Juniors, auflaufen zu können. „Ich bin wieder bei meinen Leuten", bekannte er sich – und „La Doce" (der zwölfte Mann) sich zu ihm, schließlich hält man ihn hier für den besten argentinischen Kicker, und nicht Lionel Messi, den „Spanier".

# Fernando Torres

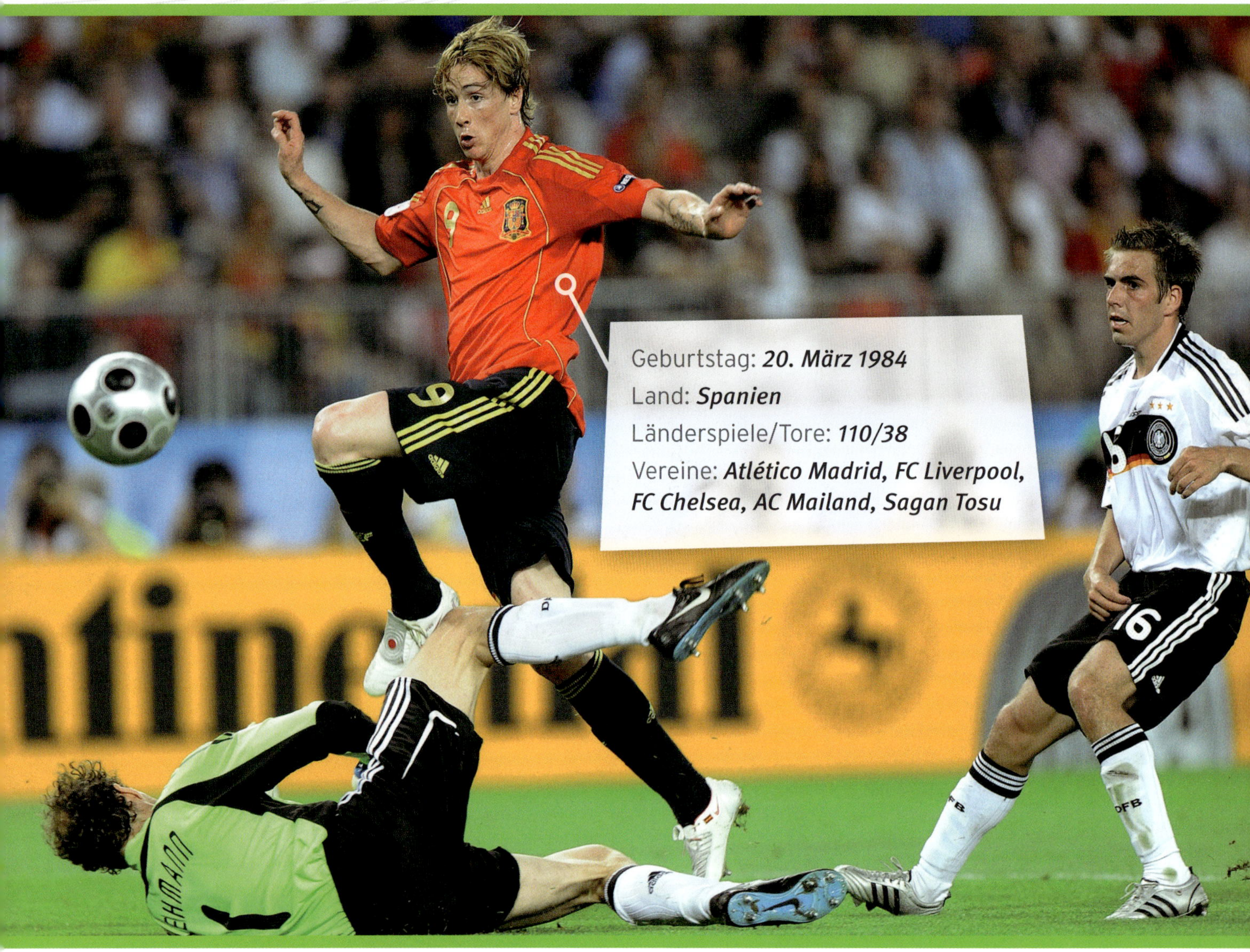

Geburtstag: ***20. März 1984***
Land: ***Spanien***
Länderspiele/Tore: ***110/38***
Vereine: ***Atlético Madrid, FC Liverpool, FC Chelsea, AC Mailand, Sagan Tosu***

## *Das ewige Kind*

Noch vor seiner Einschulung trug „El Niño" (das Kind) das Trikot der *Rojiblancos* aus der spanischen Hauptstadt. Im Estadio Vicente Calderón verdiente sich der Tor-Torero die ersten Sporen – und kehrte 2015 nach Hause zurück. In der Zwischenzeit hatte sich Großes getan: Beim FC Liverpool war Torres zum Weltklassestürmer gereift und hatte im spanischen Trikot zwischen 2006 und 2014 neun Tore bei fünf Welt- und Europameisterschaften zum sensationellen Titel-Hattrick beigesteuert, darunter den Treffer im Endspiel von Wien 2008. Mit seinem Heimatklub Atlético stand Torres 2016 noch einmal im Finale der Champions League, konnte den Erfolg mit den *Blues* von 2012 aber nicht wiederholen.

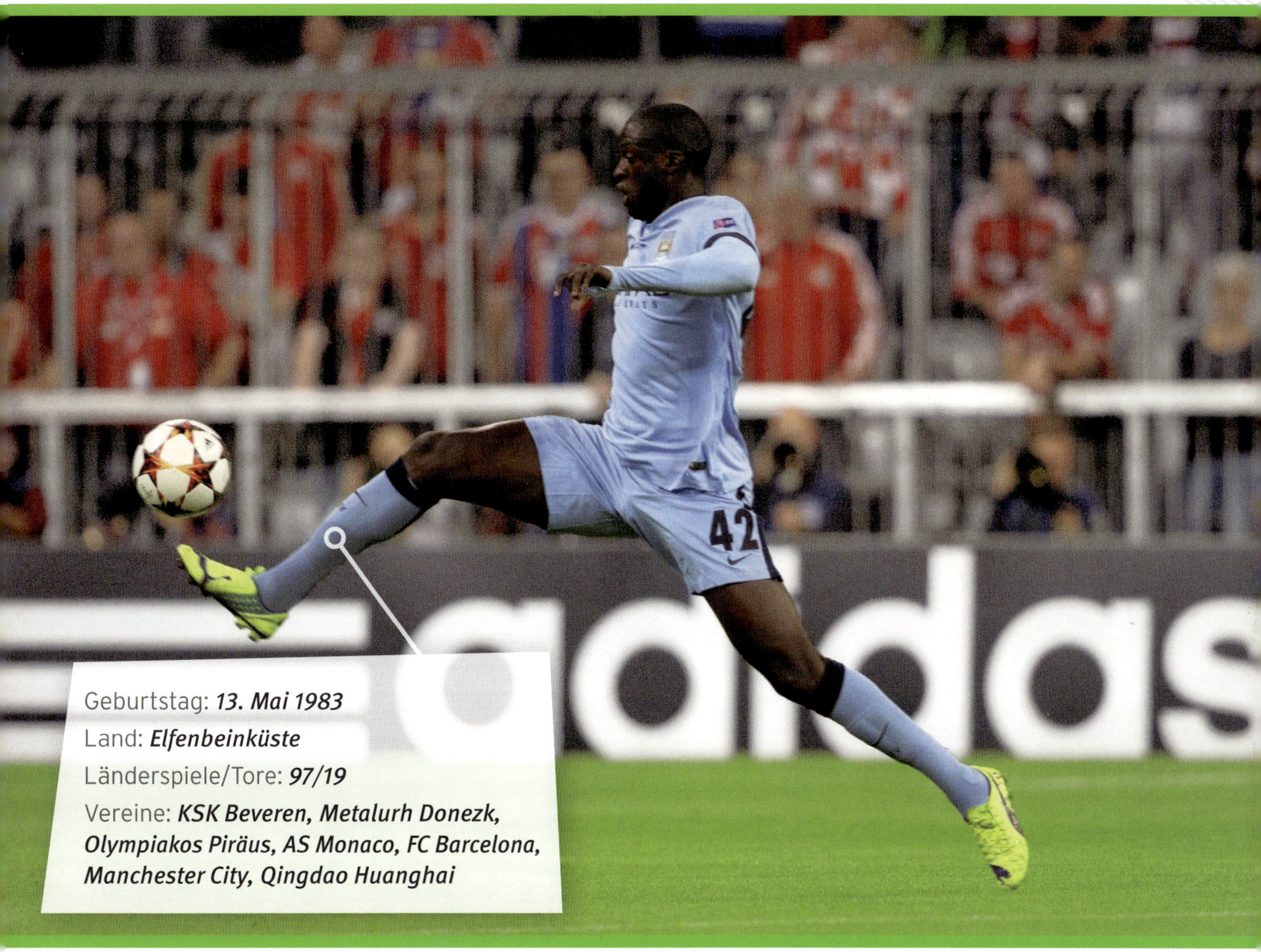


Geburtstag: ***13. Mai 1983***
Land: ***Elfenbeinküste***
Länderspiele/Tore: ***97/19***
Vereine: ***KSK Beveren, Metalurh Donezk, Olympiakos Piräus, AS Monaco, FC Barcelona, Manchester City, Qingdao Huanghai***

## *Der Elfenbeinkoloss*

Drei Jahre spielten Kolo und Yaya Touré gemeinsam für Manchester City, und die Fans ehrten die beiden Brüder mit dem Kolo-Yaya-Song, einem Mantra, aus nichts als ihren Namen bestehend. Der Dritte im Bunde, Ibrahim, starb am 19. Juni 2014 nach kurzer, schwerer Krankheit in Manchester, am Tag des WM-Spiels der Elfenbeinküste gegen Kolumbien. Yaya, ein Koloss von einem Mann, der in der Abwehr und im Mittelfeld auf allen zentralen Positionen zu Hause war, stand bei allen neun WM-Partien seines Heimatlandes auf dem Platz, triumphierte bei der Afrikameisterschaft 2015 und ist der erste Spieler überhaupt, der viermal in Folge Afrikas Fußballer des Jahres wurde.

# Francesco Totti

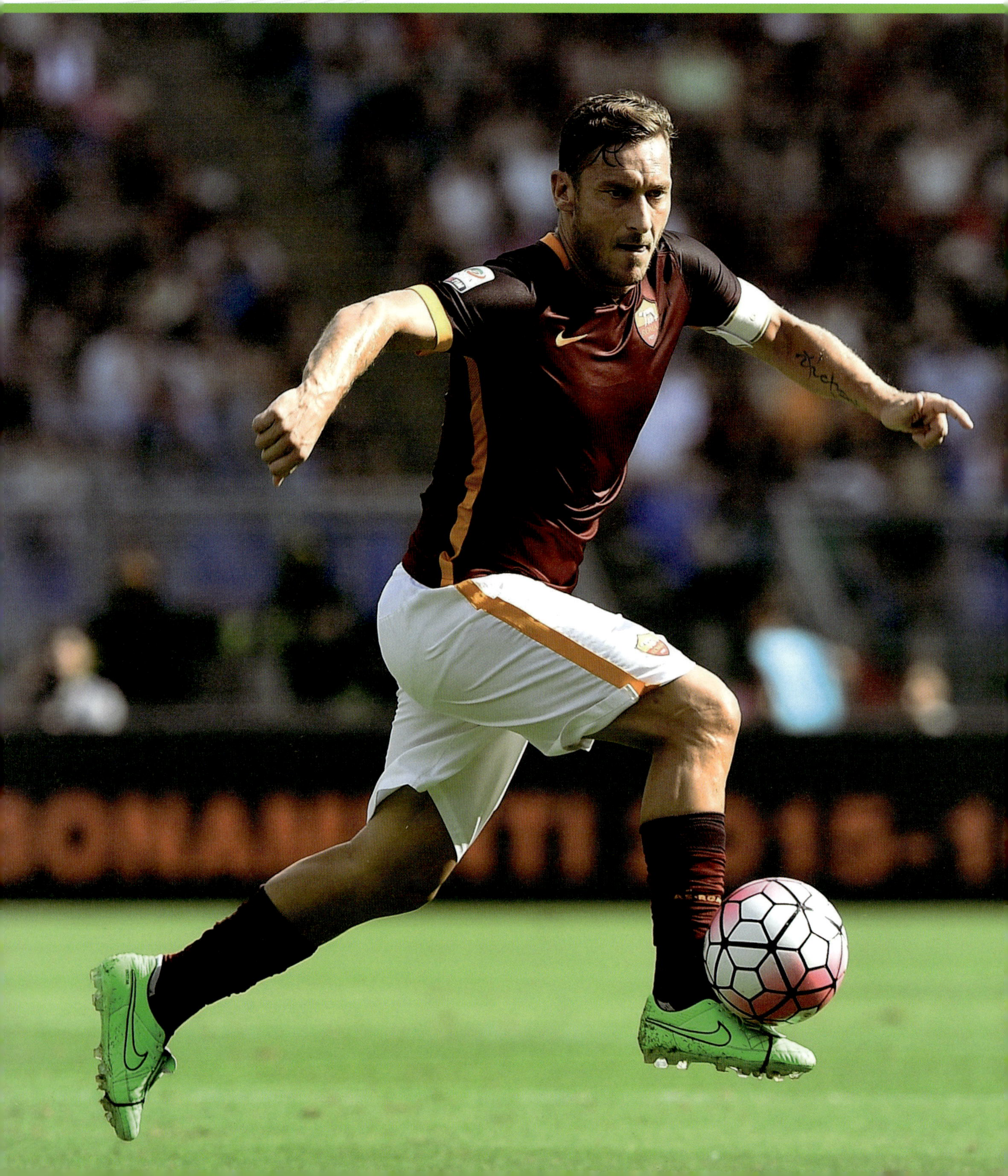

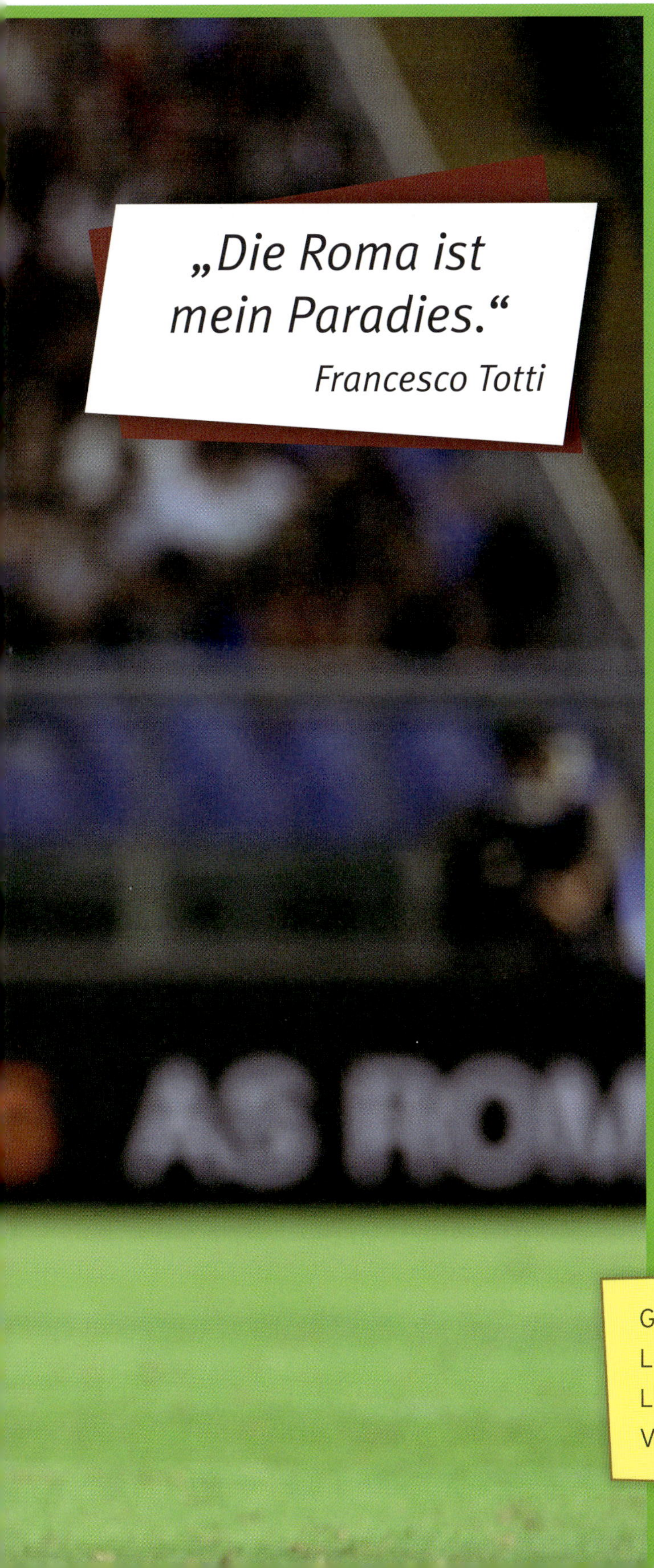

*„Die Roma ist mein Paradies.“*

*Francesco Totti*

# *Der König von Rom*

Wenn das Wort Vereinslegende je Sinn machte, dann bei diesem römischen Denkmal. 1989, als der Goldjunge gerade einmal 12 Lenze zählte, gaben sich die Scouts von Lazio und der Roma die Klinke in die Hand. Mama Fiorella, eingefleischte Anhängerin der Himmelblauen, entschied sich schweren Herzens, ihren Filius zu den Gelb-Roten ziehen zu lassen. „Ein Glück, andernfalls hätte ich sie wohl umbringen müssen", beliebte der Überzeugungstäter zu scherzen. 2016 ging „Il Re di Roma", der König von Rom, in seine 25. und letzte Profisaison für die Roma. 2001 gewann er den *Scudetto,* 2007 und 2008 die *Coppa Italia.* Wichtiger als alle Titel war für den Weltmeister von 2006 und zweitbesten Schützen in der Geschichte der Serie A jedoch die Bilanz im *Derby della Capitale* gegen Lazio: 39 Mal trat er zum heißesten Duell unter italienischer Fußballsonne an, 13 Niederlagen schmerzten, doch 14 Mal brannten die Siegesfeuer lichterloh.

Irgendwann fingen die Tifosi an, den angeblichen „Einfaltspinsel“ mit Scherzen zu verspotten. Doch der gewitzte Schelm drehte den Spieß um, veröffentlichte „Alle Witze über Totti“ als Buch und spendete den Erlös an UNICEF – seit 2003 ist er Botschafter des Kinderhilfswerks.

Geburtstag: ***27. September 1976***
Land: ***Italien***
Länderspiele/Tore: ***58/9***
Vereine: ***AS Rom***

# Arturo Vidal

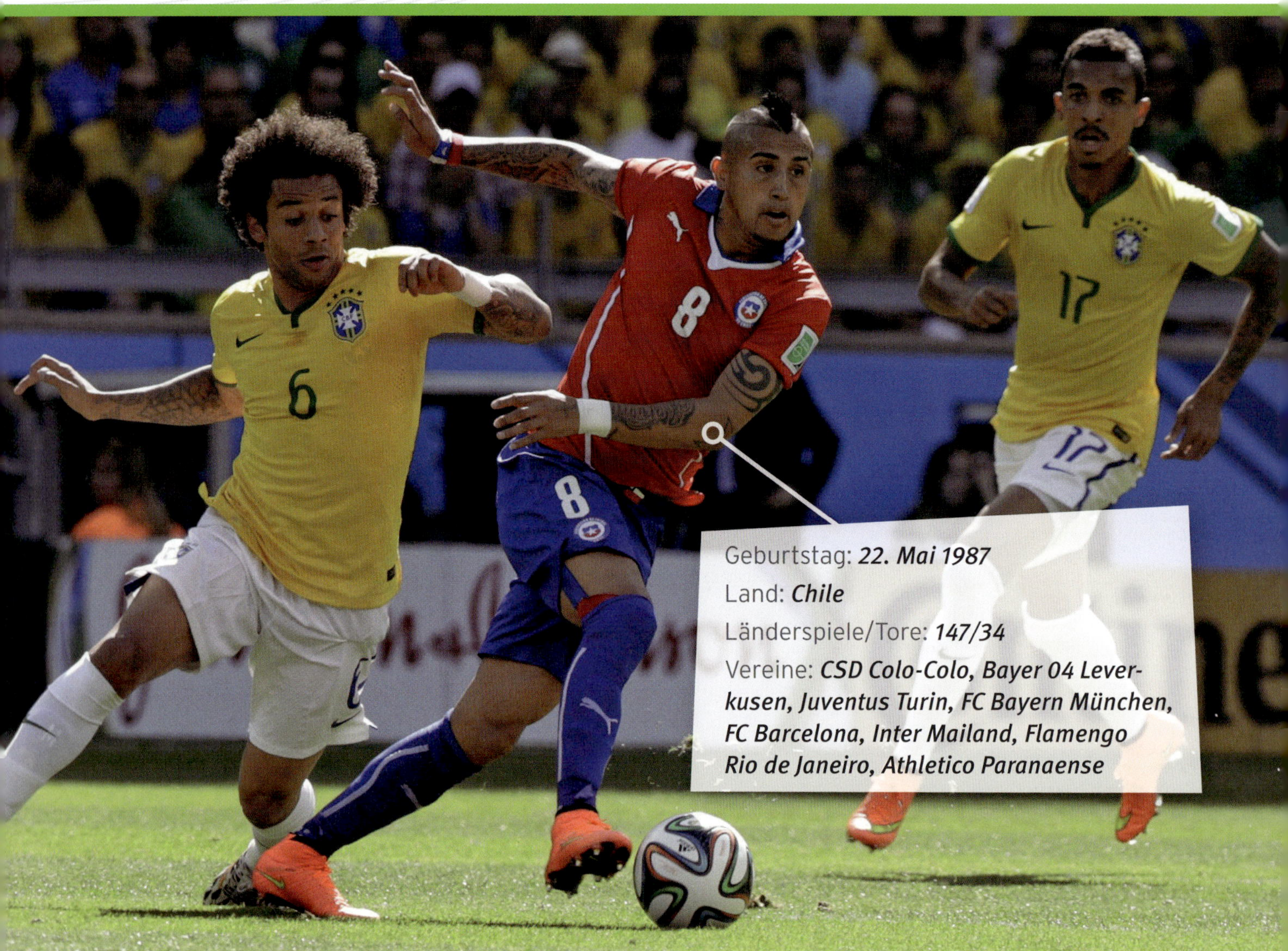

Geburtstag: ***22. Mai 1987***

Land: ***Chile***

Länderspiele/Tore: ***147/34***

Vereine: ***CSD Colo-Colo, Bayer 04 Leverkusen, Juventus Turin, FC Bayern München, FC Barcelona, Inter Mailand, Flamengo Rio de Janeiro, Athletico Paranaense***

## *Der geborene Gewinner*

„Nacidos para Ganar" (Geboren, um zu gewinnen) hieß eine chilenische Doku-Soap. Die Hauptdarsteller: fünf chilenische Nationalspieler, darunter der Fußball-Punk, der nicht nur auf, sondern auch neben dem Platz eine schillernde Figur ist. Der furchterregende Mittelfeldkrieger, der die beherzte Grätsche ebenso beherrscht wie das filigrane Aufbauspiel und ein Meister des Distanzschusses ist, gewann in Chile, Italien, Deutschland und Spanien 13 Meisterschaften und war der Schlüsselspieler des größten Erfolgs der chilenischen Nationalmannschaft, als *La Roja* 2015 erstmals bei der Copa América triumphierte. 2016 konnte Vidal mit Chile den Titel verteidigen, als erneut Argentinien im Finale bezwungen wurde.

# David Villa

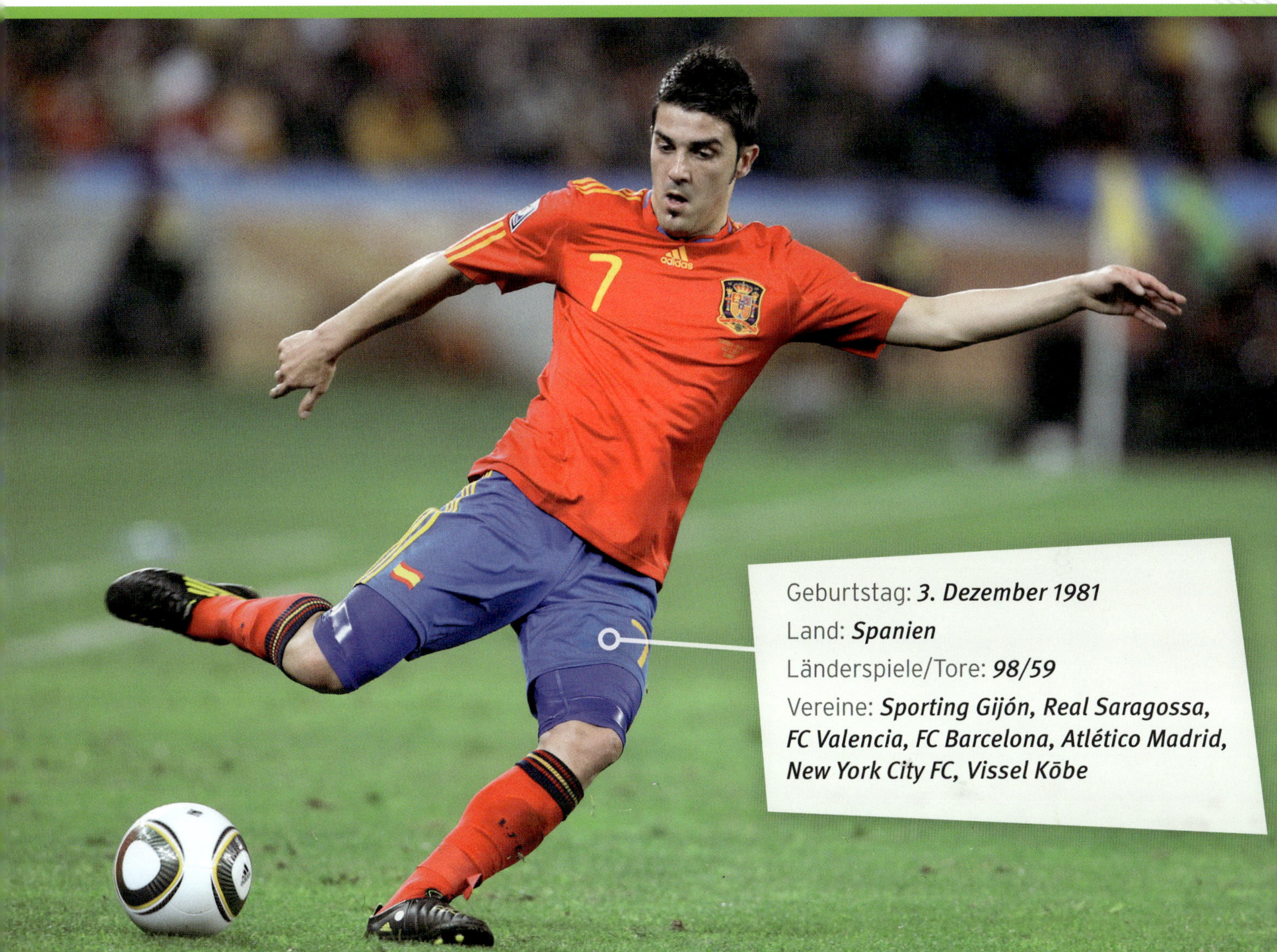

Geburtstag: ***3. Dezember 1981***
Land: ***Spanien***
Länderspiele/Tore: ***98/59***
Vereine: ***Sporting Gijón, Real Saragossa, FC Valencia, FC Barcelona, Atlético Madrid, New York City FC, Vissel Kōbe***

## *Das Wunder*

Die Anhänger des FC Valencia begannen irgendwann zu singen. „Villa Maravilla" („Villa, das Wunder") skandierten sie vom An- bis zum Schlusspfiff pausenlos das gleiche Mantra. Zur Legende des spanischen Fußballs wurde der vielseitige Stürmer, der das überfallartige Kontern ebenso beherrschte wie das *Tiqui-taca*-Kurzpassspiel, jedoch im Trikot der *Selección.* Er ist nicht nur ihr unangefochtener Torschützenkönig, sondern war auch einer der Schlüsselspieler des spanischen Siegeszugs: 2008 verletzte er sich im Halbfinale und wurde doch bester Goalgetter der Europameisterschaft; 2010 traf er fünfmal in sieben Spielen und gehörte zu den herausragenden Akteuren der Weltmeisterschaft.

# Vinícius Júnior

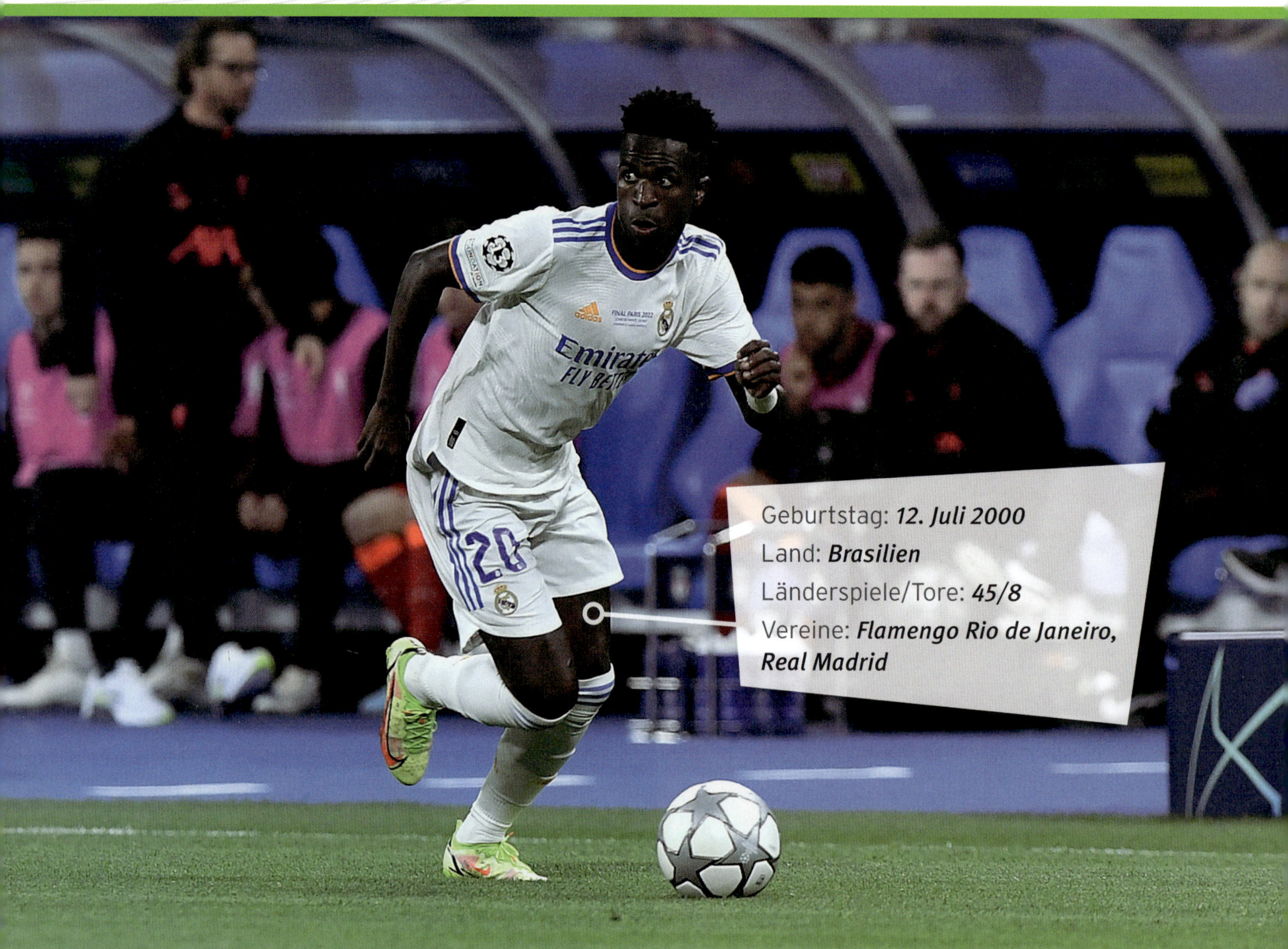

Geburtstag: ***12. Juli 2000***
Land: ***Brasilien***
Länderspiele/Tore: ***45/8***
Vereine: ***Flamengo Rio de Janeiro, Real Madrid***

## *Der tanzende Flügel*

Viní Jr. kann keine Einladung zum Tanz ablehnen: In den Champions-League-Endspielen 2022 gegen Liverpool und 2024 gegen Dortmund bescherte der brasilianische Wirbelwind den Königlichen mit seinen Toren die Königsklassen-Triumphe 14 und 15. Beide Treffer erzielte Vinícius José Paixão de Oliveira Júnior in bester Außenstürmer-Manier.

Mit pfeilschnellen Läufen in die Tiefe, zauberhaften tänzerischen Dribblings sowie Vorlagen und Toren am laufenden Band hat sich der Superstürmer zum absoluten Anführer sowohl bei Real als auch in der *Seleção* entwickelt. Und mehr als das: 2024 wurde der flinke Flügel zum Besten der Besten gewählt und von der FIFA zum Weltfußballer gekrönt.

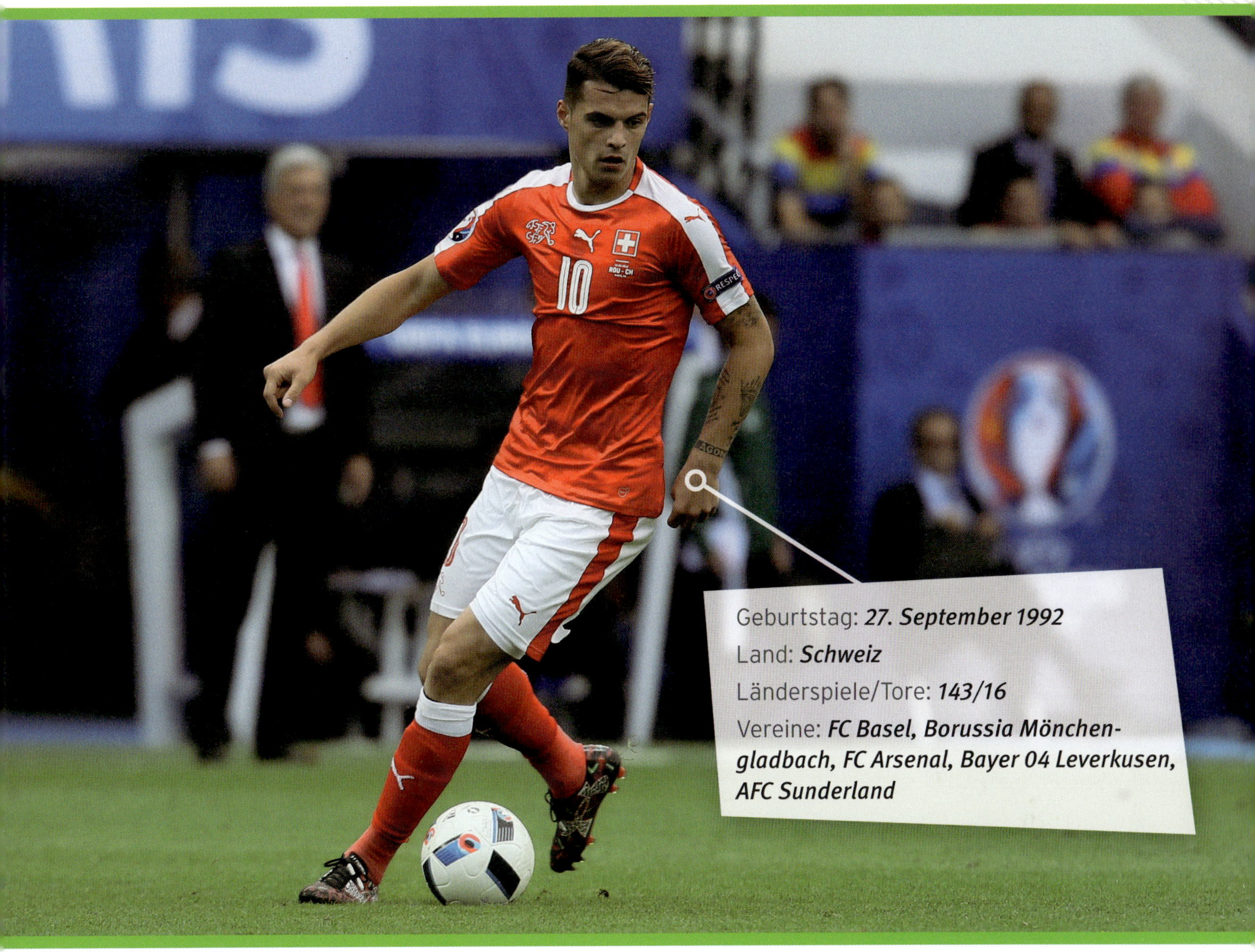

Geburtstag: ***27. September 1992***

Land: ***Schweiz***

Länderspiele/Tore: ***143/16***

Vereine: ***FC Basel, Borussia Mönchengladbach, FC Arsenal, Bayer 04 Leverkusen, AFC Sunderland***

## *Schweizer Granit*

Nachdem es bei der WM 2010 zum Duell der Halbbrüder Jérôme und Kevin-Prince Boateng gekommen war, trafen bei der EM 2016 erstmals zwei Brüder aufeinander. Während die Schicht von Albaniens Taulant Xhaka nach einer Stunde beendet war, wurde der Schweizer Granit zum „Player of the Match" gewählt. Der Dreh- und Angelpunkt des eidgenössischen Spiels ist defensiv und offensiv gleichermaßen stark – oder flapsig ausgedrückt: hinten beißen die Gegner auf Granit, vorn macht er Xhaka. Ehedem ein rotgefährdeter Heißsporn, hat er sich längst zum ruhenden Pol, Führungsspieler, Antreiber und Ideengeber gemausert – und zum Schweizer Rekordinternationalen des 21. Jahrhunderts.

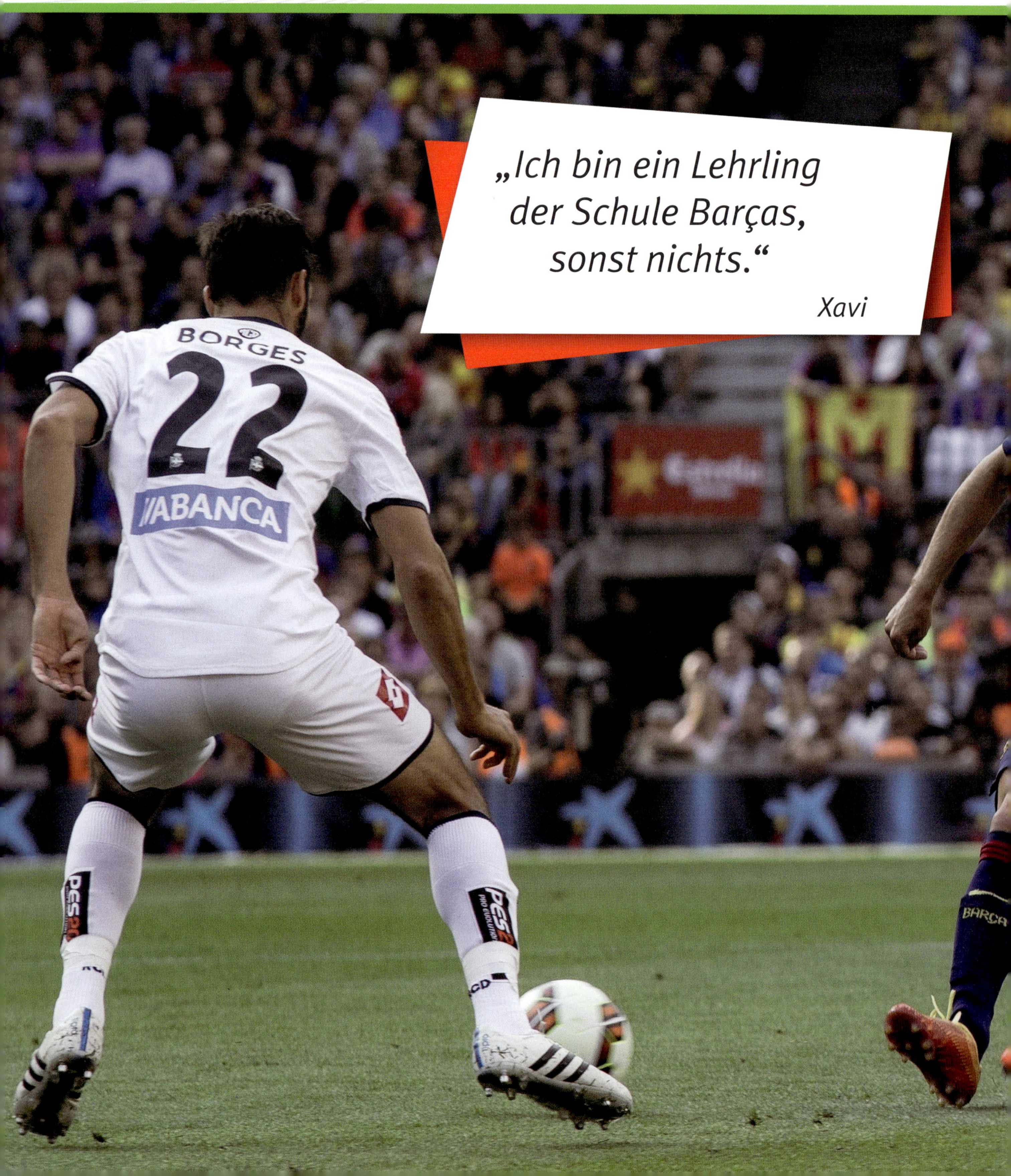


*„Ich bin ein Lehrling der Schule Barças, sonst nichts.“*

*Xavi*

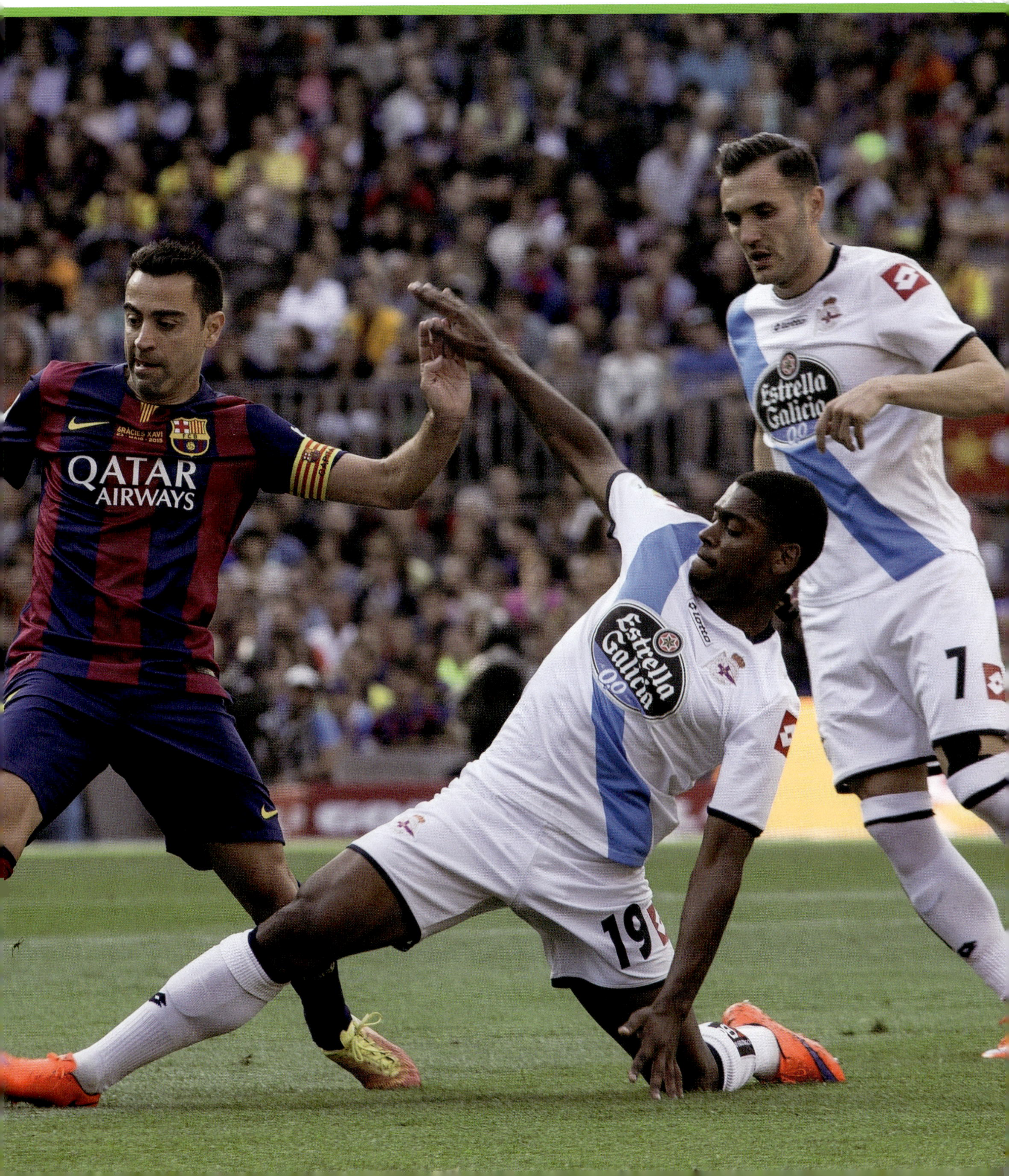
QATAR
AIRWAYS
Estrella
Galicia
0,0
19
7

# Xavi

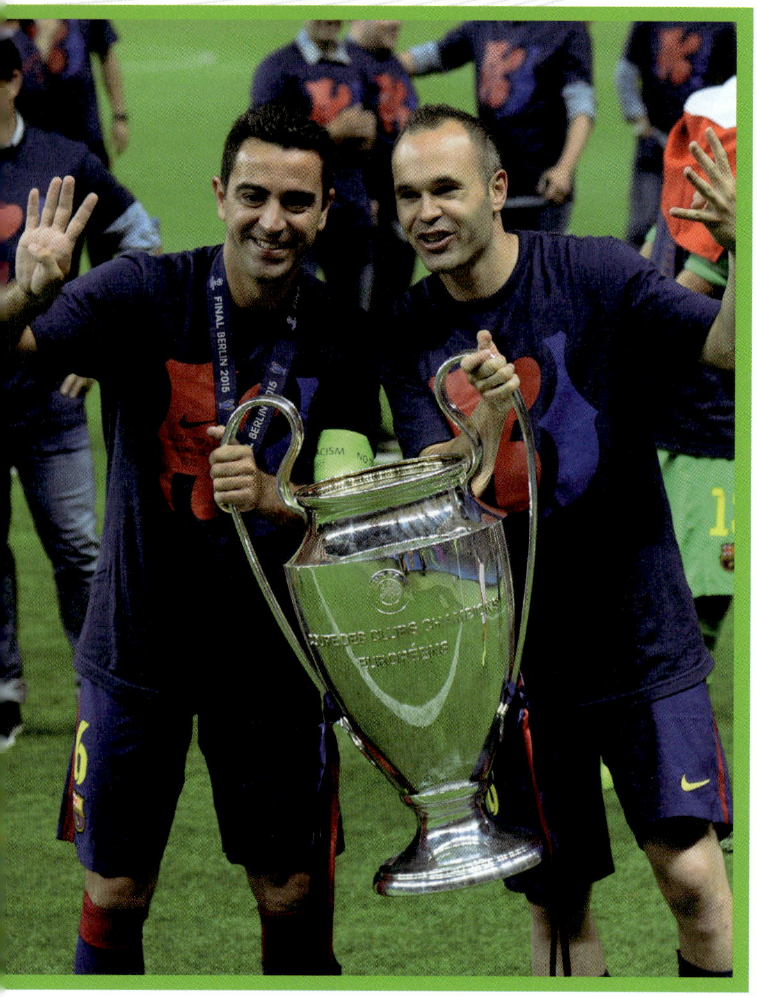


## *Der spanische Napoleon*

Bescheidenheit ist eine Zier. Und führt dazu, dass die Größten nicht immer ganz vorn im Rampenlicht stehen. Dreimal belegte Xavier Hernández i Creus bei der Wahl des Weltfußballers Platz drei, ohne am glamouröseren Cristiano Ronaldo und am spektakuläreren Lionel Messi vorbeizukommen. Ein wenig seltsam ist das, denn der 1,70 Meter große Spielmacher war der unumstrittene Kopf sowohl des besten FC Barcelona aller Zeiten als auch der erfolgreichsten Nationalmannschaft der Fußballgeschichte. Hier wie dort gab er zusammen mit seinem kongenialen Partner Andrés Iniesta den *Tiqui-taca*-Takt an, bestimmte den eigenen und unterbrach den gegnerischen Rhythmus, gab das Tempo vor und spielte präzise, verblüffende, tödliche Pässe am laufenden Band. Er war ein Feldherr, der auch in der hitzigsten Schlacht kühlen Kopf bewahrte – und eben jenen stets oben hatte, um nach der Gasse zu suchen, in die er das Leder schicken konnte. Beim Siegeszug der *Furia Roja* von 2008 bis 2012 wurde der Dreh- und Angelpunkt des spanischen Spiels stets ins All-Star-Team des Turniers gewählt und wird wohl auf ewig mit dem beispiellosen Titel-Hattrick verbunden bleiben.

Neben der Kopfballschwäche war die Torausbeute das vielleicht einzige Manko des Spielgestalters. Auch in aussichtsreicher Position spielte er lieber einen Pass, als selbst den Abschluss zu suchen. Nur einmal bei den drei spanischen Triumphzügen spielte der Napoleon der *Selección* nicht mehr ab – gegen Russland im Halbfinale der EM 2008 konnte er einer scharfen Hereingabe Iniestas nicht mehr ausweichen und spielte den finalen Pass ins Netz.

Geburtstag: ***25. Januar 1980***
Land: ***Spanien***
Länderspiele/Tore: ***133/13***
Vereine: ***FC Barcelona, al-Sadd Sport Club***

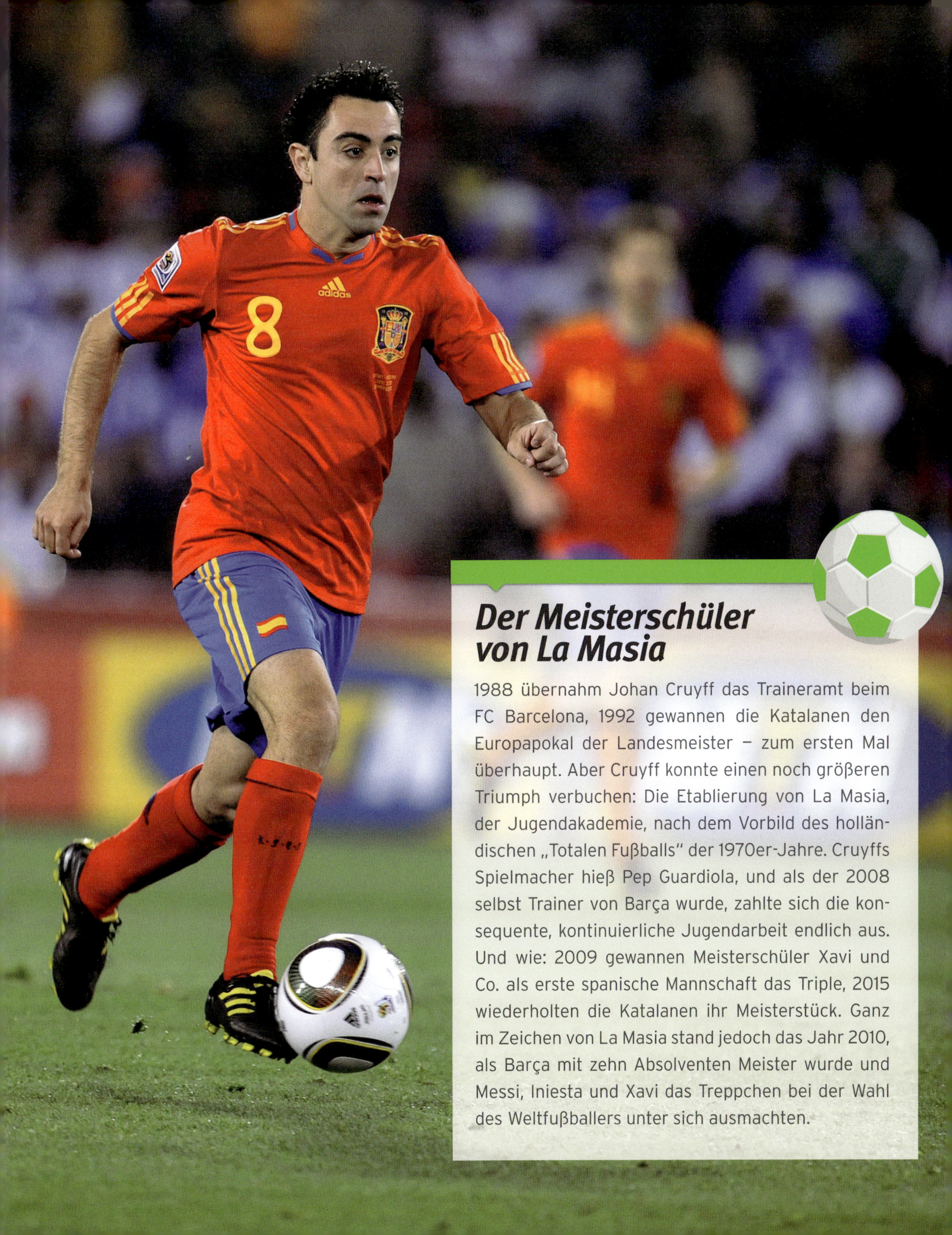

## *Der Meisterschüler von La Masia*

1988 übernahm Johan Cruyff das Traineramt beim FC Barcelona, 1992 gewannen die Katalanen den Europapokal der Landesmeister – zum ersten Mal überhaupt. Aber Cruyff konnte einen noch größeren Triumph verbuchen: Die Etablierung von La Masia, der Jugendakademie, nach dem Vorbild des holländischen „Totalen Fußballs" der 1970er-Jahre. Cruyffs Spielmacher hieß Pep Guardiola, und als der 2008 selbst Trainer von Barça wurde, zahlte sich die konsequente, kontinuierliche Jugendarbeit endlich aus. Und wie: 2009 gewannen Meisterschüler Xavi und Co. als erste spanische Mannschaft das Triple, 2015 wiederholten die Katalanen ihr Meisterstück. Ganz im Zeichen von La Masia stand jedoch das Jahr 2010, als Barça mit zehn Absolventen Meister wurde und Messi, Iniesta und Xavi das Treppchen bei der Wahl des Weltfußballers unter sich ausmachten.

# Zinédine Zidane

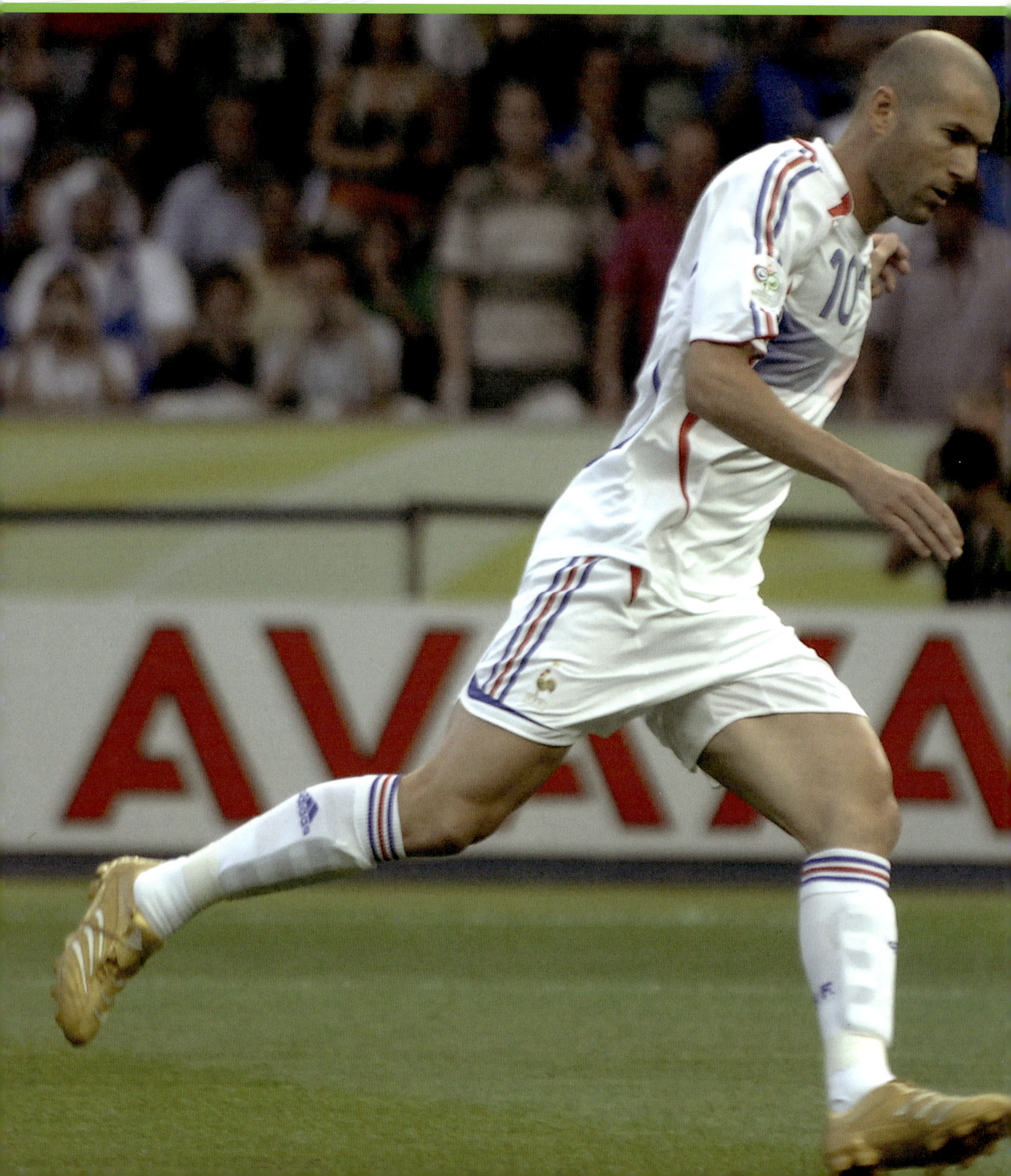

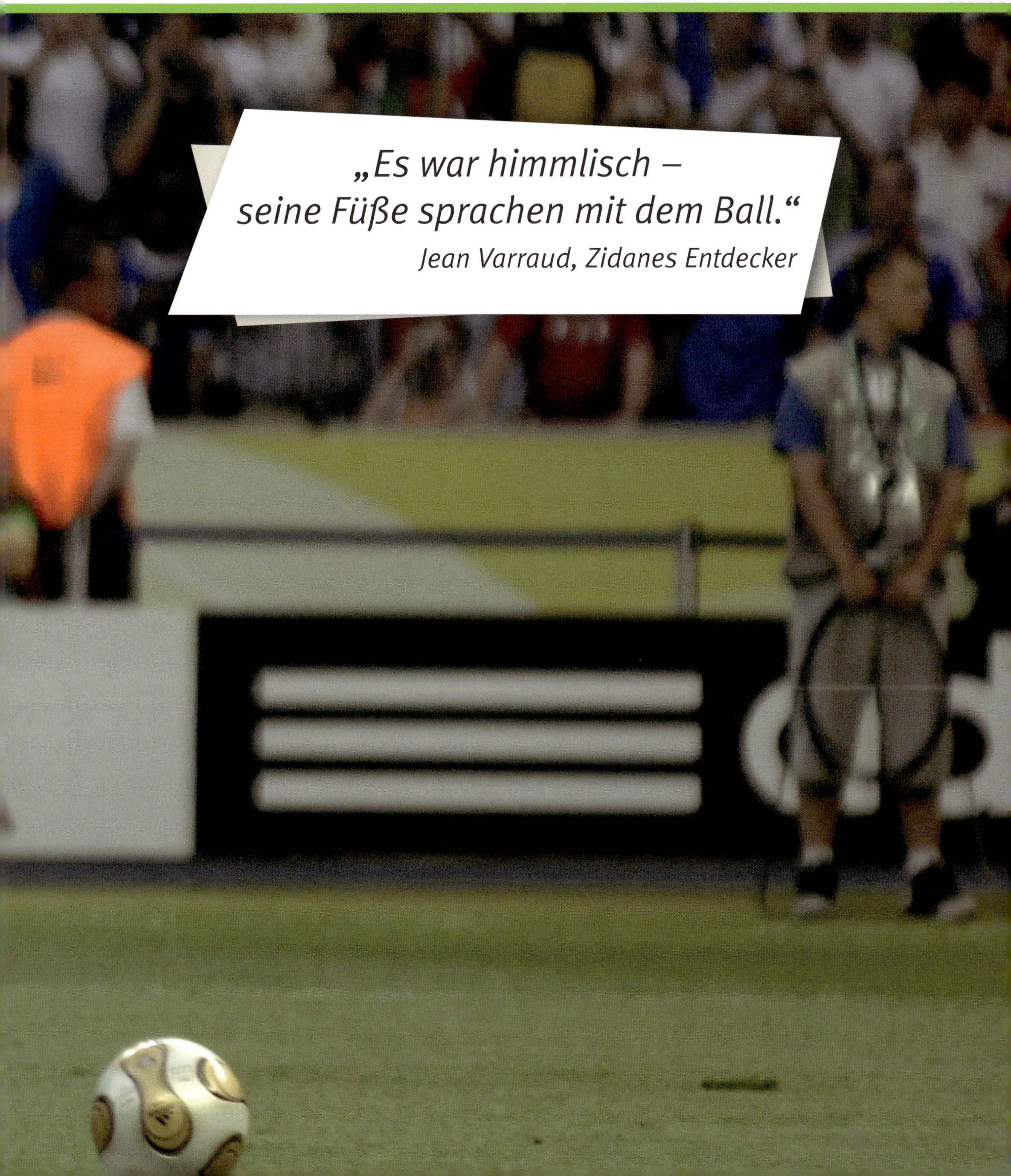

*„Es war himmlisch –*
*seine Füße sprachen mit dem Ball.“*

*Jean Varraud, Zidanes Entdecker*

# Zinédine Zidane

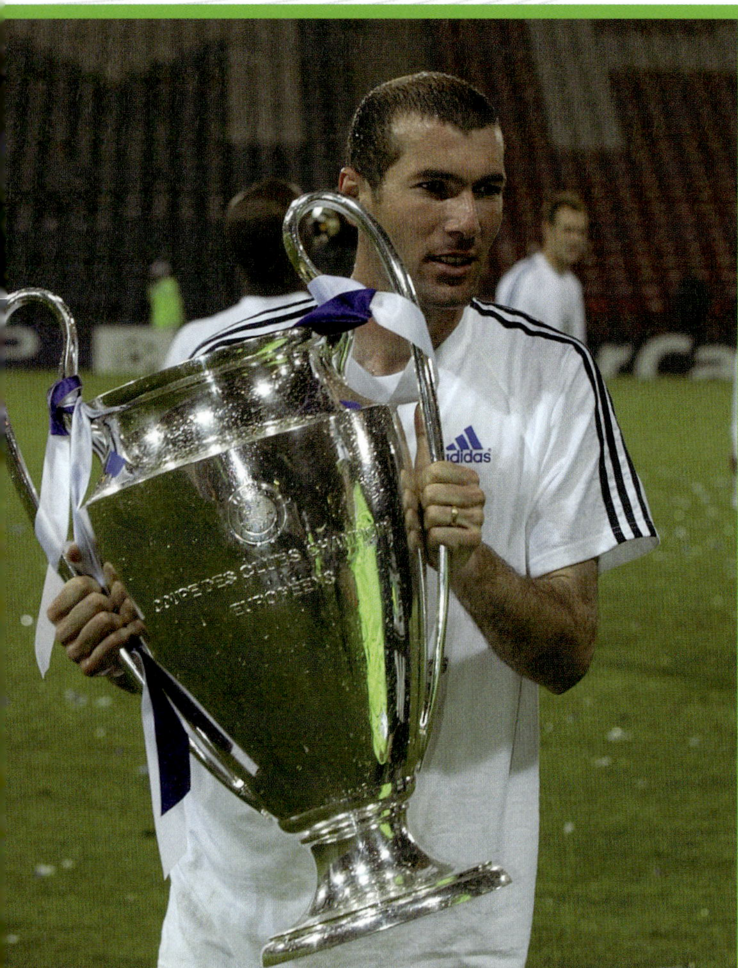

## *Die weiße Katze von Marseille*

Am 23. April 2005, als Real Madrid im Bernabéu 2:1 gegen den FC Villarreal gewann, waren 17 Kameras nur auf „Zizou" gerichtet. Jede einzelne seiner Regungen und Bewegungen wurde festgehalten – für den Dokumentarfilm „Zidane – ein Portrait des 21. Jahrhunderts". Seine beste Szene hatte der dreifache Weltfußballer in der 69. Minute, als er mit allerlei Finten, Tempowechseln und Übersteigern über links auf und davon ging und mit einer elegant gechippten Flanke Ronaldo bediente, der zum Ausgleich einköpfte. Ansonsten sieht man Zidane, wie er katzengleich über den Rasen schleicht und wie ein Wüstenfuchs aus der algerischen Kabylei – woher seine Eltern einst nach Marseille aufgebrochen waren – auf seine Chance lauert. In der Nachspielzeit tat er den vielen Kameras den Gefallen und sorgte für einen mustergültigen dramatischen Höhepunkt: Als es zu harmlosen Zwistigkeiten im gegnerischen Strafraum kam, rauschte er heran, wurde ohne weiteres Federlesen handgreiflich und mit Rot in die Katakomben geschickt …

Der genialste französische Kicker seit Michel Platini und erste beste Fußballer des 21. Jahrhunderts, Weltmeister von 1998 und Europameister von 2000 hat alle nationalen und internationalen Titel und persönlichen Auszeichnungen abgeräumt. Er war der Dirigent der *Équipe Tricolore,* die Ende des letzten Jahrhunderts den Fußball des neuen Jahrtausends erfand, und Vortänzer des galaktischen Balletts, das Real den neunten Königsklassentitel bescherte. Doch er blieb bis zum Ende eigenwillig und unberechenbar: In seinem letzten Spiel, dem WM-Endspiel 2006, verteidigte er die Ehre seiner Schwester mit einem wuchtigen Kopfstoß gegen Marco Materazzi und musste die große Bühne ein paar Minuten zu früh räumen.

Geburtstag: ***23. Juni 1972***
Land: ***Frankreich***
Länderspiele/Tore: ***108/31***
Vereine: ***AS Cannes, Girondins Bordeaux, Juventus Turin, Real Madrid***

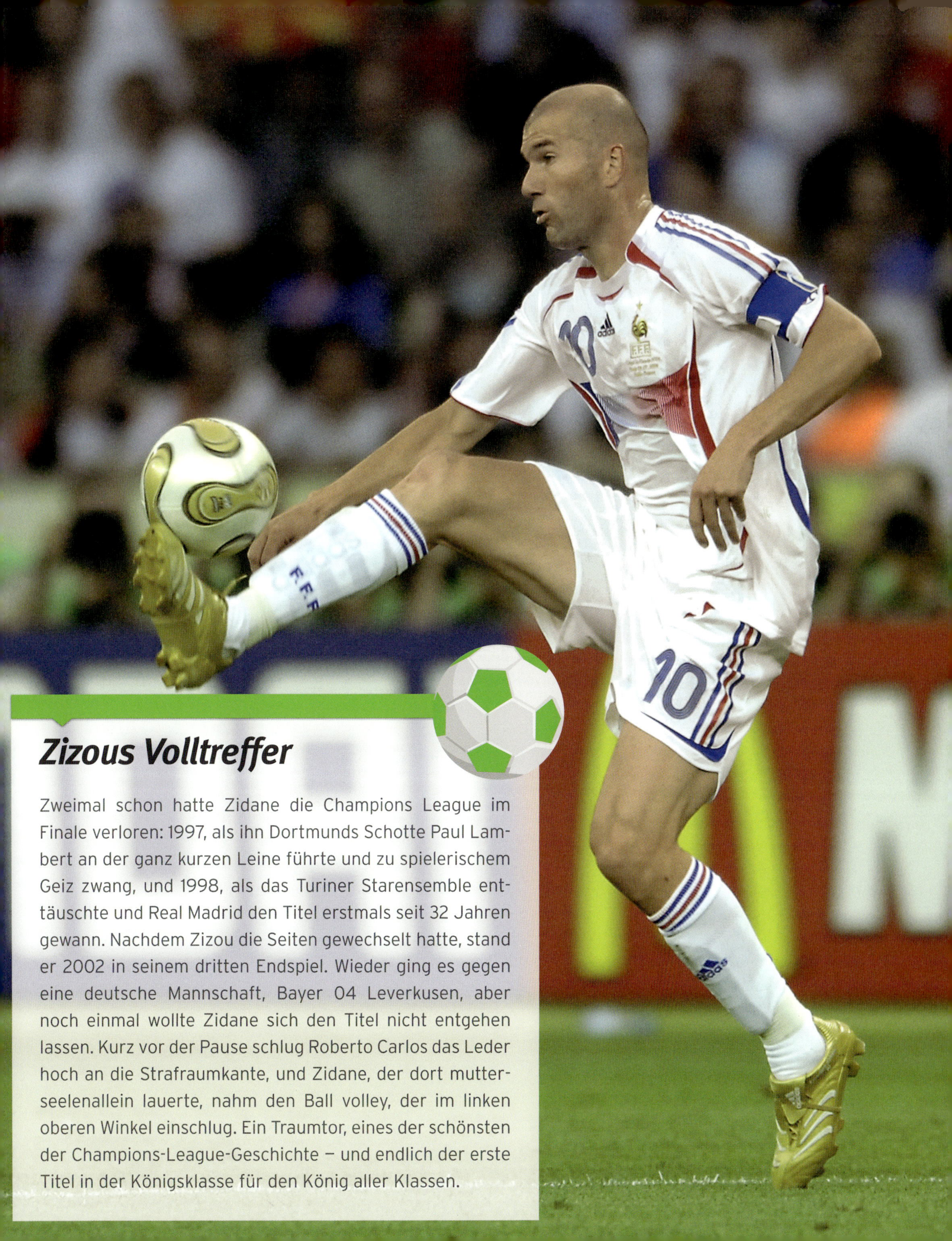

## *Zizous Volltreffer*

Zweimal schon hatte Zidane die Champions League im Finale verloren: 1997, als ihn Dortmunds Schotte Paul Lambert an der ganz kurzen Leine führte und zu spielerischem Geiz zwang, und 1998, als das Turiner Starensemble enttäuschte und Real Madrid den Titel erstmals seit 32 Jahren gewann. Nachdem Zizou die Seiten gewechselt hatte, stand er 2002 in seinem dritten Endspiel. Wieder ging es gegen eine deutsche Mannschaft, Bayer 04 Leverkusen, aber noch einmal wollte Zidane sich den Titel nicht entgehen lassen. Kurz vor der Pause schlug Roberto Carlos das Leder hoch an die Strafraumkante, und Zidane, der dort mutterseelenallein lauerte, nahm den Ball volley, der im linken oberen Winkel einschlug. Ein Traumtor, eines der schönsten der Champions-League-Geschichte – und endlich der erste Titel in der Königsklasse für den König aller Klassen.

# Register